Norme de l'industrie de la République populaire de Chine

中华人民共和国行业标准

Règles de Conception pour la Plate-Forme de Route

公路路基设计规范

（法文版）

JTG D30—2015(F)

Organisation en charge de rédaction : Institut de Recherche et d'Étude des Routes N°2 de CCCC
(China Communications Construction Company) SARL
Département d'homologation : Ministère des Transports de la République populaire de Chine
Date de la mise en application : Le 01 mai 2015

Société Maison d'Édition des Transports du Peuple, SA

人民交通出版社股份有限公司

图书在版编目(CIP)数据

公路路基设计规范：JTG D30—2015(F)：法文 / 人民交通出版社股份有限公司编译. — 北京：人民交通出版社股份有限公司,2021.1
ISBN 978-7-114-16786-7

Ⅰ.①公… Ⅱ.①人… Ⅲ.①公路路基—设计规范—中国—法文 Ⅳ.①U416.102-65

中国版本图书馆 CIP 数据核字(2020)第 153605 号

Catégorie de norme：Norme de l'industrie de la République populaire de Chine
Nom de norme：Règles de Conception pour la Plate-Forme de Route
Numéro de norme：JTG D30—2015(F)
Organisation en charge de rédaction：Société Maison d'Édition des Transports du Peuple, SA
Rédacteur responsable：Ding Yao
Édition et publication：Société Maison d'Édition des Transports du Peuple, SA
Adresse：N°3, Waiguanxiejie, Andingmenwai, District Chaoyang, Beijing, Chine (100011)
Site internet：http://www.ccpcl.com.cn
Tél：8610-59757973, 8610-85285930
Distribution générale：Service de distribution de la Société Maison d'Édition des Transports du Peuple, SA
Impression：Société d'impression Midong, Beijing, SARL
Format：880×1230 1/16
Feuille：16,25
Nombre de mots：400 mille
N° d'édition：Édition princeps en janvier 2021
N° d'impression：Première impression en janvier 2021
ISBN 978-7-114-16786-7
Prix fixe：640,00 yuan($ 100,00)

(Tout livre ayant les problèmes de qualité d'impression et de reliure sera remplacé par et sous la responsabilité de la présente société.)

中华人民共和国交通运输部

公 告

第 6 号

交通运输部关于发布
《公路路基设计规范》法文版的公告

为促进公路工程行业标准的对外交流,现发布《公路路基设计规范》(JTG D30—2015)法文版,其标准编号为 JTG D30—2015(F)。

该法文版规范的管理权和解释权归中华人民共和国交通运输部,日常解释和管理工作由法文版主编单位人民交通出版社股份有限公司负责。

本规范法文版与中文版如发生异议,以中文版为准。

如在执行过程中发现问题或有修改建议,请函告人民交通出版社股份有限公司(地址:北京市朝阳区安定门外外馆斜街3号,邮政编码:100011,电子邮箱:wym@ccpress.com.cn),以便修订时研用。

特此公告。

中华人民共和国交通运输部
2018年1月11日

交通运输部办公厅　　　　　　　　　　　　　　　2018年1月12日印发

法文版编译出版说明

标准是人类文明进步的成果,是世界通用的技术语言,促进世界的互联互通。近年来,中国政府大力开展标准化工作,通过标准驱动创新、合作、绿色、开放的共同发展。在"丝绸之路经济带"与"21世纪海上丝绸之路",即"一带一路"倡议的指引下,为适应日益增长的全球交通运输发展的需求,增进世界连接,促进知识传播与经验分享,中华人民共和国交通运输部组织编译并发布了一系列中国公路行业标准外文版。

中华人民共和国交通运输部发布的公路工程行业标准代号为JTG,体系范围包括公路工程从规划建设到养护管理全过程所需要制定的技术、管理与服务标准,也包括相关的安全、环保和经济方面的评价等标准。

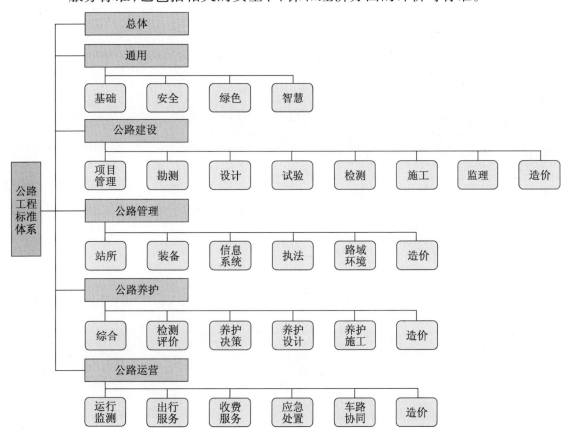

《公路路基设计规范》(JTG D30)在 JTG 标准规范体系中占有重要位置。其中文版于 2015 年修订并于 2015 年 5 月 1 日实施。本法文版的编译工作经中华人民共和国交通运输部委托由人民交通出版社股份有限公司主持完成，并由中华人民共和国交通运输部公路局组织审定。

本法文版标准的内容与现行中文版一致，如出现异议，以中文版为准。

感谢本标准中文版主编吴万平先生在本法文版编译与审定期间给予的协助与支持。

如在执行过程中发现问题或有任何修改建议，请函告法文版主编单位（地址：北京市朝阳区安定门外外馆斜街 3 号，邮编：100011，传真：8610-85285838，电子邮箱：wym@ccpress.com.cn），以便修订时研用。

法文版主编单位：人民交通出版社股份有限公司

法文版主编：陈道才，韩敏

法文版参编人员：吴有铭，丁遥

法文版主审：梁永伦

法文版参与审查人员：张慧彧，韩依璇，刘宁，童育强

Annonce du Ministère des Transports de la République popuaire de Chine

$\mathcal{N}°6$

Annonce du Minstère des Transports sur la publication des
Règles de Conception pour la Plate-Forme de Route
en version française

Pour promouvoir les échanges de la normes industrielle des travaux routiers, les présentes *Règles de Conception pour la Plate-Forme de Route* en version française (JTG D30—2015) est publiée comme l'une des normes de l'industrie des travaux routiers, son numéro de la norme est de JTG D30—2015 (F).

Le Minsitère des Transports se réserve les droits d'administration et d'interprétation de la norme, la Société Maison d'Édition des Transports du Peuple SA en tant que l'organisation en charge de rédaction en version française est chargée des explications pour l'application de la norme et sa gestion courante.

En cas d'objection de la version française, la version chinoise fait foi.

Dans les applications, toutes observations, recommandations et questions sont les bienvenues et doivent être adressées à la Société Maison d'Édition des Transports du Peuple SA pour servir de référence en cas de révision (Adresse : N°3, Waiguanxiejie, Andingmenwai, District Chaoyang, Beijing ; code postal : 100011 ; E-mail : wym@ccpress.com.cn).

Par la présente annonce les règles sont publiées.

Ministère des Transports de la République popuaire de Chine
le 11 janvier 2018

Bureau du Ministère des Transports   Imprimée le 12 janvier 2018

Annonce du Ministère des Transports de la République populaire de Chine

$\mathcal{N}°11$

Annonce du Ministère des Transports sur la publication des
Règles de Conception pour la Plate-Forme de Route

Les présentes *Règles de Conception pour la Plate-Forme de Route* (JTG D30—2015) sont publiées comme l'une des normes de l'industrie des travaux routiers, pour entrer en application à partir du 01 mai 2015. Les précédentes *Règles de Conception pour la Plate-Forme de Route* (JTG D30—2004) et ses versions en anglais et en français sont en même temps abrogées.

Le Ministère des Transports se réserve les droits d'administration et d'interprétation des *Règles de Conception pour la Plate-Forme de Route* (JTG D30—2015), l'Institut de Recherche et d'Étude des Routes N° 2 de CCCC, SARL est en charge des explications pour l'application des règles et sa gestion courante.

Les commentaires, suggestions et questions sont bienvenues et doivent être adressées à l'Institut de Recherche et d'Étude des Routes N° 2 de CCCC, SARL pour servir de référence en cas de révision (Adresse : N° 18, Avenue Chuangye, Zone de Développement éé conomique et technique, Wuhan, Chine ; code postal : 430056).

Par la présente annonce les règles sont publiées.

Ministère des Transports de la République populaire de Chine
le 15 février 2015

Bureau du Ministère des Transports   Imprimée le 16 février 2015

Explication de rédaction, traduction et publication de la version française

Les normes sont les fruits du progrès de la civilisation humaine, elles sont une langue technique universelle du monde dans le but de promouvoir l'interconnexion et l'interopérabilité du monde. Depuis ces dernières années, le gouvernement chinois a mené vigoureusement le travail de normalisation, par le biais de normes pour favoriser le développement en commun de l'innovation, de la coopération, du vert et de l'ouverture. À la lumière de l'initiative de « la Ceinture économique de la Route de la Soie » et de « la Route de la Soie maritime du 21e siècle », à savoir sous l'initiative de « la Ceinture et la Route », pour répondre aux exigences croissantes du développement mondial des transports, accroître la connexion mondiale, et promouvoir la diffusion des connaissances et le partage de l'expérience, le Ministère des Transports de la République populaire de Chine a organisé des rédactions, traductions et publications en versions de la langue étrangère d'une série des normes industrielles de construction routière.

Le code de normes industrielles de construction routière promulguées par le Ministère des Transports de la République populaire de Chine est JTG, le domaine du système des normes comprend les normes techniques, gestionnaires et des services nécessaires à établir dans tout le processus de la construction routière à partir de la planification, construction jusqu'à l'entretien et exploitation, et également compris les normes relatives à l'évaluation sur les plans de la sécurité, de la protection de l'environnement et de l'économie.

Les *Règles de Conception pour la Plate-Forme de Route* (JTG D30) est un document composant important du système des normes et règles JTG. Parmi lesquelles, la version chinoise a été révisée en 2015 et mise en application le 1er mai 2015. La rédaction de la présente version française est confiée par le Ministère des Transports de la République populaire de Chine à la Société Maison d'Édition des Transports du Peuple, SA pour mener à bonne fin. Pour laquelle la Direction des Routes du

Ministère des Transports de la République populaire de Chine est chargée de la vérification.

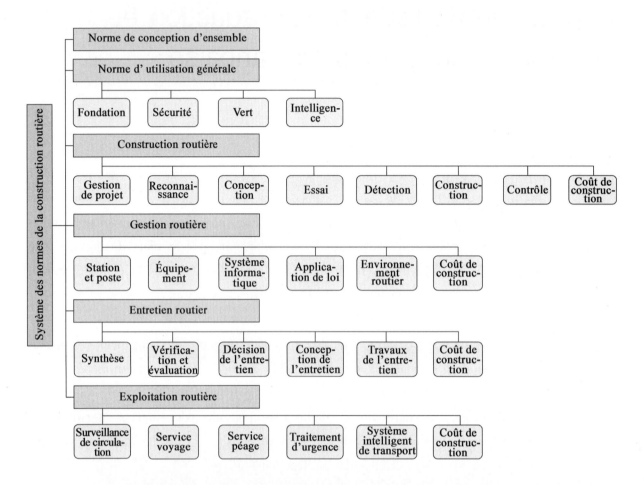

Le contenu des présentes règles en version française est conforme à la version chinoise. En cas d'objection, la version chinoise fait foi.

Nous tenons à remercier M. Wu Wanping, rédacteur en chef de présentes règles en version chinoise pour les assistances et soutiens accordés lors de la rédaction, traduction et vérification de la présente version française.

Dans les applications, toutes observations, recommandations et questions sont les bienvenues et doivent être adressées à l'organisation en charge de rédaction de la version française, pour servir de référence en cas de révision (Adresse : N°3, Waiguanxiejie, Andingmenwai, District Chaoyang, Beijing ; code postal : 100011 ; téléfax : 8610-85285838 ; E-mail : wym@ccpress.com.cn).

Organisation en charge de rédaction en version française :
　　Société Maison d'Édition des Transports du Peuple, SA

Rédacteurs-traducteurs en chef de la version française :
   Chen Daocai, Han Min

Rédacteurs-traducteurs adjoints de la version française :
   Wu Youming, Ding Yao

Réviseur en chef de la version française : Liang Yonglun

Réviseurs adjoints de la version française :
   Zhang Huiyu, Han Yixuan, Liu Ning, Tong Yuqiang

Préambule

Conformément aux exigences de la circulaire ministérielle MTC-B-R N° 132 [2010] relative à la *publication d'un plan de travail sur l'établissement et la révision des normes, spécifications et quotas etc. des travaux routiers pour l'exercice 2010* produit par le Ministère des Transports, l'Institut de Recherche et d'Étude des Routes N°2 de CCCC, SARL est chargée de la révision complète des *Règles de Conception pour la Plate-Forme de Route* (JTG D30—2004).

Les nouvelles règles consistent en une révision complète sur les précédentes *Règles de Conception pour la Plate-Forme de Route* (JTG D30—2004) (ci-après dénommée en abréviation « règles originaires »). Après l'approbation et promulgation, les *Règles de Conception pour la Plate-Forme de Route* (JTG D30—2015) (ci-après dénommée en abréviation « présentes règles ») sont publiées et mises en application.

La pensée directrice et le principe de révision des présentes règles consistent à résumer les expériences des travaux de construction routière et les résultats d'étude scientifique et technique acquis depuis plusieurs années en Chine, à se référer à l'approche technique avancée des normes et règles à l'intérieur comme à l'extérieur de Chine, à prendre suffisamment en compte les exigences fonctionnelles de plate-forme de route, selon l'idée de conception relative à « la sécurité et la durabilité, l'économie des ressources et l'environnement harmonieux », à intensifier la conception en coordination de plate-forme et de chaussée de la route, et à mettre l'accent sur la révision des domaines visant à élever la résistance de l'ensemble de plate-forme, la rigidité, l'insensibilité à l'eau, la stabilité et la durabilité de la température ainsi que les mesures de protection et de traitement des pathologies de plate-forme etc., dans le but de s'efforcer de rendre une technique avancée, un indice raisonnable et une maniabilité grande de présentes règles.

Les contenus techniques principaux de présentes règles sont composés de 7 chapitres et de 10 annexes, à savoir :

chapitre 1— Dispositions générales,

chapitre 2— Terminologie et symbole,

chapitre 3— Plate-forme courante,

chapitre 4— Assainissement et drainage de plate-forme,

chapitre 5— Protection et soutènement de plate-forme,

chapitre 6— Amélioration et reconstruction de plate-forme,

chapitre 7— Plate-forme spéciale.

Ces contenus ont couvert tous les articles des travaux de plate-forme touchés par les génies de construction neuve et de l'amélioration des routes existantes.

La présente révision comprend les contenus principaux suivants :

1. Pour la Section 3.2— Lit de la route, d'après la classe de charge de circulation, on a réajusté le domaine de lit de la route, et complété les paramètres techniques de conception de la plate-forme, les critères de contrôle de modules de résilience et les méthodes de prévision des indicateurs, ainsi que les mesures de traitement de lit de la route.

2. Pour la Section 3.3—Plate-forme en remblai, on a ajouté le principe et la méthode de conception pour déterminer la hauteur de remblai ; pour la Section 3.6, on a révisé la méthode analytique de stabilité de remblai, et complété les coefficients de sécurité de stabilité de remblai élevé et de remblai du talus raide dans la condition de la précipitation.

3. On a changé le « remblai en cendres de charbon » de la Section 3.9 de règles originaires en « remblai en matériau léger » en ajoutant le remblai en plastique mousseux de géotextile et le remblai en sol léger mousseux, on a précisé les exigences sur la conception structurale de remblai en matériau léger, la conception de matériau et la stabilité ainsi que la vérification de tassement.

4. On a ajouté nouvellement le remblai de déchets industriels à la Section 3.10, pour laquelle sont proposées les conditions d'application de remplissage de plate-forme par les laitiers du haut fourneau, les scories d'aciérie, les gangues de charbon, etc., les exigences de matériau, et les conditions techniques telles que la conception structurale de plate-forme, la vérification de stabilité de plate-forme et etc.

5. Pour le Chapitre 4—Assainissement et drainage de plate-forme, on a complété les exigences techniques de vitesse d'écoulement admissible maximal de

tranchée ouverte, de protection et de drainage de remblai de faible hauteur, de drainage de passage excavé en bas, et de drainage de plate-forme de la zone de croissement, ainsi que de protection et de drainage de terre-plein central, des puits d'infiltration et des tunnels d'évacuation des eaux.

6. Pour le Chapitre 5—Protection et soutènement de plate-forme, on a nouvellement augmenté les exigences techniques de condition d'application, de la conception structurale et des matériaux de structure de protection flexible tels que le « mur de soutènement en terre armée par contre-bordage de géogrille, le mur de soutènement en gabion », etc. ; on a révisé les exigences de calcul de structure et d'anticorrosion de la tige d'ancrage précontrainte, la condition d'application du clouage des sols, et l'exigence de conception de pieu résistant au glissement pour le câble d'ancrage précontraint, ainsi que l'exigence de conception d'essai sur place et de la surveillance.

7. Pour le Chapitre 6—Amélioration et reconstruction de plate-forme, on a complété le contenu de l'évaluation sur la plate-forme existante dans la zone de sol gonflant et la zone de karst, on a révisé l'exigence de test sur terrain de la plate-forme existante, les mesures de traitement de fondation de sol molle de plate-forme élargie et les exigences techniques de l'utilisation et du traitement de plate-forme existante.

8. Pour le Chapitre 7—Plate-forme spéciale, on a révisé le principe de conception, les mesures de protection et de traitement des pathologies et les exigences techniques des plates-formes spéciales de 17 catégories telles que le glissement de terrain, l'effondrement, l'amas de roche, la coulée de boue et de pierre, le karst, le sol mou, l'argile rouge et le sol de limite de liquidité élevée, le sol gonflant, le sol de lœss, le sol salin, le sol gelé permanent, l'altération, la catastrophe de neige, la glace de flux salivaire, la zone de vide d'exploitation et la côte ainsi que le réservoir etc.

9. On a nouvellement augmenté la Section 7.19—Plate-forme dans la zone de sol gelé saisonnière, en proposant la classification de sol gelé saisonnier, la méthode de calcul de volume de gonflement dû au gel de plate-forme, le critère de contrôle et l'exigence technique de matériau de remplissage ainsi que l'exigence de conception de drainage de plate-forme.

Dans les présentes règles, Wu Wanping a élaboré le 1er chapitre, le 2ème chapitre et les sections de 1, 5, 6, 17, 18 de 7ème chapitre, Mei Shiran et Wu Wanping ont élaboré les sections de 1, 3, 4, 5, 11 de 3ème chapitre, Ling Jianming, Lin Xiaoping et Wu Wanping ont élaboré la 2ème section de 3ème chapitre, Deng Weidong a élaboré la 6ème section de 3ème chapitre, Tang Shuming a élaboré la 7ème section de 3ème chapitre et la 5ème section de 5ème chapitre, Sha Aimin a élaboré la 8ème section de 3ème chapitre, Yuan Xizhong a élaboré la 9ème section de 3ème chapitre, les 6ème, 7ème sections de 5ème chapitre, Sha Aimin, Yuan Xizhong ont élaboré la 10ème section de 3ème chapitre, Cheng Ping, Ruan Yanbin ont élaboré le 4ème chapitre, Zhang Jiaxiang, Wu Wanping ont élaboré les 1er, 2ème, 3ème, 4ème sections de 5ème chapitre, Ling Jianming, Liao Chaohua ont élaboré le 6ème chapitre, Yao Hailin a élaboré les 2ème, 3ème, 4ème, 9ème sections de 7ème chapitre, Zhang Liujun a élaboré les 7ème, 16ème sections de 7ème chapitre, Wu Lijian a élaboré les 8ème, 19ème sections de 7ème chapitre, Ding Xiaojun a élaboré la 10ème section de 7ème chapitre, Han Zhiqiang a élaboré la 11ème section de 7ème chapitre, Zhang Jinzhao a élaboré la 12ème section de 7ème chapitre, Chen Xiaoguang a élaboré les 13ème, 15ème sections de 7ème chapitre, Liu Jian a élaboré la 14ème section de 7ème chapitre.

Toutes les unités concernées sont priées d'informer par l'envoi de la lettre, le groupe de gestion courante de présentes règles et son correspondant Wu Wanping des problèmes découverts et des avis de modification dans leur application, pour servir de référence dans la prochaine révision (Adresse : N°18 Avenue Chuangye, Zone de Développement économique et technique, Wuhan, Chine ; code postal : 430056 ; télé : +86-27-84214041 ; téléfax : +86-27-84214068 ; E-mail : wanphx@263.net).

Organisation en charge de la rédaction :
    Institut de Recherche et d'Étude des Routes N°2 de CCCC, SARL

Organisations ayant contribué à la rédaction :
    Institut de Recherche et d'Étude des Routes N°1 de CCCC, SARL,
    Institut de Recherche scientifique et d'Étude des Transports de Chongqing de China Merchants, SARL
    Université de Tongji
    Université Chang'an
    Académie des Sciences et des Recherches de Ministère des Transports
    Institut des Sciences et d'Études de Routes de Ministère des Transports
    Institut des Sciences et de Recherches de Transport de Xinjiang
    Institut de Mécanique géotechnique de Wuhan de l'Académie des Sciences de Chine

Rédacteur en chef : Wu Wanping

Personnel ayant contribué à la rédaction :

Liao Chaohua	Ling Jianming	Ding Xiaojun	Zhang Liujun
Deng Weidong	Sha Aimin	Chen Xiaoguang	Wu Lijian
Yao Hailin	Lin Xiaoping	Cheng Ping	Mei Shiran
Zhang Jiaxiang	Zhang Jinzhao	Tang Shuming	Yuan Xizhong
Liu Jian	Han Zhiqiang	Ruan Yanbin	

Personnel de participation à l'examen :

Wang Binggang	Chen Jianzhou	Mei Shilong	Chen Biao
Cheng Liangkui	Liu Yuanquan	Chen Dongfeng	Liao Xiaoping
Yang Shaohua	Bai Qifeng	Wang Jiaqiang	Li Zhiyong
Li Yingchun	Wang Daoxiong	Li Degui	

Personnel de participation :

Ma Lei	Chen Zhongping	Feng Shouzhong
Yang Jing	Yuan Guangyu	Fu Wei

Table des matières

	Page
1 Dispositions générales	1
2 Terminologies et symboles	2
2.1 Terminologies	2
2.2 Symboles	5
3 Plate-forme courante	7
3.1 Règlement général	7
3.2 Lit de la route	8
3.3 Plate-forme en remblai	12
3.4 Plate-forme en déblai	18
3.5 Traitement d'interface remblai-déblai de la plate-forme	20
3.6 Remblai élevé et remblai sur la pente raide	21
3.7 Déblai profond	26
3.8 Remblai en pierres	31
3.9 Remblai en matériau léger	34
3.10 Remblai en déchets industriels	41
3.11 Emprunt et dépôt définitif pour la plate-forme	44
4 Assainissement et drainage de plate-forme	46
4.1 Règlement général	46
4.2 Drainage superficiel	47
4.3 Drainage souterrain	53
5 Protection et soutènement de plate-forme	59
5.1 Règlement général	59
5.2 Protection de la surface de talus	60
5.3 Protection de plate-forme le long de la rivière	63
5.4 Mur de soutènement	66

		Page
5.5	Ancrage de talus	77
5.6	Clouage du sol	85
5.7	Pieu résistant au glissement	88

6 Amélioration et reconstruction de plate-forme — 93

6.1	Règlement général	93
6.2	Enquête et évaluation sur la situation de plate-forme existante	94
6.3	Élargissement et reconstruction de routes de deuxième et inférieures à la deuxième classe	96
6.4	Élargissement et reconstruction de plate-forme d'autoroute et de route de première classe	98

7 Plate-forme spéciale — 101

7.1	Règlement général	101
7.2	Plate-forme dans le secteur de glissement de terrain	102
7.3	Plate-forme dans le secteur d'effondrement	108
7.4	Plate-forme dans le secteur d'amas de roche	109
7.5	Plate-forme dans le secteur de coulée de boue et de pierre	111
7.6	Plate-forme dans la zone de karst	114
7.7	Plate-forme dans la zone de sol mou	118
7.8	Plate-forme dans la zone d'argile rouge et de sol de limite de liquidité élevée	130
7.9	Plate-forme dans la zone de sol gonflant	134
7.10	Plate-forme dans la zone de lœss	142
7.11	Plate-forme dans la zone de sol salin	149
7.12	Plate-forme dans la zone de pergélisol	155
7.13	Plate-forme dans la zone de vents sableux	163
7.14	Plate-forme dans la zone de catastrophe de neige	168
7.15	Plate-forme dans le secteur de glace de flux salivaire	173
7.16	Plate-forme dans la zone de vide d'exploitation	175
7.17	Plate-forme côtière	181
7.18	Plate-forme dans le secteur de réservoir	184
7.19	Plate-forme dans la zone de sol gelé saisonnier	187

  Page

Annexe A Méthode d'essai standard de module de résilience
              dynamique du sol de plate-forme   193

Annexe B Plage de prise de valeur de module de résilience dynamique
              du sol de plate-forme   197

Annexe C Méthode de prévision d'humidité d'équilibre de plate-forme
                                                                    198

Annexe D Domaine de prise de valeur de coefficient de réglage
              d'humidité de module de résilience de plate-forme   202

Annexe E Classification de masse de roche du talus rocheux   204

Annexe F Contenus et projets de surveillance de plate-forme   207

Annexe G Exigences sur les résistances de matériaux pour le drainage,
              la protection et la structure de soutènement   209

Annexe H Conception et calcul pour le mur de soutènement   211

Annexe J Classification des travaux routiers sur le sol gelé permanent 235

Explication sur les mots utilisés dans les présentes règles   238

1 Dispositions générales

1.0.1 Les présentes règles sont établies pour unifier la norme technique de la conception de plate-forme de route, de sorte que la conception d'ingénierie de la plate-forme routière soit conforme aux exigences de sûreté et de fiabilité, de technique avancée et de rationalité économique.

1.0.2 Les présentes règles sont applicables à la conception de plate-forme de route en construction neuve et en amélioration des routes existantes de toute classe.

1.0.3 La plate-forme de route doit avoir une résistance, une stabilité et une durabilité suffisante.

1.0.4 Pour la conception de plate-forme, il faut mener à bien les travaux de prospection et d'essai géotechnique le long du tracé pour tirer au clair la condition hydrologique et géologique le long du tracé, afin d'obtenir les paramètres physiques et mécaniques de roche et de sol nécessaire à la conception.

1.0.5 La conception de plate-forme doit, selon la fonction et la classe de route, en respectant le principe de l'adaptation aux conditions locales, de la prise de matériau sur place, de l'économie de terre d'occupation et de protection de l'environnement, déterminer rationnellement la solution de plate-forme par la comparaison intégrale technico-économique pour mener à bien la conception synthétique.

1.0.6 La conception de plate-forme doit appliquer la politique technique et économique concernée de l'État, employer activement et prudemment la nouvelle technique, la nouvelle structure, le nouveau matériau et la nouvelle technologie.

1.0.7 La conception de plate-forme, à part qu'elle doit se conformer au règlement de présentes règles, doit être conforme encore aux stipulations des normes concernées nationales et industrielles en vigueur.

2 Terminologies et symboles

2.1 Terminologies

2.1.1 Plate-forme
Il s'agit d'un ouvrage en forme d'une bande construit selon la position du tracé et l'exigence d'une technique donnée, étant la fondation de chaussée, elle supporte la charge de circulation transmise par la chaussée.

2.1.2 Lit de la route
Il est une partie de plate-forme dans le domaine de 0,8 m ou de 1,20 m au dessous de couche de structure de chaussée, divisé en deux couches, couche supérieure et couche inférieure, la couche supérieure de lit de la route a une épaisseur de 0,3 m et pour une route de trafic léger, moyen et lourd, la couche inférieure de lit de la route a une épaisseur de 0,5 m, tandis que pour une route de trafic spécialement lourd ou extrêmement lourd, elle a une épaisseur de 0,90 m.

2.1.3 Remblai
Il s'agit en effet d'une plate-forme de remblaiement au dessus de terrain in situ. Sur le plan structural, le remblai est divisé en remblai supérieur et en remblai inférieur, le remblai supérieur désigne la partie de remblaiement au dessous de lit de la route dans le domaine d'une épaisseur de 0,70 m, tandis que le remblai inférieur désigne la partie de remblaiement au dessous de remblai supérieur.

2.1.4 Déblai
Il s'agit d'une plate-forme d'excavation en dessous de terrain in situ.

2.1.5 Zone de travail de plate-forme
Elle désigne un domaine de profondeur de la répartition de contrainte dont le rapport entre la contrainte de charge d'automobile transmise à travers la chaussée sur la plate-forme et la contrainte

due au poids propre de plate-forme est supérieur à 0,1.

2.1.6 Remblai de faible hauteur
Il est un remblai dont la hauteur de remblaiement est inférieure à la profondeur de la zone de travail de plate-forme.

2.1.7 Remblai élevé
Il s'agit d'un remblai dont la hauteur de talus en remblaiement de plate-forme est supérieure à 20 m.

2.1.8 Remblai sur pente raide
Il s'agit d'un remblai dont la pente de terrain est supérieure à 1:2,5.

2.1.9 Déblai profond
Il s'agit d'un déblai dont la hauteur de talus excavé en terre est supérieure à 20 m ou la hauteur de talus excavé en roche est supérieure à 30 m.

2.1.10 Remblai en pierres
Il s'agit d'un remblai remblayé par les granulats dont la grosseur de grain est supérieure à 40 mm, la teneur dépasse 70%.

2.1.11 Taux de compactage
Il s'agit d'un rapport entre la densité sèche de matériau de construction routière après le compactage et la densité sèche maximum normative, exprimé en pourcentage.

2.1.12 Plate-forme spéciale
C'est une plate-forme nécessaire à procéder à une conception spéciale, située dans le secteur couvert de sol (ou de roche) spécial, dans le secteur géologiquement défavorable ou sous l'influence forte des facteurs naturels tels comme de l'eau, du climat etc.

2.1.13 Sol mou
Il s'agit d'un sol à grain fin dont la teneur en eau naturelle est élevée, le rapport des vides est grand, la compressibilité est haute, et la résistance au cisaillement est faible. Au sens large, il désigne un sol souple tel que l'argile molle, le sol vaseux, la vase, la tourbe limoneuse et la tourbe etc.

2.1.14 Lœss collapsible
C'est un lœss qui a produit un phénomène de tassement évident suite d'une destruction rapide de structure du corps de sol sous le poids propre ou une certaine pression après être imbibé.

2.1.15　Argile rouge
C'est la roche carbonatée qui se forme en sol silteux brun-rougeâtre ou en sol argileux par l'altération et sous la condition climatique chaude et humide.

2.1.16　Sol de limite de liquidité élevée
C'est le sol à grain fin dont la limite de liquidité (par essai de cône 100 g) est supérieure à 50%.

2.1.17　Sol gonflant
Il s'agit d'une argile hautement plastique contenant le minéral hydrophile et ayant les caractéristiques évidentes de gonflement par absorption de l'eau et de retrait par déshydratation.

2.1.18　Sol salin
C'est un sol dont la teneur en sel soluble est supérieure à la valeur prescrite.

2.1.19　Sol gelé permanent
Il s'agit d'un sol (roche) dont la température est inférieure à 0 ℃ pendant deux ans consécutifs ou plus de deux ans sous l'état gelé et contenant la glace.

2.1.20　Sol gelé saisonnier
C'est un sol qui est gelé et dégelé en fonction de variation saisonnière.

2.1.21　Glissement de terrain
C'est un phénomène géologique dans lequel une masse de roche ou de sol de pente se glisse le long d'une bande ou d'une surface sous l'influence de facteur naturel ou manuel.

2.1.22　Éboulement
Il s'agit d'un phénomène géologique dans lequel une masse de roche ou de sol sur une pente élevée et raide s'éboule, se renverse ou se chute.

2.1.23　Coulée de boue et de pierre
Il s'agit d'un torrent intermittent entraînant un grand nombre de sédiments et de pierres.

2.1.24　Karst
Ce sont des phénomènes et des formes géologiques de différentes sortes, formés par la dissolution à long terme de la formation rocheuse soluble par l'eau.

2.1.25　Zone de vide d'exploitation
Il s'agit d'une zone ou d'une étendue dans laquelle l'espace et ses roches encaissantes d'un

gisement solide souterrain, après l'excavation, à cause de l'instabilité, ont connu un déplacement, une crevasse, une fracturation et un effondrement, jusqu'à un flambage et même à un tassement global de strate rocheuse sus-jacente, qui provoquent la déformation et la rupture du terrain superficiel, généralement appelée zone de vide d'exploitation. Au sens étroit, la zone de vide d'exploitation désigne l'espace d'exploitation.

2.1.26 Mur de soutènement
C'est un ouvrage en mur qui supporte la pression latérale de la masse de sol.

2.1.27 Pieu resistant au glissement
Il s'agit d'un pieu de contrainte transversale résistant à la force de glissement descendante ou à la pression du sol.

2.1.28 Clouage du sol
C'est une barre d'armature installée dans le talus en sol ou en roche tendre fracturée, comme une structure de soutènement afin de maintenir la stabilité de talus.

2.1.29 Barre (câble) d'ancrage précontrainte
Il s'agit d'une structure de soutènement pour renforcer la masse de roche et de sol, composée de tête, de barre précontrainte et de corps d'ancrage, et à travers la mise en tension sur la barre précontrainte.

2.1.30 Structure de support flexible
C'est une forme de support de la plate-forme pour exercer un soutènement sur le talus de la plate-forme, limiter la production de déformation excessive sur le talus et en admettant la structure d'apparaître une déformation donnée.

2.2 Symboles

c— Forces de cohésion de matériau de remplissage, de fondation de sol et de roche et de sol de talus ;

E_s— Module de compression de matériau de remplissage de plate-forme, de sol de fondation ;

E_0— Module de résilience de plate-forme ;

F_s— Coefficient de stabilité de plate-forme ;

K— Coefficient de sécurité ;

K_c— Coefficient de stabilité résistant au glissement de mur de soutènement ;

K_0— Coefficient de stabilité résistant au renversement de mur de soutènement ;

φ — Angle de frottement interne de matériau de remplissage, de fondation de sol et de roche et de sol de talus ;

γ — Poids unitaire de matériau de remplissage de plate-forme, du sol de fondation de sol.

3 Plate-forme courante

3.1 Règlement général

3.1.1 La conception de plate-forme doit collecter les données telles que le climat, l'hydrologie, la topographie et la métamorphologie, la géologie et le séisme ainsi que le matériau de construction routière le long de la ligne de route, mener à bien le travail de prospection et d'essai de géologie et de matériau de remplissage de plates-forme le long du tracé, tirer au clair les propriétés géotechniques de strates, les épaisseurs et les caractéristiques de répartition spatiale ains que les paramètres physiques et mécaniques concernés.

3.1.2 Pour la conception de plate-forme, il convient d'éviter le remblai élevé et le déblai profond, en cas d'impossibilité, quand la hauteur de remblaiement au centre de plate-forme dépasse 20 m ou la profondeur d'excavation du centre dépasse 30 m, il convient de procéder à la sélection par comparaison des variantes en associant les schémas d'itinéraire avec les ouvrages tels que les ponts, les tunnels ou les plates-formes de type de séparation.

3.1.3 La hauteur du bord de plate-forme le long de la rivière et imbibée de l'eau doit être supérieure à la somme de hauteur de niveau d'eau de calcul de la fréquence de crue de projet plus la hauteur de remous, la hauteur d'attaque de vague et la hauteur de sécurité de 0,5 m, stipulée par le tableau 3.1.3.

Tableau 3.1.3 Fréquence de crue de projet de la plate-forme

Classe de route	Autoroute	Route de première classe	Route de deuxième classe	Route de troisième classe	Route de quatrième classe
Fréquence de crue de projet de plate-forme	1/100	1/100	1/50	1/25	À définir selon la situation réelle

Note : Pour la fréquence de crue de projet de la plate-forme de route prise comme le seul passage dans la région, il est possible d'adopter le critère supérieur à une classe de route pour conception.

3.1.4　La conception de plate-forme doit choisir la forme de profil transversal de plate-forme et la pente de talus convenable selon la condition naturelle locale et la circonstance géotechnique. Pour la plate-forme le long de la rivière, il ne convient pas d'envahir le chenal de rivière et selon la situation d'affouillement, il faut installer les ouvrages de soutènement de protection nécessaires et traiter correctement les dépôts issus de plate-forme pour éviter l'obstruction de lit de la rivière, la déviation du cours d'eau ou la ruine des ouvrages, des champs culturels et des bâtiments etc. le long du tracé.

3.1.5　Le matériau de remplissage de plate-forme doit satisfaire les exigences de résistance et de module de résilience de plate-forme. La conception de mouvement de terrassement doit procéder à la comparaison technique et économique sur les variantes tels que le déblai mis en remblai, l'emprunt (ou mis en dépôt définitif) concentré et l'amélioration de matériau de remplissage etc. pour profiter pleinement de matériau d'excavation et économiser la terre.

3.1.6　La conception de plate-forme doit contrôler la quantité de tassement après la fin des travaux de plate-forme. Pour la plate-forme souple, les endroits de connexion entre la plate-forme et les structures d'ouvrages d'art, les endroits d'interface de remblai-déblai, le remblai élevé et le remblai sur la pente raide et etc., il faut prendre des mesures synthétiques pour prévenir la déformation non homogène de plate-forme.

3.1.7　Dans la conception de plate-forme, il faut envisager l'influence de l'eau et de glace sur la performance de plate-forme, installer d'une manière perfectionnée le système de protection et de drainage et les dispositifs de prévention des dégâts dû au gel, ainsi que les travaux nécessaires de protection de plate-forme.

3.1.8　Pour le remblai élevé, le remblai sur la pente raide et le déblai profond de l'autoroute et de route de première classe, il faut adopter tous la conception dynamique. Pour la conception dynamique, il faut obligatoirement prendre les dessins complets d'exécution comme la base, et ils sont applicables à la période d'exécution des travaux de plate-forme.

3.2　Lit de la route

3.2.1　L'épaisseur de lit de la route doit être déterminée selon le volume de trafic et la composition de charges par essieu. Pour les routes dont les charges par essieu sont spéciales, il faut calculer individuellement la profondeur de la zone de travail de plate-forme pour définir l'épaisseur de lit de la route.

3.2.2　Le matériau de remplissage de plate-forme doit être uniforme, son indice portant minimum doit être conforme aux stipulations de tableau 3.2.2.

Tableau 3.2.2 Exigences de l'indice portant minimum de matériau de remplissage de lit de la route

Parties de plate-forme		Profondeur au dessous du fond de la chaussée (m)	Rapport de l'indice portant minimum (CBR)(%)		
			Autoroute, route de première classe	Route de deuxième classe	Routes de troisième et de quatrième classe
Lit de route supérieur		0 à 0,3	8	6	5
Lit de route inférieur	Trafic léger, moyen et lourd	0,3 à 0,8	5	4	3
	Trafic spécialement lourd et extrêmement lourd	0,3 à 1,2	5	4	—

Note : 1. Les conditions d'essai CBR de ce présent tableau doivent se conformer aux règles de *Procédure d'Essai géotechnique de Route* (JTG E40) en vigueur.

2. Dans la zone où la précipitation moyenne annuelle est inférieure à 400 mm, pour la plate-forme non imbibée dont le drainage est excellent, sur la démonstration par l'essai, il est possible de prendre la teneur en eau dans l'état d'humidité d'équilibre comme la condition d'essai CBR, et en associant la condition climatique locale et la classe de charge d'automobile pour déterminer le critère de contrôle CBR de matériau de remplissage de plate-forme.

3.2.3 Le lit de la route doit être construit, compacté par couche et se conformer aux exigences suivantes :

1 La grosseur de grain maximale de matériau de remplissage doit être inférieure à 100mm.

2 Le taux de compactage doit se conformer aux règles de tableau 3.2.3.

3 La pente transversale de surface du sommet du lit de la route doit être cohérente avec la pente transversale de bombement de la chaussée.

Tableau 3.2.3 Exigence sur le taux de compactage

Parties de plate-forme		Profondeur au dessous de chaussée (m)	Taux de compactage du lit de la route (%)		
			Autoroute, route de première classe	Route de deuxième classe	Routes de troisième et de quatrième classe
Lit de route supérieur		0 à 0,3	≥96	≥95	≥94
Lit de route inférieur	Trafic léger, moyen et lourd	0,3 à 0,8	≥96	≥95	≥94
	Trafic spécialement lourd et extrêmement lourd	0,3 à 1,2	≥96	≥95	—

Note : 1. Le taux de compactage listé dans le tableau désigne celui obtenu par la densité sèche maximale issue de l'essai par compactage lourd selon la *Procédure d'Essai géotechnique de Route* (JTG E40) en vigueur.

2. Lorsque les routes de troisième et de quatrième classe sont revêtues de chaussées bitumineux et de chaussées en béton de ciment, leur taux de compactage doit adopter le critère de taux de compactage de route de deuxième classe.

3.2.4 Pour la plate-forme, il faut prendre le module de résilience de la surface du sommet de lit de la route pour son indice de conception, la déformation de compression verticale pour son indice de vérification et il doit se conformer aux prescriptions suivantes :

1 Pour la plate-forme sous l'état de l'humidité d'équilibre, le module de résilience du sommet de lit de la route ne doit pas être inférieur aux règles concernées des *Règles de Conception pour la Chaussée bitumineuse de Route* (JTG D50) et des *Règles de Conception pour la Chaussée en Béton de Ciment de Route* (JTG D40) en vigueur.

2 La valeur de calcul de la déformation de compression verticale du sommet de lit de la route doit satisfaire aux exigences de contrôle de déformation permanente de la chaussée bitumineuse.

3 La déformation de compression verticale de la chaussée en béton de ciment peut ne pas être contrôlée.

3.2.5 La valeur de conception du module de résilience de plate-forme de la route en nouvelle construction E_0 doit être déterminée selon la formule (3.2.5-1) et satisfaire aux exigences de la formule (3.2.5-2).

$$E_0 = K_s K_\eta M_R \qquad (3.2.5\text{-}1)$$
$$E_0 \geqslant [E_0] \qquad (3.2.5\text{-}2)$$

Dans lesquelles :

E_0— Valeur de conception pour le module de résilience de plate-forme sous l'état d'humidité d'équilibre (MPa) ;

$[E_0]$— Valeur exigée de module de résilience pour la conception de structure de chaussée (MPa), elle doit se conformer aux règles concernées de l'article 3.2.4 de présentes règles ;

M_R— Valeur de module de résilience dynamique de la plate-forme sous l'état de référence (MPa), elle sera déterminée selon l'article 3.2.6 de présentes règles ;

K_s— Coefficient de réglage d'humidité de module de résilience de la plate-forme, le rapport entre le module de résilience sous l'état d'humidité d'équilibre (teneur en eau) et celui sous l'état de référence sera déterminé selon l'article 3.2.7 ;

K_η— Coefficient de réduction de module du sol de plate-forme sous la condition de cycle de séchage-mouillage ou de gel-dégel, il sera déterminé par l'essai. Lors de l'avant-projet, dans la zone non gelée, il peut être déterminé selon le type de sol et le taux de perte d'eau, dans la zone de sol gelé saisonnière, il peut être déterminé selon la température de gel et la teneur en eau, le coefficient de réduction peut être pris de 0,7 à 0,95. Dans la zone non gelée, pour le sol silteux, le sol argileux dont le taux de perte d'eau est supérieur à 30%, la faible valeur est prise, dans le sens contraire, la valeur relativement grande est prise ; pour le sol à grain gros, la valeur grande est prise. Dans la zone gelée saisonnière, pour le sol silteux, le sol argileux dont la température de gel est inférieure à −15 ℃, la teneur en eau avant le gel est élevée, la faible valeur est prise, dans le sens contraire, la valeur relativement grand est prise ; pour le sol à grain gros, la valeur grande est prise.

3.2.6 Sous l'état de référence, la valeur de module de résilience de plate-forme doit être déterminée selon les méthodes suivantes :

1 Pour le module de résilience de matériau de remplissage, il faut l'obtenir selon l'Annexe A par essai.

2 Quand la condition d'essai est limitée, il est possible de consulter et de prendre la valeur de référence de module de résilience selon les catégories de sol et les types de matériau granulaire par le tableau B.1, le tableau B.2 de l'Annexe B.

3 Dans la phase d'étude de l'avant-projet, il est aussi possible de prendre la valeur de CBR de matériau de remplissage pour estimer, selon la formule (3.2.6-1) et la formule (3.2.6-2), la valeur de module de résilience de matériau de remplissage :

$$M_R = 17,6 CBR^{0,64} \quad (2 < CBR \leqslant 12) \quad (3.2.6\text{-}1)$$
$$M_R = 22,1 CBR^{0,55} \quad (12 < CBR < 80) \quad (3.2.6\text{-}2)$$

3.2.7 Le lit de la route en nouvelle construction doit se trouver dans un état sec ou moyennement humide. Pour la conception de plate-forme, il est possible d'estimer au préalable l'état d'humidité selon les méthodes suivantes pour déterminer le coefficient de réglage d'humidité de module de résilience :

1 On peut déterminer les types de séchage et de mouillage de plate-forme et estimer au préalable l'humidité d'équilibre de la structure de plate-forme selon les règles concernées de l'Annexe C et d'après la hauteur relative, la catégorie de groupe de sol de plate-forme et la hauteur de montée capillaire.

2   Le coefficient de réglage d'humidité de module de résilience de plate-forme peut être déterminé selon l'Annexe D.

3.2.8   Lorsque l'état d'humidité de plate-forme, la valeur *CBR* de matériau de remplissage de plate-forme, le module de résilience du lit de la route et la déformation de compression verticale, etc. ne peuvent pas satisfaire aux exigences, il faut prendre des mesures de traitement suivantes sur le lit de la route selon les conditions telles que le climat, la nature de sol et le stockage de l'eau souterraine, ainsi que les ressources de matériau, etc. et après la sélection par comparaison technique et économique :

1   Il est possible d'employer le sol à grain gros ou le sol stabilisé incorporé des liants inorganiques de dosage faible pour procéder à la substitution de sol de remplissage et définir rationnellement la profondeur de substitution par remplissage.

2   En ce qui concerne le sol à grain fin, il est possible d'employer le sable, le gravier et le concassé, etc. pour traiter par mélange ou utiliser le liant inorganique pour faire un traitement stabilisé. Pour la conception de traitement de sol à grain fin, il faut déterminer par essai physique et mécanique, le matériau et le dosage de traitement et l'indice de performance de plate-forme après le traitement, etc.

3   Pour la plate-forme en déblai de sol dont la condition hydrologique et géologique est défavorable ou la plate-forme en remblai en état humide, il faut prendre des mesures telles que la disposition d'une sous-couche de drainage, d'une couche d'isolation de l'eau capillaire, ou d'un drain d'infiltration souterrain, etc.

4   En ce qui concerne les secteurs de routes de différentes classe en état moyennement humide ou humide dans la région gelée saisonnière, il faut procéder à la vérification antigel de la structure de plate-forme en associant la structure de la chaussée, en cas de besoin, il faut disposer la sous-couche antigel ou la couche d'isolation thermique.

3.3   Plate-forme en remblai

3.3.1   La hauteur de remblai doit satisfaire les exigences suivantes :

1   Satisfaire la fréquence de crue de projet de la plate-forme et le niveau de crue de projet qui correspondent aux différentes classes de route.

2 Pour la hauteur de remblai, il ne convient pas d'être inférieure à la hauteur critique de plate-forme en état moyennement humide.

3 Dans la zone gelée saisonnière, pour la hauteur de remblai, il ne convient pas d'être inférieur à la profondeur de gel de plate-forme locale.

3.3.2 Pour la hauteur de remblai, il convient d'être déterminé par calcul selon la formule (3.3.2).

$$H_{op} = \text{MAX}\{(h_{sw} - h_0) + h_w + h_{bw} + \Delta h, h_l + h_p, h_{wd} + h_p, h_f + h_p\} \quad (3.3.2)$$

Dans laquelle :

H_{op} — Hauteur raisonnable de remblai (m) ;

h_{sw} — Niveau de crue de projet (m) ;

h_0 — Niveau de terrain (m) ;

h_w — Hauteur d'attaque de vague (m) ;

h_{bw} — Hauteur de remous (m) ;

Δh — Hauteur de sécurité (m) ;

h_l — Hauteur critique de plate-forme en état moyennement humide (m) ;

h_p — Épaisseur de chaussée (m) ;

h_{wd} — Pronfondeur de la zone de travail de plate-forme (m) ;

h_f — Profondeur de gel de plate-forme dans la zone gelée saisonnière (m).

3.3.3 Le matériau de remplissage de remblai doit se conformer aux exigences suivantes :

1 Pour le matériau de remplissage de remblai, il convient de sélectionner le sol à grain gros tel que le sol gravier, le sol sableux, etc. pour servir de matériau de remplissage, la grosseur maximale de matériau de remplissage doit être inférieure à 150 mm.

2 La tourbe, la vase, le sol gelé, le sol gonflant fort et le sol organique ainsi que le sol dont le sel soluble dépasse la teneur admissible, etc. ne doivent pas être utilisés directement dans le remblaiement de remblai. Pour le lit de la route dans la zone de sol gelé saisonnière et la partie imbibée de plate-forme, il ne faut pas utiliser directement le sol silteux dans le remblaiement.

3 L'indice portant minimal de matériaux de remplissage doit être conforme aux stipulations de tableau 3.3.3.

Tableau 3.3.3　Exigences de l'indice portant minimal de matériau de remplissage de plate-forme

Parties de plate-forme		Profondeur au dessous de fond de la chaussée (m)	Indice portant de matériau de remplissage CBR (%)		
			Autoroute, route de première classe	Route de deuxième classe	Route de troisième et de quatrième classe
Remblai supérieur	Trafic léger, moyen et lourd	0,8 à 1,5	4	3	3
	Trafic spécialement lourd et extrêmement lourd	1,2 à 1,9	4	3	—
Remblai inférieur	Trafic léger, moyen et lourd	En dessous de 1,5	3	2	2
	Trafic spécialement lourd et extrêmement lourd	En dessous de 1,9			

Note : 1. Quand la valeur CBR de matériau de remplissage ne satisfait pas l'exigence listée dans le tableau, il est possible de mélanger la chaux ou les autres matières stabilisantes pour le traitement.

2. Quand les routes de troisième et de quatrième classe sont revêtues de chaussée en béton bitumineux ou en béton de ciment, il faut adopter les stipulations de la route de deuxième classe.

4　Pour le sol à grain fin dont la limite de liquidité est supérieure à 50%, l'indice de plasticité est supérieur à 26, ce sol ne doit pas être utilisé directement comme le matériau de remplissage pour le remblai.

5　Pour le remblai imbibé, le bloc technique de l'ouvrage d'art et le dos de mur de soutènement, il convient d'utiliser le matériau de remplissage dont la perméabilité à l'eau est bonne. Dans la zone où il manque de matériau perméable, lors d'emploi de sol à grain fin pour le remblayage, il est possible d'adopter le liant inorganique pour procéder au traitement de stabilisation.

3.3.4　Le remblai doit être construit et compacté uniformément par couche, le taux de compactage doit se conformer aux prescriptions de tableau 3.3.4.

Tableau 3.3.4　Taux de compactage de remblai

Parties de plate-forme		Profondeur au dessous de fond de la chaussée (m)	Taux de compactage (%)		
			Autoroute, route de première classe	Route de deuxième classe	Route de troisième et de quatrième classe
Remblai supérieur	Trafic léger, moyen et lourd	0,8 à 1,5	≥94	≥94	≥93
	Trafic spécialement lourd et extrêmement lourd	1,2 à 1,9	≥94	≥94	—

suite

Parties de plate-forme		Profondeur au dessous de fond de la chaussée (m)	Taux de compactage (%)		
			Autoroute, route de première classe	Route de deuxième classe	Route de troisième et de quatrième classe
Remblai inférieur	Trafic léger, moyen et lourd	Au dessous de 1,5	≥93	≥92	≥90
	Trafic spécialement lourd et extrêmement lourd	Au dessous de 1,9			

Note : 1. Le taux de compactage listé dans le tableau désigne celui obtenu issu de la densité sèche maximale acquise par l'essai de compactage lourd selon la *Procédure d'Essai géotechnique de Route* (JTG E40).
2. Quand les routes de troisième et de quatrième classe sont revêtues de chaussées en béton bitumineux ou en béton de ciment, il faut adopter la valeur prescripte de route de la deuxième classe.
3. Lorsque le remblai est effectué par les matériaux spéciaux tels que les cendres de charbon, les déchets industriels, etc. ou le remblai se trouve dans une zone particulièrement sèche ou humide, sous la prémisse de l'assurance des exigences sur la résistance et le module de résilience, sur la démonstration par essai, il est possible d'abaisser 1 à 2 pourcentages pour le critère de taux de compactage.

3.3.5 La forme de talus de remblai et la pente de talus doivent être déterminées selon la nature physique et mécanique de matériau de remplissage, la hauteur de talus et la condition géotechnique et doivent se conformer aux prescriptions suivantes :

1 Quand la condition géologique est bonne et la hauteur de talus ne sera pas supérieure à 20 m, pour sa pente de talus, il ne convient pas d'être supérieure à la valeur prescrite de tableau 3.3.5.

Tableau 3.3.5 Pente de talus de remblai

Type de matériau de remplissage	Pente de talus	
	Hauteur de la partie supérieure ($H \leqslant 8$ m)	Hauteur de la partie inférieure ($H \leqslant 12$ m)
Sol à grain fin	1:1,5	1:1,75
Sol à grain gros	1:1,5	1:1,75
Sol à grain énorme	1:1,3	1:1,5

2 En ce qui concerne le remblai dont la hauteur de talus est supérieure à 20 m, pour la forme de talus, il convient d'adopter le type de gradins, la pente de talus doit être déterminée par analyse et calcul de stabilité selon les règles concernées de la section 3.6 de présentes règles et il faut procéder à la conception par point de construction.

3 En ce qui concerne le remblai imbibé, pour la pente de talus au dessous de niveau d'eau de projet, il ne convient pas d'être supérieur à 1:1,75.

3.3.6 La conception du traitement de la couche superficielle de la fondation de sol doit se conformer aux exigences suivantes :

1. Sur la pente stabilisée, quand la pente transversal du terrain est inférieure à 1:5, après le décapage et l'élimination de terre végétale de la surface et d'humus, il est possible de remblayer directement le remblai ; quand la pente transversale du terrain est de 1:5 à 1:2,5, il faut excaver les gradins sur terrain in situ, la largeur d'un gradin ne doit pas être inférieure à 2 m. quand la couche de couverture sur la surface de roche de base est relativement faible, il convient d'éliminer d'abord la couverture, et d'excaver ensuite les gradins ; quand la couverture est relativement épaisse et en plus stabilisée, elle peut être conservée.

2. Pour le remblai sur la pente raide dont la pente transversale est supérieure à 1:2,5, il faut vérifier obligatoirement la stabilité au glissement de l'ensemble de remblai le long de la base et de la couche faible sous la base, le coefficient de stabilité au glissement ne doit pas être inférieur à la valeur prescrite de tableau 3.6.11, sinon, il faut prendre des mesures d'antiglissement pour améliorer la condition de la base ou installer les ouvrages de soutènement, etc.

3. Quand l'eau souterraine affecte la stabilité de remblai, il faut prendre des mesures d'interception, d'adduction et de drainage des eaux souterraines ou faire le remblayage avec les matériaux dont la perméabilité à l'eau est bonne sous la base de remblai, etc.

4. La couche superficielle de fondation de sol doit être compactée. Dans les secteurs de route de sol ordinaires, le taux de compactage (type lourd) de la base de remblai pour l'autoroute et les routes de première et de deuxième classe ne doit pas être inférieur à 90% ; pour les routes de troisième et de quatrième classe, il ne faut pas être inférieur à 85%. Pour le remblai de faible hauteur, il faut faire une excavation hors-profil sur le sol de surface de fondation de sol, ensuite effectuer le remblayage et le compactage par couche, leur profondeur de traitement ne doit pas être inférieure à celle de lit de la route.

5. Dans les secteurs de route où il y a des rivières et des étangs, il faut voir les circonstances concrètes pour prendre des mesures telles que le drainage, l'élimination de vase, le séchage au soleil, la substitution de remplissage, le renforcement d'armatures, l'addition extérieure de liant inorganique, et etc. Lors de fondation en sol mou, leurs traitements doivent être conformes aux règles concernées de la section 7.7 de présentes règles.

3.3.7 Aux endroits de connexion entre le remblai de routes de deuxième et supérieure à deuxième classe et les culées et les ouvrages transversaux (ponceaux, passages), il faut installer une section de transition. Le taux de compactage de la section de transition ne doit pas être inférieur à 96%, et il faut mener à bien la conception synthétique de matériau de remplissage, de traitement de fondation de sol et de système de drainage au dos de culée de pont. Pour la longueur de la section de transition, il convient de la déterminer selon la formule (3.3.7).

$$L = (2 \text{ à } 3)H + (3 \text{ à } 5) \qquad (3.3.7)$$

Dans laquelle :

L— Longueur de la section de transition (m);

H— Hauteur de remblaiement de plate-forme (m).

3.3.8 Pour la plate-forme à profil mixte une partie en remblai et une partie en déblai sur la pente raide, il est possible d'adopter la protection d'accotement, la maçonnerie ou le mur de soutènement selon la condition topographique et géologique ; quand le versant de montagne est élevé et raide ou la stabilité n'est pas bonne, et il ne convient pas d'excaver de plus, il est possible d'adopter les ouvrages tels que le pont, la terrasse de route en porte-à-faux, etc. ; dans les secteurs d'escarpement de routes de troisième et de quatrième classe, quand l'intégrité de roche de la montagne est bonne, il est possible d'adopter le demi-tunnel.

3.3.9 Pour la hauteur de protection d'accotement de plate-forme ayant l'accotement protégé, il ne convient pas de dépasser 2 m, la largeur de surface de sommet ne doit pas envahir le domaine de chaussée tel que l'accotement dur ou la voie de circulation et la bande de bordure.

3.3.10 La plate-forme en maçonnerie peut être utilisée aux routes de troisième et de quatrième classe, et doit se conformer aux exigences suivantes :

1 Pour les pierres de maçonnerie, il faut choisir les moellons, les blocs pas facilement altérés pour maçonner, à côté intérieur sont remplies les pierres.

2 Dans les secteurs de route où la roche est altérée gravement ou la roche est molle, il ne convient pas d'adopter la plate-forme en pierres de maçonnerie.

3 La largeur du sommet de maçonnerie de pierres ne doit pas être inférieure à 0,8 m, la surface de base doit être inclinée vers l'intérieur, pour la hauteur de maçonnerie, il ne convient pas d'être supérieure à 15 m. la pente de talus à l'intérieur comme à l'extérieur de maçonnerie ne convient pas d'être supérieure à la valeur prescrite de tableau 3.3.10.

Tableau 3.3.10 Pente de talus de maçonnerie de pierres

N°	Hauteur de maçonnerie de pierres (m)	Pente de talus intérieur	Pente de talus extérieur
1	≤5	1:0,3	1:0,5
2	≤10	1:0,5	1:0,67
3	≤15	1:0,6	1:0,75

3.3.11 Quand la plate-forme en remblai est limitée par la topographie, les objets de terrain ou la stabilité de plate-forme n'est pas suffisante, il est possible d'installer la protection des pieds ou le mur de soutènement. Pour la hauteur de protection des pieds, il ne convient pas d'être supérieure à 5 m. La protection des pieds de remblai imbibé doit être protégée ou renforcée.

3.4 Plate-forme en déblai

3.4.1 La conception de déblai en sol doit se conformer aux exigences suivantes :

1 La forme et la pente de talus de déblai en sol doivent être déterminées synthétiquement selon les conditions géotechniques et hydrogéologiques, les hauteurs de talus, les mesures de drainage et de protection et les méthodes d'exécution des travaux, etc. en associant les enquêtes sur les talus de stabilité naturels et manuels ainsi que l'analyse de la mécanique. Quand la hauteur de talus n'est pas supérieure à 20 m, la pente de talus ne convient pas d'être supérieure à la valeur prescrite de tableau 3.4.1.

Tableau 3.4.1 Pente de talus de déblai en sol

Type de sol		Pente de talus
Argile, argile silteuse et sol silteux dont l'indice de plasticité est supérieur à 3		1:1
Sable moyen, sable gros, sable graveleux au dessus de densité moyenne		1:1,5
Sol de galets, sol de gravier, sol de gravier rond et sol de brèche	Cimenté et compacté	1:0,75
	Densité moyenne	1:1

Note : Les formes et les pentes de talus de déblai en sols spéciaux tels que le lœss, l'argile rouge, le sol de limite de liquidité élevée et le sol gonflant, etc. doivent être déterminés selon les règles concernées de chapitre 7 de présentes règles.

2 Quand la hauteur de talus de déblai est supérieure à 20 m, la forme et la pente de talus doivent être déterminées selon la section 3.7 de présentes règles.

3.4.2 La conception de déblai en roche doit se conformer aux exigences suivantes :

1　La forme et la pente de talus de déblai en roche doivent être déterminées synthétiquement selon les conditions géotechniques et hydrogéologiques, les hauteurs de talus, les mesures de protection et de drainage et les méthodes d'exécution des travaux etc. en associant les enquêtes sur les talus stabilisés naturels et manuels ainsi que l'analyse de la mécanique. En cas de besoin, il est possible d'utiliser la méthode d'analyse de stabilité pour la vérification. Quand la hauteur de talus n'est pas supérieure à 30 m, pour le talus sans surface structurale faible en inclinaison extérieure, il est possible de déterminer le type de roche selon l'Annexe E, la pente de talus peut être déterminée selon le tableau 3.4.2.

Tableau 3.4.2　Pente de talus de déblai en roche

Type de masse rocheuse de talus	Degré d'altération	Pente de talus $H < 15$ m	Pente de talus $15\ \text{m} \leqslant H \leqslant 30\ \text{m}$
Type I	Non altéré, légèrement altéré	1:0,1 à 1:0,3	1:0,1 à 1:0,3
Type I	Faiblement altéré	1:0,1 à 1:0,3	1:0,3 à 1:0,5
Type II	Non altéré, légèrement altéré	1:0,1 à 1:0,3	1:0,3 à 1:0,5
Type II	Faiblement altéré	1:0,3 à 1:0,5	1:0,5 à 1:0,75
Type III	Non altéré, légèrement altéré	1:0,3 à 1:0,5	—
Type III	Faiblement altéré	1:0,5 à 1:0,75	—
Type IV	Faiblement altéré	1:0,5 à 1:1	—
Type IV	Gravement altéré	1:0,75 à 1:1	—

Note : 1. Lors de disposition fiable de données et d'expériences, il est possible de ne pas être limité par le présent tableau.
2. La grave altération de type IV comprend les roches très tendres de différents types d'altération.

2　Pour le talus en roche ayant la surface structurale faible en inclinaison extérieure, le talus pour lequel il y a la charge relativement grande aux alentours de bord de sommet de talus, et le talus dont la hauteur dépasse le domaine de tableau 3.4.2, etc., la pente de talus doit être déterminée par calcul selon les règles concernées de la section 3.7 de présentes règles et par l'analyse de la stabilité.

3　Pour la plate-forme de déblai en roche dure, il convient d'adopter la technologie de milliseconde et micro-différence de dynamitage telle que le dynamitage lisse, le dynamitage de préclivage, etc.

4　Pour le déblai en roche meuble et tendre dont la hauteur de talus est supérieure à 20 m, il convient d'adopter l'excavation par couches successives et la protection par couches successives ainsi que la technique de pré-renforcement des pieds de talus.

3.4.3　Lorsque le talus de déblai est relativement élevé, il est possible d'être excavé en talus type de ligne de pliage ou en talus à redans selon les propriétés de sol, de roche de différentes natures et les exigences sur la stabilité, à côté extérieur de fossé latéral, il faut installer une (berme) chute de pierres, sa largeur ne convient pas d'être inférieure à 1,0 m ; à la partie centrale de talus à redans, il faut installer une banquette de chute dont la largeur ne convient pas d'être inférieure à 2 m.

3.4.4 Pour le sommet, la surface et les pieds de talus ainsi que la terrasse de la partie centrale de talus, il faut installer les systèmes de drainage superficiels, les dimensions structurales de dispositifs de drainage superficiels de différentes sortes doivent être déterminées selon la section 4.2 de présentes règles.

3.4.5 Quand le sol de talus est humide ou l'eau souterraine affleure, il faut installer selon la situation réelle, les tranchées d'infiltration ou les trous de drainage inclinés vers le haut, disposer les installations de drainage et de dérivation comme le tunnel de drainage installé verticalement le long de la direction d'écoulement d'eau souterraine en amont, etc.

3.4.6 Il faut déterminer la forme de protection de la surface de talus selon la situation de la stabilité de talus et l'environnement ambiant, pour la protection de talus, il faut prendre des mesures de combinaison de protection par les travaux et de protection par plantes. Pour le talus dont la stabilité est faible, il faut installer les ouvrages de soutènement.

3.5 Traitement d'interface remblai-déblai de la plate-forme

3.5.1 La conception de la zone de remblai de plate-forme à profil mixte une partie en remblai et une partie en déblai doit être conforme aux règles concernées de la section 3.3 et de la section 3.6. En cas de besoin, il est possible de renforcer le compactage supplémentaire.

3.5.2 La conception de la zone de déblai à profil mixte une partie en remblai et une partie en déblai doit se conformer aux stipulations concernées de la section 3.4 et de la section 3.7.

3.5.3 Quand la zone de déblai est en sol ou en roche tendre, il faut procéder à l'excavation hors-profil par la substitution de remblai ou au traitement par amélioration sur les sols non conformes aux exigences à l'intérieur de domaine de lit de la route dans la zone déblai ; dans la zone de remblai, il convient d'utiliser le matériau dont la perméabilité à l'eau est bonne, en cas de besoin, il est possible de mettre en place la géogrille à la partie d'interface remblai-déblai dans le domaine de lit de la route. Quand la zone de déblai est en roche dure, pour la zone de remblai, il convient d'adopter le remblai en pierres.

3.5.4 Quand la pente transversale de la surface de terrain dans la zone de remblai est supérieure à 1:2,5, il faut procéder à la conception selon la section 3.6 de présentes règles. Lorsque la stabilité de plate-forme n'est pas suffisante, il faut prendre des mesures pour améliorer la condition du fond de base ou installer des ouvrages de soutènement, etc.

3.5.5 Il faut mettre en place le système de drainage souterrain perfectionné selon la situation d'affleurement de l'eau souterraine et la nature de roche, à part qu'il faut installer la tranchée d'infiltration longitudinale au dessous de fossé latéral, il faut encore installer le drain d'infiltration, la sous-couche de drainage, etc. à la partie d'interface remblai-déblai.

3.5.6 Pour la partie d'interface remblai-déblai longitudinale de la plate-forme, il convient d'installer la section de transition.

3.6 Remblai élevé et remblai sur la pente raide

3.6.1 Le remblai élevé, le remblai sur la pente raide et les remblais dans les secteurs géologiquement défavorables, et en roche et sol spécial, doivent être pris en tant que les points de construction indépendants pour procéder à la prospection et à la conception.

3.6.2 Pour la conception des remblais élevés et des remblais sur la pente raide, il faut procéder à la conception synthétique de traitement de fondation du sol, de forme structurale, de dispositif de drainage, et de protection de talus, sur la base de maîtrise de la condition hydrogéologique, de la provenance et de la nature de matériau de remplissage. Au cours d'exécution des travaux, il faut régulariser à temps la conception selon la variation de la situation réelle et assurer la stabilité de plate-forme.

3.6.3 La prospection des fondations de sol de remblai élevé et de remblai sur la pente raide doit être conforme aux exigences des *Règles pour la Prospection géotechnique des Routes* (JTG C20) en vigueur, tirer au clair le type, la strate, l'épaisseur, la caractéristique de répartition et la performance physique et mécanique de sol de fondation ainsi que la profondeur enterrée de l'eau souterraine et sa caractéristique de répartition, définir la force portante de fondation de sol pour acquérir les paramètres physiques et mécaniques nécessaires à la conception.

3.6.4 Le matériau de remplissage de remblai élevé et de remblai sur la pente raide doit satisfaire les prescriptions des articles 3.2.2 et 3.3.3, le taux de compactage doit satisfaire les exigences des articles 3.2.3 et 3.3.4.

3.6.5 La forme et la pente de talus de remblai élevé et de remblai sur la pente raide doivent être déterminées après l'analyse de stabilité et le calcul selon la condition topographique et géotechnique, la hauteur de talus et la nature de matériau de remplissage de plate-forme etc. en associant le facteur économique et la protection de l'environnement. La forme de profil convient d'adopter le type de redans.

3.6.6 Il faut, conformément à la situation d'affleurement de l'eau souterraine et à la nature géotechnique, mettre en place les systèmes de drainage superficiel et souterrain perfectionnés, mener à bien en temps opportun la protection de la surface de talus.

3.6.7 Lors de conception de remblai élevé et de remblai sur la pente raide, il faut procéder à l'analyse et au calcul de stabilité de plate-forme. Au moment de l'analyse, il faut prendre en compte les trois conditions de fonctionnement suivantes :

  1 Condition de fonctionnement normale : il s'agit d'une condition de fonctionnement dans laquelle il arrive souvent ou de la durée longue après la mise en exploitation de plate-forme.

  2 Condition de fonctionnement anormale I : il s'agit d'une condition de fonctionnement dans laquelle la plate-forme se trouve en orage ou en précipitation continue.

  3 Condition de fonctionnement anormale II : il s'agit d'une condition de fonctionnement dans laquelle la plate-forme subit les actions de charge telles que le séisme, etc.

3.6.8 Le paramètre de résistance pour l'analyse de stabilité de remblai élevé et de remblai sur la pente raide doit être déterminé selon les exigences de provenance de matériau de remplissage, de la situation de site et de l'analyse de condition de fonctionnement, en choisissant les échantillons représentatifs pour procéder aux essais en laboratoire et en associant la situation sur place. La méthode d'essai doit se conformer aux exigences suivantes :

  1 Les valeurs de paramètres de la résistance du remblaiement de plate-forme c et φ, peuvent être obtenues en adoptant les essais de cisaillement direct, de cisaillement rapide ou de cisaillement triaxial non drainé. Les exigences de préparation d'échantillons dans les différentes conditions de fonctionnement sont à voir le tableau 3.6.8. Lorsque le matériau de remplissage de plate-forme est de sol à grain gros ou d'enrochement, il faut employer le testeur triaxial de grande dimension ou le testeur de cisaillement direct de grande dimension pour procéder aux essais.

  2 Pour les valeurs de paramètres de résistance de sol de fondation de sol c et φ, il convient d'adopter les essais de cisaillement direct, de cisaillement rapide consolidé ou de cisaillement triaxial non drainé pour obtention.

  3 Lors de l'analyse de stabilité au glissement le long de la fondation de sol sur la pente ou de couche molle de remblai élevé, il faut obtenir les valeurs de paramètres de résistance c et φ

en associant la condition de site pour choisir l'essai de couche de sol au niveau de contrôle. Il est possible d'adopter les essais de cisaillement direct, de cisaillement rapide ou de cisaillement triaxial non drainé. Quand il existe l'influence de l'eau souterraine, il faut employer les spécimens saturés pour procéder aux essais.

Tableau 3.6.8 Exigence de préparation d'échantillons de l'essai pour les paramètres de résistance de remblayage de remblai

Analyse de condition de fonctionnement	Exigence de l'échantillon	Champs d'application
Condition de fonctionnement normale	Sont adoptées la teneur en eau de remblaiement et la densité de remplayage ; lors d'obtention difficile de la teneur en eau et de la densité de remplayage, ou quand on procède à l'analyse préliminaire de stabilité, pour la densité, est adoptée la densité à exiger d'atteindre, pour la teneur en eau, est exigée la teneur en eau correspondant sur la courbe de compactage	Elle est utilisée sur le remblai en nouvelle construction
	Le sol in situ de la plate-forme est pris	Elle est utilisée sur le remblai déjà construit
Condition de fonctionnement anormae I	Même exigence que l'échantillon en condition de fonctionnement normale, mais il faut saturer au préalable	Elle est utilée sur le sol de remblayage qui se trouve dans la sphère de l'influence d'infiltration par la précipitation
Condition de fonctionnement anormale II	Même exigence que l'échantillon en condition de fonctionnement normale	—

3.6.9 Pour la stabilité du corps de remblai, la stabilité globale de remblai et de fondation de sol, il convient d'adopter la méthode simplifiée Bishop. Le coefficient de stabilité F_s est calculé selon la formule (3.6.9-1), le schéma de calcul est à voir dans la figure 3.6.9. quand la fondation de sol est en sol meuble ou mou, la méthode de calcul de coefficient de stabilité et sa stabilité doivent satisfaire les exigences de la section 7.7 de présentes règles.

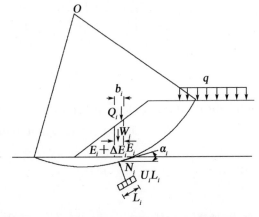

Figure 3.6.9 Schéma de calcul de stabilité du corps de remblai et de stabilité globale de remblai et de fondation de sol

$$F_s = \frac{\sum [c_i b_i + (W_i + Q_i)\tan\varphi_i]/m_{\alpha i}}{\sum (W_i + Q_i)\sin\alpha_i} \qquad (3.6.9\text{-}1)$$

Dans laquelle :

- F_s — Coefficient de stabilité de remblai ;
- b_i — Largeur du i ième rouleau d'argile (m) ;
- α_i — Angle d'inclinaison de la surface glissante du fond de i ième rouleau d'argile (°) ;
- c_i, φ_i — Force de cohérence et angle de frottement interne de la couche de sol où se trouve l'arc glissant du i ième rouleau d'argile, selon la position où se trouve l'arc glissant, sont pris la force de cohérence (kPa) et l'angle de frottement interne (°) correspondants à la couche de sol ;
- $m_{\alpha i}$ — Coefficient, il sera calculé selon la formule (3.6.9-2), dans laquelle les significations de différents symboles sont les même que ce qui sont précédents ;

$$m_{\alpha i} = \cos\alpha_i + \frac{\sin\alpha_i \tan\varphi_i}{F_s} \qquad (3.6.9\text{-}2)$$

- W_i — Gravité du i ième rouleau d'argile (kN) ;
- Q_i — Force externe de la direction verticale du i ième rouleau d'argile (kN).

3.6.10 Pour l'analyse de stabilité de remblai au glissement le long de fondation de sol sur la pente ou sur la couche et bande faible, il est possible d'adopter la méthode de poussée non équilibre, le coefficient de stabilité F_s peut être calculé selon les formules (3.6.10-1) et (3.6.10-2), le schéma de calcul est à voir dans la figure 3.6.10.

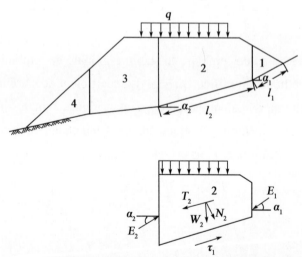

Figure 3.6.10 Schéma de calcul de stabilité de remblai au glissement le long de fondation de sol sur la pente et sur la couche et bande faible

$$E_i = W_{Qi}\sin\alpha_i - \frac{1}{F_s}[c_i l_i + W_{Qi}\cos\alpha_i \tan\varphi_i] + E_{i-1}\psi_{i-1} \qquad (3.6.10\text{-}1)$$

$$\psi_{i-1} = \cos(\alpha_{i-1} - \alpha_i) - \frac{\tan\varphi_i}{F_s}\sin(\alpha_{i-1} - \alpha_i) \qquad (3.6.10\text{-}2)$$

Dans lesquelles :

W_{Qi} — Somme de gravité du i ième rouleau d'argile et de la charge verticale additionnelle (kN);

α_i — Angle d'inclinaison de la surface glisssante de fond du i ième rouleau d'argile(°);

c_i, φ_i — Force de cohérence (kPa) et angle de frottement interne (°) du fond de i ième rouleau d'argile;

l_i — Longueur de surface glissante du fond de i ième rouleau d'argile (m);

α_{i-1} — Angle d'inclinaison de surface glissante du fond de $i-1$ ième rouleau d'argile(°);

E_{i-1} — Force de glissement vers le bas transmis par le i-1 ième rouleau d'argile au i ièmerouleau d'argile (kN).

Il est à calculer rouleau par rouleau avec les formules (3.6.10-1) et (3.6.10-2), jusqu'au n ième rouleau pour lequel la poussée résiduelle est égale zéro, il en résulte que le coefficient de stabilité ω_n est déterminé.

3.6.11 Les coefficients de stabilité de remblai élevé et de remblai sur la pente des routes de différentes classes ne doivent pas être inférieurs aux valeurs de coefficient sécuritaire de stabilité listées dans la tableau 3.6.11. Pour la condition de fonctionnement anormale II, la méthode d'analyse de stabilité et le coefficient de la stabilité sécuritaire de plate-forme doivent se conformer aux prescriptions des *Règles parasismiques pour les Travaux routiers*(JTG B02) en vigueur.

Tableau 3.6.11 Coefficient de stabilité sécuritaire de remblai élevé et de remblai sur la pente raide

Contenu d'analyse	Indice de résistance de fondation de sol	Analyse de condition de fonctionnement	Coefficient de stabilité sécuritaire	
			Routes de deuxième et supérieure à la deuxième classe	Routes de troisième et de quatrième classe
Stabilité de corps de remblai, stabilité globale de remblai et de fondation de sol	Sont adoptés les indices de cisaillement rapide consolidé, de cisaillement direct ou de cisaillement triaxial consolidé	Condition de fonctionnement normale	1,45	1,35
		Condition de fonctionnement anormale I	1,35	1,25
	Est adopté l'indice de cisaillement rapide	Condition de fonctionnement normale	1,35	1,30
		Condition de fonctionnement anormale I	1,25	1,15

suite

Contenu d'analyse	Indice de résistance de fondation de sol	Analyse de condition de fonctionnement	Coefficient de stabilité sécuritaire	
			Routes de deuxième et supérieure à la deuxième classe	Routes de troisième et de quatrième classe
Stabilité de remblai au glissement le long de la fondation de sol sur la pente ou sur la couche faible	—	Condition de fonctionnement normale	1,30	1,25
		Condition de fonctionnement anormale I	1,20	1,15

Note : Pour le secteur de route de troisième ou de quatrième classe étant le passage unique dans la région, les coefficients de stabilité sécuritaire peuvent adopter le critère de route de deuxième classe.

3.6.12 Le traitement du fond de base de remblai doit se conformer aux règles de l'article 3.3.6 de présentes règles, quand la fondation de sol est répartie sur la couche souple, il faut mener à bien la conception de renforcement de fondation de sol selon les stipulations de la section 7.7 de présentes règles. Lorsque le coefficient de stabilité de plate-forme est inférieur au celui de stabilité sécuritaire de tableau 3.6.11, il faut prendre des mesures pour améliorer la condition du fond de base, installer les ouvrages de soutènement, etc., afin d'assurer la stabilité de plate-forme.

3.6.13 Il faut renforcer le contrôle de tassement sur le remblai élevé et le remblai sur la pente raide. En cas de besoin, il est possible de prendre des mesures synthétiques consistant à renforcer l'intensité, à supplémenter le compactage et à mettre en pose les matériaux géosynthétiques, etc., et il convient de réserver au préalable une période de tassement d'une saison pluvieuse, afin de diminuer le tassement après fin des travaux.

3.6.14 Pour le remblai élevé et le remblai sur la pente raide, il faut procéder à la surveillance d'exécution des travaux, la conception de surveillance doit préciser les secteurs de route à surveiller, les projets de surveillance, la quantité et la position de points de surveillance ainsi que les exigences de surveillance, etc., le projet et le contenu de surveillance peuvent être sélectionnés selon le tableau F-2 de l'Annexe F. La période de surveillance doit être au moins un an après la mise en exploitation de la route.

3.7 Déblai profond

3.7.1 Pour les talus d'excavation du secteur de déblai profond et du secteur dont la géologie est défavorable, il faut procéder à la conception de prospection selon le point de construction indépendant.

3.7.2 Pour la prospection des travaux du déblai profond, il convient d'adopter la méthode synthétique telles que le forage, la prospection par fosse (par puits, par tranchée) en combinaison avec la prospection géophysique, etc., en cas de besoin, il est possible d'être complété de prospection par tunnel. La prospection géotechnique de talus doit satisfaire les exigences des *Règles pour la Prospection géotechnique des Routes* (JTG C20) en vigueur et tirer au clair les contenus suivants :

1 Les caractéristiques topographiques et géomorphologiques.

2 Le type de masse de roche et de sol, la genèse, le caractère, le degré d'altération et le degré d'intégrité ainsi que les épaisseurs par couche.

3 La performance physique et mécanique du corps de roche-sol en état naturel et saturé (par exemple le poids unitaire γ, les coefficients de résistance c, φ, etc.).

4 La caractéristique, la relation de combinaison, la propriété mécanique et la relation avec la surface libre de la surface structurale principale (en particulier la surface souple de structure).

5 Les conditions météorologiques, hydrologiques et géologiques.

6 Le phénomène, le domaine, la performance et la loi de répartition de la géologie défavorable.

7 Les charges, les structures, les formes de fondation et les profondeurs enterrées ainsi que les états de stabilité des constructions avoisinantes au sommet de talus.

8 La forme de ruissellement de surface de terrain et son influence sur le talus.

3.7.3 Le coefficient de mécanique de masse de roche-sol de talus peut être déterminé selon les méthodes suivantes :

1 Pour l'indice de résistance au cisaillement de la masse rocheuse et de surface structurale, il convient d'être déterminé selon l'essai in situ sur place. L'essai doit se conformer aux règles de *Normes méthodologiques d'Essai de la Masse rocheuse pour le Génie* (GB/T 50266) en vigueur. Quand la condition ne permet pas de procéder à cet essai, il est possible de les déterminer synthétiquement en adoptant les méthodes telles que la *Norme de Classification de Masses rocheuses pour le Génie* (GB 50218) en vigueur, le tableau 3.7.3-1 et la contre-analyse, etc.

Tableau 3.7.3-1　Valeur normative d'indice de résistance au cisaillement de la surface structurale

Type de plan de structure		Degré d'intégration de plan de structure	Angle de frottement interne φ (°)	Force de cohérence c (MPa)
Plan de structure dur	1	Intégration bonne	>35	>0,13
	2	Intégration moyenne	35 à 27	0,13 à 0,09
	3	Intégration mauvaise	27 à 18	0,09 à 0,05
Plan de structure souple	4	Intégration bien mauvaise	18 à 12	0,05 à 0,02
	5	Intégration très mauvaise (couche argilisée)	À déterminer selon les expériences régionales	

Note : 1. Pour les valeurs figurées dans le tableau, est déjà pris en compte l'effet de temps de plan de structure.
2. Pour la roche molle et la roche très molle, est prise la valeur basse dans le tableau.
3. Quand la connectivité de plan de structure de la masse rocheuse est mauvaise, est prise la valeur élevée dans le tableau.
4. Quand le plan de structure de la masse rocheuse est imbibé, est prise la valeur basse dans le tableau.

2　Le degré d'intégration de plan de structure discontinu de roche peut être determiné selon le tableau 3.7.3-2.

Tableau 3.7.3-2　Degré d'intégration de plan de structure discontinu de roche

Degré d'intégration	Caractéristique de plan de structure
Intégration bonne	Degré d'ouverture inférieur à 1 mm, cimentation bonne, sans remplissage ; degré d'ouverture 1 à 3 mm, cimentation siliceuse ou ferreuse
Intégration moyenne	Degré d'ouverture 1 à 3 mm, cimentation calcaire ; degré d'ouverture supérieur à 3 mm, rugosité de surface, cimentation calcaire
Intégration mauvaise	Degré d'ouverture 1 à 3 mm, surface droite et plane, sans cimentation ; degré d'ouverture supérieur à 3 mm, remplissage de débris de rocher ou remplissage de débris de roche intercalé d'argile
Intégration bien mauvaise, intégration très mauvaise (couche argilisée)	Surface plane, droite et lisse, sans cimentation ; remplissage d'argile ou remplissage d'argile intercalé de débris de roche, l'épaisseur de remplissage supérieur à la différence de fluctuation ; répartition de sandwich argilisé continu ; zone de fracture de petite faille non cimenté ou non altéré fortement

3　La valeur normative de l'indice de performance de la masse rocheuse de talus peut être déterminée selon les expériences régionales. Le talus important doit être déterminé par l'essai.

4　L'angle de frottement interne de la masse rocheuse peut être déterminé au moyen de la multiplication de valeur normative de l'angle de frottement interne de bloc de roche selon le degré de développement de la fissuration de masse rocheuse par le coefficient de réduction listé dans le tableau 3.7.3-3.

**Tableau 3.7.3-3   Coefficient de réduction de l'angle de frottement
interne de la masse rocheuse de talus**

Caractéristique de masse rocheuse de talus	Coefficient de réduction de l'angle de frottement interne	Caractéristique de masse rocheuse de talus	Coefficient de réduction de l'angle de frottement interne
Fissuration non développée	0,90 à 0,95	Fissuration développée	0,80 à 0,85
Fissuration relativement développée	0,85 à 0,90	Structure de fragmentation	0,75 à 0,80

5   Pour le paramètre de la mécanique du corps de sol, il convient d'adopter les méthodes telles que l'essai de cisaillement in situ, l'essai de cisaillement en laboratoire avec les échantillons de sol non remaniés et l'analyse de contre-calcul, etc. pour détermination synthétique.

6   Lors de calcul de talus en sol selon le principe de calcul de combinaison de l'eau et du sol, pour le sol au dessous de niveau d'eau souterraine, il convient d'adopter l'indice de résistance au cisaillement non drainé et consolidé par l'essai triaxial de sol du poids propre ; lors de calcul selon le principe de calcul de séparation, pour le sol au dessous de l'eau souterraine, il convient d'adopter l'indice de résistance au cisaillement efficace de sol.

3.7.4   L'évaluation de stabilité de talus doit respecter le principe consistant à « prendre l'analyse qualitative pour la base et le calcul quantitatif pour le moyen ». Lors de calcul de stabilité de talus, il faut justifier qualitativement la forme de destruction éventuelle et l'état de stabilité de talus selon la condition géotechnique de talus ou les signes de déformation et de destruction qui sont apparus.

3.7.5   La méthode de calcul de stabilité de talus doit être déterminée d'après le type de talus et la forme de destruction éventuelle et selon les principes suivants :

1   Pour le talus en roche de structure cataclastique dont l'envergure est relativement grande et le talus en sol, il convient d'adopter la méthode simplifiée Bishop pour calcul.

2   Pour le talus qui pourrait produire la destruction en ligne droite, il convient d'adopter la méthode analytique de la surface glissante du plan horizontal pour calcul.

3   Pour le talus qui pourrait produire la destruction en ligne pliée, il convient d'adopter la méthode de poussée non équilibre pour calcul.

4   Pour le talus en roche dont la structure est compliquée, il est possible d'adopter par coordination la méthode de projection stéréographique, la méthode de projection à échelles de solides et le procédé de surface de glissement en forme de coin pour calcul.

5 Quand le mécanisme de destruction de talus est compliqué, il convient de procéder à l'analyse en associant la méthode d'analyse de valeurs numériques.

3.7.6 Pour le calcul de la stabilité de talus, il faut prendre en compte les trois conditions de fonctionnement suivants. Pour le talus en sol gelé saisonnier, il faut envisager encore l'influence de gel-dégel.

1 Condition de fonctionnement normale : c'est une condition de fonctionnement dans laquelle le talus se trouve en état naturel.

2 Condition de fonctionnement anormale I : c'est une condition de fonctionnement dans laquelle le talus se trouve en état d'orage ou de précipitation continue.

3 Condition de fonctionnement anormale II : c'est une condition de fonctionnement dans laquelle le talus se trouve en état d'action de charge tel comme le séisme, etc.

3.7.7 Les coefficients de stabilité de talus de déblais des routes de différentes classes ne doivent pas être inférieurs aux valeurs de coefficient de stabilité sécuritaire listées dans le tableau 3.7.7. En ce qui concerne la condition de fonctionnement anormale II, la méthode d'analyse de stabilité de talus de déblai et le coefficient de stabilité sécuritaire doivent se conformer aux prescriptions des *Règles parasismiques pour les Travaux routiers* (JTG B02).

Tableau 3.7.7 **Coefficient de stabilité sécuritaire de talus de déblai**

Analyse de condition de fonctionnement	Coefficient de stabilité sécuritaire de talus de déblai	
	Autoroute, route de première classe	Routes de deuxième et inférieure à la deuxième classe
Condition de fonctionnement normale	1,20 à 1,30	1,15 à 1,25
Condition de fonctionnement anormale I	1,10 à 1,20	1,05 à 1,15

Note : 1. Quand la condition géologique de talus de déblai est compliquée ou les préjudices sont graves après la destruction, le coefficient de stabilité sécuritaire peut prendre la grande valeur et quand la condition géologique est simple ou les préjudices sont relativement légers, le coefficient de stabilité sécuritaire peut prendre la petite valeur.
2. Dans la zone d'influence à la suite de destruction de talus de déblai, quand il y a des ouvrages importants (le pont, le tunnel, le pylône à haute tension d'alimentation électrique et le pipeline de pétrole et de gaz, etc.), le village et l'école, le coefficient de stabilité sécuritaire prend la grande valeur.
3. Le coefficient de stabilité sécuritaire provisoire de talus en exécution des travaux ne doit pas être inférieur à 1,05.

3.7.8 Pour le talus de déblai profond, il convient d'adopter le talus de type de ligne pliée ou à redans. À la partie centrale de talus à redans, il faut aménager la terrasse de talus, la largeur de terrasse de talus ne convient pas d'être inférieure à 2 m. Pour le talus en roche dure, il est possible de ne pas aménager la terrasse, sa pente de talus peut être déterminée synthétiquement selon l'analyse de la stabilité de talus tout en faisant l'enquête sur les situations de talus manuels et des talus naturels des ouvrages déjà réalisés dans les environs.

3.7.9 Pour la conception de protection de talus, il faut prendre des mesures synthétiques de protection par les travaux et par les plantes selon les conditions géologiques et environnementales, pour les talus dont la stabilité est mauvaise, il faut aménager les ouvrages de soutènement synthétique en adoptant l'excavation par couche, la mise en stabilité par couche et la technique de renforcement préalable des pieds de talus.

3.7.10 Il faut installer les systèmes de drainage supérficiel et souterrain perfectionné de talus, en faisant à temps l'amenée et le drainage de l'eau superficielle et souterraine. Les dimensions structurales de différentes installations de drainage sont déterminées selon la section 4.2 et la section 4.3 de présentes règles. Quand l'eau souterraine de talus en sol gelé saisonnier est abondante, il faut prendre des mesures d'isolation thermique sur l'ouverture de drainage des eaux souterraines.

3.7.11 Pour le déblai profond de l'autoroute, de la route de première classe et les talus d'excavation sur les secteurs dont la géologie est défavorable, le roche-sol est spécial, pendant l'exécution des travaux, il faut procéder à la surveillance de l'exécution des travaux, la conception de surveillance doit préciser les secteurs de route, les projets de surveillance, la quantité de points d'observation et les positions de surveillance ainsi que les exigences de surveillances, etc., les projets et les contenus de surveillance peuvent être sélectionnés selon le tableau F-1 et le tableau F-3 de l'Annexe F. La période de surveillance doit être au moins un an après la mise en exploitation.

3.8 Remblai en pierres

3.8.1 La conception de remblai en pierres doit respecter les principes suivants :

1 La roche dure et la roche moyennement dure peuvent être utilisées pour servir de matériau de remplissage de lit de la route et de remblai ; la roche molle peut être utilisée pour le matériau de remplissage de remblai, mais ne peut pas être utilisée pour le lit de la route ; la roche gonflante, la roche soluble et la roche salinisée ne peuvent pas être utilisées dans le remplissage de remblai.

2 Pour le remblai en pierres, il faut mener à bien les conceptions de profil, de structure et de drainage pour assurer que le remblai en pierres doit avoir une résistance et une stabilité suffisante.

3 Avant la mise en exécution de remblai en pierres, il faut définir par la planche d'essai, l'épaisseur convenable de couche de remplissage, la technologie de compactage et le critère

de contrôle de qualité de remblai en pierres.

3.8.2 Le matériau de remplissage de pierres peut être classifié d'après les indices de résistance à la compression saturée des pierres et selon le tableau 3.8.2.

Tableau 3.8.2   Classification de roches

Type de roche	Résistance à la compression uniaxiale saturée (MPa)	Roches représentatives
Roche dure	≥60	1. Catégorie de roches magmatiques telles que le granite, la diorite, la basalte, etc. 2. Conglomérat cimenté siliceux, ferrique et catégorie de roches sédimentaires telles que le grès, le calcaire et la dolomie, etc. 3. Catégorie de roches métamorphiques telles que le gneiss, le quartzite, le marbre et l'ardoise ainsi que le schiste, etc.
Roche moyennement dure	30 à 60	
Roche molle	5 à 30	1. Catégorie de roches extrusives telles que le tuf, etc. 2. Catégorie de roches sédimentaires telles que le conglomérat, le grès argileux, l'ardoise argileuse et l'argilite, etc. 3. Catégorie de roches métamorphiques telles que le micaschiste ou la phyllite, etc.

3.8.3   Pour les matériaux rocheux de différentes résistances, il faut adopter respectivement les différentes épaisseurs de couches de remplissage et les différents critères de contrôle de compactage. En ce qui concerne le critère de qualité de compactage de remblai en pierres, il convient de prendre la porosité pour l'indice de contrôle et de se conformer aux exigences des tableaux 3.8.3-1 à 3.8.3-3. La qualité de compactage de l'exécution des travaux peut être contrôlée conjointement par la porosité avec la différence de tassements de compactage ou les paramètres d'exécution des travaux.

Tableau 3.8.3-1   Critère de contrôle de qualité de compactage de matériaux rocheux durs

Parties de plate-forme	Profondeur au dessous de fond de la chaussée (m)	Épaisseur de couche de répandage (mm)	Grosseur du grain maximale (mm)	Densité sèche de compactage (kg/m^3)	Porosité (%)
Remblai supérieur	0,80 à 1,50 (1,20 à 1,90)	≤400	Inférieur à 2/3 de l'épaisseur de couche	À définir par l'essai	≤23
Remblai inférieur	>1,50 (>1,90)	≤600	Inférieur à 2/3 de l'épaisseur de couche	À définir par l'essai	≤25

Note : Dans la colonne « Profondeur au dessous de fond de la chaussée », les valeurs numériques entre parenthèses désignent respectivement les domaines de profondeurs de remblais supérieurs et inférieurs de trafic spécialement lourd et de trafic extrêmement lourd.

**Tableau 3.8.3-2   Critère de contrôle de qualité de compactage de
matériaux rocheux moyennement durs**

Parties de plate-forme	Profondeur au dessous de fond de la chaussée (m)	Épaisseur de couche de répandage (mm)	Grosseur du grain maximale (mm)	Densité sèche de compactage (kg/m³)	Porosité (%)
Remblai supérieur	0,80 à 1,50 (1,20 à 1,90)	≤400	Inférieur à 2/3 de l'épaisseur de couche	À définir par l'essai	≤22
Remblai inférieur	>1,50 (>1,90)	≤500	Inférieur à 2/3 de l'épaisseur de couche	À définir par l'essai	≤24

Note : Dans la colonne « Profondeur au dessous de fond de la chaussée », les valeurs numériques entre parenthèses désignent respectivement les domaines de profondeur de remblais supérieurs et inférieurs de trafic spécialement lourd et de trafic extrêmement lourd.

Tableau 3.8.3-3   Critère de contrôle de qualité de compactage de matériaux rocheux mous

Parties de plate-forme	Profondeur au dessous de fond de la chaussée (m)	Épaisseur de couche de répandage (mm)	Grosseur du grain maximale (mm)	Densité sèche de compactage (kg/m³)	Porosité (%)
Remblai supérieur	0,80 à 1,50 (1,20 à 1,90)	≤300	Inférieur à l'épaisseur de couche	À définir par l'essai	≤20
Remblai inférieur	>1,50 (>1,90)	≤400	Inférieur à l'épaisseur de couche	À définir par l'essai	≤22

Note : Dans la colonne « Profondeur au dessous de fond de la chaussée », les valeurs numériques entre parenthèses désignent respectivement les domaines de profondeur de remblais supérieurs et inférieurs de trafic spécialement lourd et de trafic extrêmement lourd.

3.8.4   L'épaisseur de couche de répandage de la dernière couche de matériau de remplissage de pierres au sommet de remblai en pierres ne doit pas être supérieure à 0,40 m, la grosseur de grain maximale ne doit pas être supérieure à 150 mm, entre autre, la teneur en éléments fins inférieurs à 5 mm ne doit pas être inférieures à 30%, et en plus, sur la surface de couche de répandage, il ne faut pas avoir la porosité, la cavité évidente. Quand la partie supérieure de remblai en pierres est remblayée par les autres matériaux, il est possible de mettre en pose selon le besoin, le géotextile pour servir d'une couche d'isolation.

3.8.5   Le remblai en pierres peut adopter la même forme de profil que le remblai en sol, la pente de talus ne convient pas d'être supérieure aux règles de tableau 3.8.5, sur la partie du bord, on peut utiliser la maçonnerie manuelle (maçonnerie à sec), l'épaisseur de maçonnerie à sec convient d'être de 1 à 2 m, la dimension minimale de maçonnerie à sec ne doit pas être inférieure à 300 mm. Lors de talus relativement élevé, il est possible d'aménager une terrasse avec une largeur de 1 à 3 m à la partie centrale de talus.

Tableau 3.8.5 Pente de talus de remblai en pierres

Type de matériau rocheux de remplissage	Hauteur de talus (m)			Pente de talus	
	Hauteur hors tout	Hauteur supérieure	Hauteur inférieure	Hauteur supérieure	Hauteur inférieure
Roche dure	20	8	12	1:1,1	1:1,3
Roche moyennement dure	20	8	12	1:1,3	1:1,5
Roche molle	20	8	12	1:1,5	1:1,75

3.8.6   Quand la roche altérée et la roche molle sont utilisées pour le remplissage de remblai, pour le lit de la route, il faut utiliser les pierres cassées de roche dure ou les autres matériaux conformes aux exigences, et il faut prendre des mesures telles que le bordage sur la partie du bord de remblai pour fermeture ou le renforcement d'armature, la mise en pose d'une sous-couche de drainage au fond et d'une couche imperméable au sommet, etc. afin de prévenir la déformation due à l'humidification du remblai en pierres.

3.8.7   Pour le remblai en pierres sur la fondation de sol souple, il faut prendre en considération synthétique avec la conception de traitement de fondation du sol mou.

3.9   Remblai en matériau léger

3.9.1   Le matériau léger peut être utilisé comme le matériau de remplissage de remblai destiné à allégir le poids unitaire de remblai ou la pression de sol constituée par le matériau de remblai, son champs d'application comprend le remblai sur la fondation de sol mou, le remblai du dos des ouvrages d'art et des murs de soutènement, l'élargissement de remblai ainsi que le remblai en tassement ou en instabilité à remettre en état, etc., mais il ne convient pas d'être utilisé dans le secteur inondé par la crue.

3.9.2   La conception de remblai en matériau léger doit, selon l'objet d'usage, la classe de charge, la condition topographique, géologique et environnemental ainsi que les caractéristiques de paramètres géométriques de plate-forme, par la démonstration synthétique technico-économique, sélectionner d'une manière raisonnable le type de matériau léger, la structure de plate-forme et la forme de profil, déterminer le paramètre de conception de matériau.

3.9.3   La conception de matériau léger destiné au matériau de remplissage de remblai doit se conformer aux exigences suivantes :

1   La densité de matériau de polystyrène expansé (en blocs EPS) ne convient pas d'être inférieure à 20 kg/m^3, la résistance à la compression de 10% de déformation ne convient

pas d'être inférieure à 110 kPa, la résistance à la flexion ne convient pas d'être inférieure à 150 kPa, le module de compression ne convient pas d'être inférieure à 3,5 MPa, le taux d'absorption d'eau volumétrique 7 jours ne convient pas d'être supérieur à 1,5%. Sur les parties spéciales, comme au dessous de la dalle de transition d'approches de pont etc., la résistance à la compression de polystyrène expansé en blocs ne doit pas être inférieure à 250 kPa. Aux alentours de la construction ayant l'exigence anti-feu, il faut employer le polystyrène expansé en blocs de type retardateur de flamme.

2　Le poids unitaire humide minimum du sol léger mousseux pour l'exécution des travaux ne doit pas être inférieur à 5,0 kN/m^3, le poids unitaire humide maximum pour l'exécution des travaux ne convient pas d'être supérieur à 11,0 kN/m^3, la valeur de débit convient d'être de 170 à 190 mm, et en plus, la résistance à la compression sans étreinte latérale doit être conforme aux prescriptions de tableau 3.9.3. Lorsqu'il est nécessaire de préciser l'indice antigel de sol léger mousseux en cas de besoin des travaux ou de limitation de l'environnement, il est possible de déterminer par essai.

Tableau 3.9.3　Indice de résistance à la compression sans étreinte latérale de sol léger mousseux de plate-forme

Parties de plate-forme		Résistance à la compression sans étreinte latérale (MPa)	
		Autoroute, route de première classe	Routes de deuxième et inférieure à la deuxième classe
Lit de la route	Trafic léger, moyen et lourd	⩾0,8	⩾0,6
	Trafic spécialement lourd, extrêmement lourd	⩾1,0	
Remblai supérieur, remblai inférieur		⩾0,6	⩾0,5
Substitution de sol de fondation de sol		>0,4	

Note : 1. La résistance à la compression sans étreinte latérale désigne la résistance à la compression cubique dont l'âge est de 28 jours, la longueur de côté est de 100 mm.
　　2. Pout le rapport de mélange de sol léger mousseux destiné aux parties de lit de la route dont le trafic est spécialement lourd, et extrêmement lourd de l'autoroute et de route de première classe, il convient d'adopter le rapport de mélange avec apport de sable, la valeur de flux convient d'être de 150 à 170 mm, et en plus, le rapport de masse entre le sable et le ciment convient d'être contrôlé entre 0,5 à 2,0.

3　Pour la perte au feu de cendre de charbon destinée au remblai de l'autoroute et de route de première classe, il convient d'être inférieure à 20%. Pour la cendre de charbon dont la perte au feu dépasse la référence, qui est adoptée après la démonstration par l'analyse, il faut faire un essai comparatif.

3.9.4　La conception de matériau léger pour le remblai doit se conformer aux règles suivantes :

1　La conception structurale de remblai en matériau léger doit prendre des mesures efficaces de protection, le matériau léger ne doit pas être dénudé directement. Pout le profil en travers de la plate-forme, il peut adopter le remblai de type vertical supporté par la structure de soutènement ou le remblai de type de pente avec le bordage de protection de talus, l'épaisseur de remplissage de matériau léger doit être déterminée selon le calcul de tassement après la fin des travaux.

2 Entre le remblai en matériau léger et le remblai en remblaiement ordinaire, il faut aménager une section de transition. Pour la section de transition, il faut appliquer un raccordement en redans, la hauteur de redan convient d'être de 0,5 à 1,0 m, le rapport de pente convient d'être de 1:1 à 1:2.

3 Pour la conception de remblai en matériau léger dans zone de sol mou, elle doit procéder au calcul de stabilité de remblai et de tassement de fondation de sol. Le volume de tassement après la fin des travaux de plate-forme en nouvelle construction doit se conformer aux règles concernées de la section 7.7 de présentes règles, la plate-forme en reconstruction et élargissement doit être conforme aux règles de la section 6.4 de présentes règles ; la stabilité de remblai doit être conforme aux prescriptions concernées de la section 3.6 et de la section 7.7 de présentes règles.

4 Quand la zone de remplissage de matériau léger se trouve au dessous de niveau d'eau souterraine ou est immergée par la crue, il faut procéder à la vérification par calcul de stabilité anti-flottante selon la formule (3.9.4). Quand le coefficient de stabilité anti-flottante est inférieur au coefficient de sécurité anti-flottante, il faut prendre des mesures de réglage de l'épaisseur de la zone de remplissage de matériau léger, d'augmentation de la charge de remplissage ou d'abaissement du niveau de l'eau souterraine, etc. Le coefficient de sécurité anti-flottante du remblai en polystyrène expansé convient d'être de 1,1 à 1,5, le coefficient de sécurité anti-flottante du remblai en sol léger mousseux convient d'être de 1,05 à 1,15, quand la probabilité pour laquelle le niveau de l'eau souterraine maximal ou le niveau d'eau de la crue atteint la zone de remplissage de matériau léger, est relativement faible, la petite valeur est prise.

$$F_f = \frac{\sum \gamma_i h_i}{\gamma_w h_{jw}} \qquad (3.9.4)$$

Dans laquelle :

F_f — Coefficient de stabilité anti-flottante ;

γ_i — Poids unitaire de chaque couche de matériau (kN/m^3) ;

h_i — Épaisseur de chaque couche de matériau (m) ;

γ_w — Poids unitaire de l'eau (kN/m^3) ;

h_{jw} — Profondeur de remblai imbibé (m).

3.9.5 La conception de remblai en matériau léger comme le polystyrène expansé doit se conformer aux exigences suivantes :

1 D'après les influences d'actions de charge d'automobile et de charges par la couverture supérieure de plate-forme et de chaussée, etc., entre les corps de blocs de polystyrène expansé et la chaussée, et entre les plusieurs couches de blocs de polystyrène expansé, par tous les 2 à 3 m ou toutes les 4 à 6 couches, il faut installer la plaque en béton armé coulé et le géotextile imperméable, l'épaisseur de plaque en béton armé convient d'être de 0,10 à 0,15 m.

2 Sous le fond de corps de bloc de polystyrène expansé, il faut aménager une sous-couche de sable et de gravier dont l'épaisseur convient d'être de 0,2 à 0,3 m. En cas de besoin, il est possible de poser les géotextiles filtrants sur les interfaces supérieures et inférieures de la sous-couche de sable et de gravier.

3 La conception de remblai en polystyrène expansé doit procéder à la vérification par calcul de résistance à la compression de matériau. Lors de vérification, la contrainte (Figure 3.9.5) sur la couche de polystyrène expansé auquel agissent le poids propre et la charge mobile produits par la chaussée et la couche de protection de plaque en béton armé peut être calculée selon la formule (3.9.5-1) et doit satisfaire les exigences de la formule (3.9.5-2).

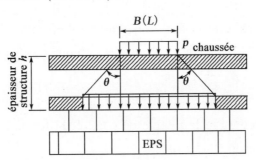

Figure 3.9.5 **Calcul simplifié approximatif de contrainte de répartition**

$$\sigma_z = \frac{p(1+\delta)}{(B+2h\tan\theta)(L+2h\tan\theta)} + \gamma h \qquad (3.9.5\text{-}1)$$

Dans laquelle :
  σ_z— Valeur de contrainte sur le corps de bloc de polystyrène expansé (kPa) ;
  p— Charge par roue d'automobile (charge par essieu arrière d'automobile) (kN) ;
  δ— Coefficient de choc ; en général, il est de 0,3 ;
  h— Épaisseurs de chaussée et de plaque en béton armé (m) ;
  B, L— Largeur et longueur de bande de contact au terrain par la roue arrière de l'automobile (m) ;

θ — Angle de répartition de charge (°) ; pour la chaussée en béton, il est pris de $\theta = 45°$, pour la chaussée en béton bitumineux, il est pris de $\theta = 40°$;

γ — Poids unitaire moyen de couche de structure de chaussée et de plaque en béton armé (kN/m^3).

$$\sigma_z \leq [\sigma_a] \quad (3.9.5\text{-}2)$$

Dans laquelle :

$[\sigma_a]$ — Résistance à la compression admissible de corps de bloc de polystyrène expansé (kPa), elle est déterminée par l'essai de compression sans étreinte latérale en laboratoire.

4 La conception de remblai en polystyrène expansé, à part qu'il faut procéder au calcul de stabilité globale de remblai, doit encore calculer selon la formule (3.9.5-3) la stabilité au glissement entre les corps de bloc de polystyrène expansé et la stabilité au glissement à l'endroit de position de plaque de fond de remblai en polystyrène expansé, le coefficient de sécurité de la stabilité au glissement ne doit pas être inférieur à 1,5.

$$F_h = \frac{(W + P_V)\mu + cB}{P_H} \quad (3.9.5\text{-}3)$$

Dans laquelle :

F_h — Coefficient de stabilité au glissement entre les corps de bloc de polystyrène expansé ;

W — Poids propre de corps de bloc de polystyrène expansé (kN) ;

P_V — Composante verticale de la force résultante de pression de sol (kN) ;

P_H — Composante horizontale de la force résultante de pression de sol et la force séismique horizontale (kN) ;

μ — Coefficient de frottement entre la plaque de fond et la fondation ;

c — Force de cohérence entre la plaque de fond et la fondation (kPa) ;

B — Largeur de plaque de fond (m).

3.9.6 La conception de remblai en sol léger mousseux doit se conformer aux exigences suivantes :

1 Pour la hauteur de remplissage vertical de remblai en sol léger mousseux, il ne convient pas d'être supérieure à 15 m, la hauteur de remplissage minimale ne convient pas d'être inférieure à 1,0 m. Quand la pente transversale de terrain est relativement grande ou destinée à l'élargissement de remblai, la largeur de surface du fond de remplissage ne convient pas d'être inférieure à 2,0 m.

2   Sur la surface de sommet de remblai en sol léger mousseux, il convient d'installer le treillis en fils de fer galvanisés et la géomembrane, et de prolonger jusqu'à côté de remblai ordinaire au moins de 2,0 m. Quand la hauteur de sol léger mousseux est supérieure à 1,0 m, il convient d'ajouter une couche de treillis en fils de fer galvanisés à l'endroit de 0,5 m à la distance de surface de sommet de remblai.

3   Lorsque la hauteur de remblai de type vertical est inférieure à 3 m, la surface de talus peut être protégée par les blocs préfabriqués en béton de ciment ; quand la hauteur est supérieure à 3 m, il faut adopter le mur de soutènement en béton armé.

4   Pour le remblai de sol léger mousseux de secteur de sol mou, il faut mettre en pose le joint de déformation le long de la direction longitudinale de remblai, son intervalle convient d'être de 10 à 20 m, la largeur de joint convient d'être de 10 à 20 mm, et il est à bourrer les plaques de polystyrène expansé.

5   Quand le sol léger mousseux au dessous du niveau d'eau souterraine est utilisé uniquement pour contrôler le tassement, il est possible de ne pas prendre de mesures étanches à l'eau pour isoler l'eau souterraine ; quand il est utilisé pour la décharge de structure ou de canalisations souterraines, il convient de prendre des mesures de protection et de drainage pour isoler et canaliser les eaux souterraines.

6   Lors de conception et de calcul de remblai en sol léger mousseux, la prise de valeur des indices de performance corrélatifs dans les différentes conditions de l'environnement et sous les différentes conditions des travaux doit se conformer aux exigences de tableau 3.9.6.

Tableau 3.9.6   Prise de valeur des indices de performance lors de conception et de calcul

Contenu de vérification	Indices pour la vérification	Prise de valeur des indices de vérification	
		Condition de l'eau souterraine	Prise de valeur de l'indice
Calcul de contrainte de poids propre lors de vérification de tassement	Poids unitaire de sol léger R (kN/m^3)	Au dessus du niveau de l'eau souterraine	Poids unitaire humide de l'exécution des travaux R_{fw}
		Au dessous du niveau de l'eau souterraine	$R = (1,1 \text{ à } 1,3) R_{fw}$
Calcul de contrainte de poids propre lors de vérification de charge de la couverture supérieure sur la structure	Poids unitaire de sol léger R (kN/m^3)	Au dessus du niveau de l'eau souterraine	Poids unitaire humide de l'exécution des travaux R_{fw}
		Au dessous du niveau de l'eau souterraine	$R = (1,1 \text{ à } 1,3) R_{fw}$

suite

Contenu de vérification	Indices pour la vérification	Prise de valeur des indices de vérification	
		Condition de l'eau souterraine	Prise de valeur de l'indice
Calcul de contrainte de poids propre lors de vérification anti-flottante	Poids unitaire de sol léger R (kN/m^3)	Au dessus ou au dessous du niveau de l'eau souterraine	Poids unitaire humide de l'exécution des travaux R_{fw}
Vérification de stabilité globale de remblai	Force de cohérence c, angle de frottement interne φ	Au dessus du niveau de l'eau souterraine	À définir par l'essai lors de manque de données d'essai, $c = 120$ kPa, $\varphi = 6°$
		Au dessous du niveau de l'eau souterraine	À définir par l'essai lors de manque de données d'essai, $c = 100$ kPa, $\varphi = 4°$
Vérification de stabilité au glissement et au renversement	Coefficient de frottement avec la surface de contact du sol en pierres cassées, du sol de type de sable ou de roche de base	Au dessus du niveau de l'eau souterraine	0,6
		Au dessous du niveau de l'eau souterraine	0,5
	Coefficient de frottement avec la surface de contact de sol argileux, de couche fortement altérée	Au dessus du niveau de l'eau souterraine	0,5
		Au dessous du niveau de l'eau souterraine	0,4

7 Lors de calcul de tassement de fondation de sol, le coefficient de révision de tassement total convient de prendre 1,0 à 1,1. Quand la force portante du sol de fondation de sol est égale deux fois la charge de remblai, la petite valeur est prise.

8 Le remblai en sol léger mousseux, à part qu'il faut procéder au calcul de stabilité globale de remblai, doit encore effectuer la vérification de stabilités au glissement et au renversement selon les règles concernées de l'article 5.4.2 de présentes règles, lorsqu'il existe une surface de pente au fond de remblai ou le rapport hauteur-largeur de la zone de remplissage de sol léger mousseux est supérieur à 1 et en plus, la hauteur est supérieure à 3 m.

9 Quand il est utilisé pour la décharge et la substitution de remplissage au sommet de structure ou de canalisation souterraine, la somme totale du poids propre de sol léger mousseux et d'autres charges doit être inférieure à 0,9 fois la charge maximale que la structure et la canalisation souterraine peuvent supporter.

3.9.7 La conception de remblai en cendre de charbon doit se conformer aux exigences suivantes :

1 Le remblai en cendre de charbon peut être remblayé soit par la totalité de cendre de charbon

soit par couche alternative de sol et de cendre, pour le talus et l'accotement, il faut aménager la protection de talus en sol ; dans le domaine de lit de la route supérieur, il faut utiliser le sol pour remplissage, il est aussi possible d'utiliser la combinaison avec la couche de structure de la chaussée en prenant le sol-chaux, le sol de chaux-cendres de charbon qui sont les matériaux de couche de fondation pour servir de couche de fermeture du sommet de remblai.

2   Lors d'aménagement de protection de talus en sol, il faut disposer la tranchée d'infiltration de drainage nécessaire selon la saison de l'exécution des travaux et la précipitation, aux alentours de tranchée d'infiltration, il doit installer la couche de filtre inversé.

3   Le fond de remblai en cendre de charbon doit être espacé d'au moins de 0,5 m par rapport au niveau d'eau souterraine ou au niveau d'eau superficielle de stagnation permanente, sinon il faut disposer une couche d'isolation, l'épaisseur de couche d'isolation ne convient pas d'être inférieure à 0,3 m, la pente transversale de couche d'isolation ne convient pas d'être inférieure à 3%.

4   Le critère de taux de compactage de remblai en cendre de charbon doit être déterminé par essai sur la base des tableaux 3.2.3 et 3.3.4.

5   Pour le remblai en cendre de charbon dont la hauteur est supérieure à 5,0 m, il faut vérifier par calcul la stabilité de remblai lui-même, son coefficient de sécurité d'anti-glissement doit se conformer aux prescriptions de tableau 3.6.11.

3.10   Remblai en déchets industriels

3.10.1   Lorsque les déchets industriels sont utilisés au remplissage de remblai, il faut se conformer aux règles concernées de l'État relatives à la protection de l'environnement en vigueur, il est interdit strictement d'utiliser les déchets industriels contenant la matière nocive pour servir de remplissage de remblai.

3.10.2   Les déchets industriels tels que le laitier de haut fourneau, la scorie d'aciérie et la gangue de charbon, etc. pouvant être utilisés au remplissage de remblai, doivent se conformer aux exigences suivantes :

1   Les laitiers de haut fourneau, les scories d'aciérie doivent être décomposés d'une manière stable, la grosseur de grain doit se conformer aux exigences prescrites, ils doivent posséder une résistance suffisante. Le taux de gonflement imbibé ne doit pas être supérieur à 2,0%,

le taux de pulvérisation autoclave ne doit pas être supérieur à 5,0%, la teneur en fer métallique dans les scories d'aciérie ne doit pas être supérieure à 2,0%, la teneur en oxyde de calcium libre doit être inférieure à 3,0%. Il faut utiliser la vieillie scorie stockée plus d'un an.

2　Pour les gangues de charbon qui ne sont pas suffisamment oxydées et vieillies, et dont l'indice de plasticité est supérieur à 10, il ne convient pas d'être utilisée directement au remplissage de remblais de l'autoroute et de routes de première classe. La gangue de charbon dont la performance est relativement mauvaise, ne peut être utilisée qu'après la démonstration par essai et par amélioration.

3　La somme des teneurs totales de principaux composants de la gangue de charbon qui sont de SiO_2, Al_2O_3 et Fe_2O_3 ne doit pas être inférieure à 70%, la perte au feu ne doit pas être supérieure à 20%. Dans la gangue de charbon, il ne convient pas de contenir les impuretés.

3.10.3　Lors d'utilisation des autres déchets industriels pour le remplissage de remblai, il est possible qu'ils ne soient utilisés que par la démonstration à l'essai et par l'approbation des autorités compétentes.

3.10.4　Les déchets industriels ne doivent pas être utilisés dans les secteurs imbibés et sur les parties immergées par la crue.

3.10.5　Pour la conception de remblai en déchets industriels, il faut mener à bien la conception synthétique de la forme de profil en travers de remblai en déchets industriels, de la structure de remblai, des systèmes de protection et de drainage ainsi que des ouvrages de protection selon la condition de l'environnement où se trouve la plate-forme, les propriétés de déchets industriels et les parties de remplissage, etc. pour assurer que le remblai en déchets industriels possède une résistance et une stabilité suffisante, prévenir les déchets industriels de créer des contaminations sur l'eau superficielle, l'eau souterraine et le sol, etc.

3.10.6　Lors de conception de remblai en déchets industriels, il faut déployer les essais et les évaluations suivants :

1　Effectuer les essais analytiques des composants chimiques et minéraux pour définir leurs composants chimiques et minéraux, le contenu de substances nocives lixivié dans le liquide, la valeur de pH et la perte au feu, etc., pour évaluer leurs degrés d'influence sur le corps de l'eau et sur le sol, etc. Leurs méthodes d'essai doivent se conformer aux règles concernées de *Méthode de Détermination de la Toxicité lixiviée de Déchets solides* (GB/T 15555) en vigueur.

2 Effectuer les essais de détermination du taux de pulvérisation autoclave et du taux de gonflement par immersion des scories d'aciérie pour évaluer la stabilité de scories d'aciérie. Leurs méthodes d'essai doivent se conformer aux règles concernées de *Méthode d'Essai de Stabilité des Scories d'Aciérie* (GB/T 24175) en vigueur.

3 Effectuer les essais de compactage pour déterminer la densité sèche maximale et la teneur en eau optimale.

4 Il faut déterminer par essai l'angle de frottement interne φ, la force de cohérence c, le coefficient de compression, le coefficient de gonflement et le module de résilience ainsi que la valeur *CBR*.

3.10.7 La conception structurale de remblai en déchets industriels doit être conforme aux exigences suivantes :

1 Pour le remblai en déchets industriels, il faut adopter la structure de remblai de type de fermeture, en prenant les mesures de protection de talus en sol sur le talus et l'accotement, dans la protection de talus en sol, aménager les tranchées d'infiltration pour drainage, aux alentours de tranchée d'infiltration, il faut aménager la couche de filtre inversé.

2 Dans le domaine de lit de la route de remblai en déchets industriels, il faut utiliser le sol pour servir de remplissage, il est possible également, en associant la couche de structure de la chaussée, de prendre le matériau de couche de fondation en sol stabilisé avec le liant inorganique pour servir de couche de la fermeture du sommet.

3 Le fond de remblai en déchets industriels doit être supérieur au moins de 0,5 m au niveau de l'eau souterraine ou de l'eau superficielle de stagnation permanente en aménageant la couche d'isolation ; l'épaisseur de la couche d'isolation ne convient pas d'être inférieure à 0,5 m. Pour le matériau de couche d'isolation, on peut choisir le sol argileux dont l'indice de plasticité n'est pas inférieur à 6, et en plus, il satisfait les exigences de résistance.

4 Quand la hauteur de remblai en déchets industriels dépasse 4 m, il est possible d'installer un sandwich en sol à la partie centrale de remblai.

3.10.8   Quand la hauteur de remblai en déchets industriels dépasse 5 m, il faut procéder à la vérification par calcul de la stabilité de plate-forme. La méthode de calcul de stabilité de plate-forme et le coefficient de stabilité au glissement doivent se conformer aux règles concernées de la section 3.6 des présentes règles.

3.10.9   Le taux de compactage de remblai en déchets industriels doit être déterminé par essai sur la base de tableau 3.3.4.

3.11   Emprunt et dépôt définitif pour la plate-forme

3.11.1   La disposition des sites d'emprunt et de dépôts définitifs doit faire l'objet d'une conception de planification unifiée selon les quantités de besoin en emprunt et en dépôt pour chaque secteur de route, en associant les exigences telles que le drainage de plate-forme, la topographie, la méthode d'exécution des travaux, et l'économie de terre ainsi que la protection de l'environnement, etc.

3.11.2   La disposition des emprunts doit se conformer aux prescriptions suivantes :

> 1   Prendre en considération raisonnablement la distance entre les emprunts et la plate-forme pour éviter l'influence de la prise d'emprunt sur la stabilité de talus de la plate-forme.
>
> 2   Sur les deux côtés des approches de pont, il ne convient pas de disposer les emprunts.
>
> 3   Pour les emprunts cumulant le drainage, il faut assurer que le système de drainage est dégagé, leur profondeur ne convient pas d'être supérieure au niveau d'eau souterraine de cette zone et qu'il se raccorde avec la hauteur d'entrée des ouvrages d'art ; leur pente longitudinale ne doit pas être inférieure à 0,2%, et pas inférieure à 0,1% dans le secteur en terrain plat.

3.11.3   La disposition de dépôts définitifs doit se conformer aux prescriptions suivantes :

> 1   Disposer raisonnablement le site de dépôt définitif, il ne doit pas influencer la stabilité de plate-forme ni la stabilité de la pente.
>
> 2   Lors de la mise en dépôt le long de la rivière, il faut prévenir l'aggravation de l'affouillement sur la plate-forme et la rive en aval, éviter la terre déposée d'envahir le

chenal de rivière et en cas de besoin, d'installer les ouvrages de soutènement.

3.11.4　Pour le site de dépôt, il faut que la mise en dépôt soit régulière avec un compactage convenable. Pour les sites de l'emprunt et de dépôt, il faut prendre des mesures de travaux telles que le drainage, le soutènement pour la protection et le reboisement, etc., afin d'assurer la stabilité de talus et d'éviter l'érosion du sol.

4 Assainissement et drainage de plate-forme

4.1 Règlement général

4.1.1 La conception de protection et de drainage de plate-forme de route consiste à mener à bien une conception synthétique de protection et de drainage de la plate-forme avec le traitement de fondation de sol, et la protection de plate-forme, etc. selon la météorologie, l'hydrologie, la topographie et la géologie le long du tracé de la route ainsi que la situation d'implantation des ouvrages d'art et de tunnels, tout en suivant le principe de la planification générale, de la disposition raisonnable, de l'association de protection, de drainage et de dragage, de moins d'occupation des terres agricoles et de protection de l'environnement, en aménageant le système de protection et de drainage perfectionné et dégagé et en s'accordant avec les systèmes de protection et de drainage de chaussée, de pont, de ponceaux et de tunnel, etc.

4.1.2 L'eau superficielle dans l'emprise de route ne convient pas de s'écouler sur la surface de pont, dans le tunnel ou dans leur système de drainage.

4.1.3 Pour la plate-forme dont la hauteur de remplissage est faible, l'excavation est peu profonde et le secteur où le drainage est difficile, il faut prendre des mesures synthétiques de l'association de protection, de drainage et d'interception pour intercepter à temps les eaux superficielles pouvant être entrées dans l'emprise de route, éliminer les eaux libres dans la plate-forme, isoler les eaux souterraines, afin d'assurer que la plate-forme se trouve dans un état sec ou un état moyennement humide.

4.1.4 Pour la conception de protection et de drainage de plate-forme longeant la rivière, il faut, selon les caractères hydrologiques de la rivière, le niveau d'eau de crue de projet et le débit d'écoulement, ainsi que les conditions topographiques et géologiques, faire une disposition raisonnable des installations de drainage et mener à bien le traitement des sorties des installations de drainage en s'accordant avec les dispositifs de dérivation de chenal de rivière et les ouvrages de régulation et de traitement pour prévenir l'écoulement d'eau d'affouiller le talus de plate-forme et la rive.

4.1.5 La conception des installations de drainage de différentes sortes doit satisfaire aux exigences de la fonction d'usage, leur structure doit être fiable et sécuritaire avec la facilité de l'exécution des travaux, de la visite et de l'entretien et maintenance. La résistance de matériau utilisé pour les installations de drainage doit ne pas être inférieure aux exigences de tableau G-1 de l'Annexe G.

4.1.6 La conception des installations de drainage de plate-forme doit être en coordination avec la système de drainage et d'irrigation du champs agricole.

4.1.7 La mise en disposition des installations de drainage provisoire au site du chantier convient d'être en association avec les installations de drainage permanente.

4.2 Drainage superficiel

4.2.1 La période de retour de précipitation de projet pour les installations de drainage superficiel de plate-forme : 15 ans sont pris pour l'autoroute et la route de première classe, 10 ans sont pris pour les routes des autres classes. Les dimensions de section de différentes installations de drainage superficiel doivent satisfaire aux exigences de débits d'écoulement de projet, le sommet de fossé doit être supérieur au moins de 0,2 m au niveau d'eau de projet à l'intérieur de fossé.

4.2.2 Les installations de drainage superficiel de plate-forme comprennent le fossé latéral, fossé de crête, fossé de drainage, descente d'eau, rigole torrentielle, bassin d'évaporation et bassin de séparation d'huile et d'eau, ainsi que la station de pompage de drainage, etc., il faut procéder à la mise d'une disposition en associant la topographie et le système des eaux naturelles et mener à bien le choix et le traitement de la position des accès et sorties, afin de prévenir la production des obturations, du déversement, de l'infiltration et de la fuite, de l'accumulation vaseuse et de l'affouillement ainsi que du gel.

4.2.3 Pour la conception de drainage superficiel de plate-forme dans la zone de l'environnement de l'eau écologiquement sensible, il faut prendre des mesures nécessaires pour la protection de l'environnement de l'eau.

4.2.4 La conception de fossé latéral doit être conforme aux exigences suivantes :

    1   La forme de profil et la cote de fossé latéral doivent être définies selon l'intensité de

précipitation, la superficie des bassins versants, les conditions topographiques et géologiques, ainsi que les degrés d'influences sur la sécurité, l'environnement et le paysage du côté de la route, etc. Lorsque les conditions le permettent, il convient d'adopter le fossé triangulaire ou en forme de plat peu profond.

2   La pente longitudinale du fond de fossé latéral convient d'être cohérente avec celle du tracé, et en plus, ne convient pas d'être inférieure à 0,3%. En cas de difficulté, il est possible de la diminuer jusqu'à 0,1%.

3   Quand l'intensité d'affouillement de fossé latéral dépasse la vitesse d'écoulement admissible maximale listée dans le tableau 4.2.4 pour le fossé à ciel ouvert, il faut prendre des mesures nécessaires de protection et de confortement.

Tableau 4.2.4   Vitesse d'écoulement admissible maximale de fossé à ciel ouvert

Type de fossé à ciel ouvert	Vitesse d'écoulement admissible maximale (m/s)	Type de fossé à ciel ouvert	Vitesse d'écoulement admissible maximale (m/s)
Sol sableux à grains fins	0,8	Renforcé par les moellons et les pierres concassés (gravier caillouteux)	2,0
Sol silteux et sol argileux de basse limite de liquidité	1,0	Moellon de maçonnerie à sec	2,0
Sol argileux de haute limite de liquidité	1,2	Moellon de maçonnerie au mortier	3,0
Protection de surface en gazon	1,6	Béton de ciment	4,0

4   Pour le fossé rectangulaire dans le secteur de déblai de l'autoroute et de route de première classe, il convient d'ajouter par supplément les dalles de couverture avec les orifices de drainage en béton armé ou les glissières de sécurité du côté de la route, la résistance et l'épaisseur de dalle de couverture en béton armé doivent satisfaire les exigences de supporter la charge d'automobile.

5   Dans la zone gelée saisonnière, le drain enterré (ou tranchée souterraine) au dessous de fossé latéral en forme de plat peu profond, doit être installé au dessous de la ligne de profondeur gelée maximale de plate-forme, aux sorties de drain enterré, il faut prendre des mesures d'isolation thermique et antigel.

4.2.5   La conception de rigole d'interception doit se conformer aux exigences suivantes :

1   La rigole d'interception doit être installée selon la condition topographique et la superficie

de bassin versant, etc. Le fossé de crête du sommet d'excavation de la plate-forme en déblai doit être aménagée en dehors de 5 m de la brèche de talus et convient d'être disposé en association avec le relief. La distance entre la rigole d'interception au dessus de la pente dans le secteur de remblai et le pied de remblai, ne doit pas être inférieur à 2 m.

2 La forme de profil et la cote de rigole d'interception doivent être déterminées en associant la position d'implantation, le volume de drainage, la topographie et la situation de talus, tandis que la pente longitudinale du fond de rigole ne convient pas d'être inférieure à 0,3%.

3 L'écoulement d'eau de rigole d'interception doit être évacué en dehors de l'emprise de route, et ne convient pas d'être amené dans le fossé latéral de déblai.

4 Pour la rigole d'interception, il faut faire le confortement pour prévention de l'infiltration.

4.2.6 La conception de fossé de drainage doit se conformer aux exigences suivantes :

1 Lorsqu'on amène les eaux de fossé latéral, de fossé de captage, des sites d'emprunt (de dépôt) et les eaux accumulées dans une dépression aux alentours de plate-forme en dehors de la plate-forme, il faut aménager le fossé de drainage.

2 La forme de profil de rigole de drainage doit être déterminée en associant la condition topographique et géologique, la pente longitudinale du fond de rigole de drainage ne convient pas d'être inférieure à 0,3%, la connexion avec les autres installations de drainage doit être lisse. La rigole de drainage sujette à être affouillée doit faire l'objet des mesures de protection et de confortement selon la situation réelle.

4.2.7 Quand l'écoulement d'eau passe par un secteur de pente raide dont la déclivité est supérieure à 10%, la différence de la hauteur de chute est supérieure à 1,0 m ou par un secteur ayant un une pente abrupte ou un seuil raide, il convient d'aménager une descente d'eau ou une rigole torrentielle. La conception de desscente d'eau et de rigole torrentielle doit se conformer aux exigences suivantes :

1 Pour la chute et la rigole torrentielle, il faut prendre des mesures de confortement.

2 La pente longitudinale du fond de rigole torrentielle doit s'associer avec le relief, les accès doivent être protégés et les mesures de dissipation d'énergie doivent être prises pour les sorties, en vue de prévenir l'affouillement.

    3   Au fond de rigole torrentielle, il faut installer la terrasse anti-glissement ou le tenon saillant pour prévenir le glissement de fond de fouille.

4.2.8   Dans la zone dont le climat est sec et au site du domaine de route où le drainage est difficile, il est possible de profiter des fouilles d'emprunt le long de la ligne ou d'aménager spécialement le bassin d'évaporation pour recueillir les eaux superficielles. La conception de bassin d'évaporation doit se conformer aux exigences suivantes :

    1   Déterminer rationnellement la distance entre le bord de bassin d'évaporation et la plate-forme, pour éviter d'influencer la stabilité de plate-forme et la sécurité du côté latéral de route et en plus, et cette distance doit ne pas être inférieure à 5 m, dans la région collapsible lœssique, elle ne doit pas être inférieure au rayon collapsible. Le niveau d'eau de projet de bassin d'évaporation doit être inférieur au fond de rigole de drainage.

    2   Pour la capacité de bassin d'évaporation, il faut prendre les pluies recueillies pendant un mois pouvant être infiltrées et évaporées à temps pour l'appui de conception, et elle sera déterminée après le calcul hydraulique et hydrologique et en prenant la prévention contre la salinisation et la paludification.

    3   Pour le bassin d'évaporation, il faut prendre des mesures adéquates de la protection et du confortement sécuritaire selon les situations réelles.

4.2.9   Dans le secteur sensible à l'environnnement de l'eau, aux sorties de rigole de drainage de plate-forme, il convient d'installer le bassin de séparation d'huile et d'eau, la qualité de l'eau évacuée doit satisfaire les règles concernées de la *Norme d'Évacuation synthétique des Eaux usées* (GB 8978) en vigueur. La conception de bassin de séparation d'huile et de l'eau doit se conformer aux prescriptions suivantes :

    1   La séparation d'huile et d'eau convient d'adopter le traitement par la méthode de sédimentation. Pour les eaux usées, avant d'entrée dans le bassin de séparation d'huile et d'eau, elles doivent d'abord passer par la grille et le bassin de sédimentation de sable.

    2   La grandeur de bassin de séparation d'huile et d'eau doit être déterminée selon le volume d'eau recueilli par les rigoles de drainage de secteur de route concerné et il faut assurer que les huiles et les eaux écoulés dans le bassin de séparation puissent avoir du temps suffisant pour la séparation, la filtration ou la purification.

4.2.10   La conception de drainage du passage creusé en bas doit se conformer aux exigences suivantes :

1 Pour le passage creusé en bas, il faut installer le système de drainage indépendant et perfectionné en éliminant les eaux de ruissellement superficielles de bassin versant et les eaux souterraines qui influencent la fonction de route. La mise en disposition des installations de drainage doit être en coordination avec les autres installations de drainage environnantes.

2 D'après le calcul de débit de ruissellement de drainage superficiel, la période de retour de projet ne convient pas d'être inférieure à 5 années.

3 Pour le passage creusé en bas, il convient d'adopter le mode de drainage par gravité. Quand la condition est limitée, il est possible de définir un mode de drainage selon le tableau 4.2.10.

Tableau 4.2.10 Mode de drainage par passage creusé en bas

Mode de drainage	Condition d'application
Mode de drainage par écoulement libre	Il peut être utilisé pour la surface du fond de passage supérieur au niveau constant du fond de rivière ou du canal
Mode de drainage par station de pompage	Il peut être utilisé pour le passage dont la précipitation est grande, le niveau d'eau souterraine est relativement élevé et en plus, la surface du fond de passage est inférieure au fond de rivière ou du canal pour cela, il n'y a pas de moyen d'effectuer un drainage par gravité
Mode de drainage par puits d'infiltration	Il peut être utilisé pour le drainage de passage dont la précipitation annuelle est inférieure à 600 mm, le niveau d'eau souterraine est bas, la perméabilité de couche aquifère est bonne et la profondeur enterrée ne dépasse pas 10 m. Avant d'entrée de cours d'eau à l'intérieur de passage dans le puits d'infiltration, il faut passer le traitement de filtration par le bassin de séparation d'huile et d'eau, afin de protéger la qualité de l'eau souterraine
Mode de drainage par bassin d'évaporation	Il peut être utilisé pour le drainage de passage dont la précipitation annuelle est inférieure à 400 mm, l'intensité d'évaporation est grande et le niveau d'eau souterraine est bas

4.2.11 Lorsque les eaux recueillies sur la plate-forme ne sont pas possibles d'être drainées par gravité, il est possible d'installer la station de pompage. La station de pompage comprend le bassin de collection d'eau et le bâtiment de pompage, leur conception doit être conforme aux exigences suivantes :

1 Le volume de bassin de collection d'eau doit être déterminé selon les facteurs tels que la quantité de collecte d'eau, la capacité de pompe et la condition de fonctionnement de pompe à eau, etc.

2 Les eaux pompées par la pompe doivent être drainées en dehors de l'emprise de route.

3 Sur les deux extrémités de secteur creusé en bas, il faut aménager les installations de drainage telles que les exutoires, la rigole de drainage, etc. dans le but d'intercepter, d'amener et de drainer les eaux superficielles de la direction en amont.

4 Les autres conceptions de la station de pompage doivent se conformer aux prescriptions concernées des *Règles de Conception pour la Station de Pompage* (GB 50265) en vigueur.

4.2.12 La conception de drainage de plate-forme dans la zone de croisement à niveaux différents type échangeur doit se conformer aux exigences suivantes :

1 La conception de drainage de plate-forme dans la zone d'échangeur doit installer le système de drainage perfectionné et dégagé.

2 Le mode de drainage de la zone d'échangeur et la forme de structure doivent être déterminés selon la forme d'échangeur, la superficie de bassin tributaire, la topographie, la géologie et la condition climatique, ainsi que l'environnement et le paysage, etc., il faut mener à bien le raccordement des installations de drainage de plate-forme des boucles avec les installations de drainage de plate-forme de la ligne principale.

4.2.13 La conception de protection et de drainage de terre-plein central doit se conformer aux exigences suivantes :

1 Quand la surface du terre-plein central est revêtue pour fermeture, le revêtement du terre-plein doit adopter une pente transversale dont les deux côtés sont inclinés vers l'extérieur, la pente convient d'être de même que la pente transversale de la chaussée, au dessous du revêtement, il faut installer une couche étanche à l'eau.

2 Lorsque la surface du terre-plein central n'est pas revêtue pour fermeture, à l'intérieur de terre-plein central, il faut installer un système synthétique de protection et de drainage composé par la couche étanche à l'eau, la rigole d'infiltration pour drainage longitudinal, la rigole de collection d'eau et le drain transversal, etc., la rigole d'infiltration convient d'être installée au dessous de pièce structurale de canal de télécommunication.

3 Pour la surface du terre-plein central en forme concave, il convient de la faire en forme de plat peu profond, la pente convient d'être de 1:4 à 1:6, et on doit installer dans le terre-plein central, le système synthétique de drainage composé par le fossé latéral longitudinal, le puits de collection d'eau, le drain transversal, la rigole torrentielle de talus et le bassin

de dissipation, etc., leurs cotes de profil et leurs intervalles doivent être déterminés par calcul hydraulique.

4　Entre la terre de remblayage de terre-plein central et la couche de structure de chaussée, il faut installer une couche étanche à l'eau.

4.3　Drainage souterrain

4.3.1　Il faut procéder aux enquêtes géotechniques et hydrogéologiques, à la prospection et au test pour tirer au clair la condition hydrogéologique, obtenir les paramètres hydrogéologiques concernés.

4.3.2　Quand les eaux souterraines affectent la stabilité ou la résistance de plate-forme, il faut prendre des mesures d'interception, d'amenée, de drainage et d'assèchement, ainsi que d'abaissement ou d'isolation, etc., selon les conditions tels que le type d'eau souterraine, la profondeur enterrée de la couche acquifère, et la perméabilité de strate ainsi que les influences sur l'environnement, etc. Les installations de drainage souterrain doivent être en coordination avec les installations de drainage superficiel. Les formes des installations de drainage peuvent être déterminées selon les principes suivants :

1　Quand l'eau souterraine est enterrée peu profonde ou quand il n'y a pas de couche acquifère fixe, il est possible d'adopter la couche d'isolation, la sous-couche de drainage, le drain ou la rigole d'infiltration, etc.

2　Quand l'eau souterraine est enterrée relativement profonde ou quand il y a la couche acquifère fixe, il est possible d'adopter les orifices de drainage de type oblique renversé, les puits d'infiltration et les tunnels de drainage, etc.

4.3.3　La conception de sous-couche de drainage et de couche d'isolation doit se conformer aux exigences suivantes :

1　Lorsque la profondeur enterrée de l'eau souterraine dans le secteur en sol argileux est inférieure à 0,5 m ou celle qui est inférieure à 1,0 m dans le secteur en sol silteux, au fond de remblai de faible hauteur remblayé par le sol à grain fin, il convient d'installer la sous-couche de drainage et la couche d'isolation.

2　L'épaisseur de sous-couche de drainage ne doit pas être inférieure à 0,3 m, pour le matériau de sous-couche, il convient de choisir le gravier naturel ou le sable moyen gros.

Lors d'emploi de plaques de protection et de drainage pris pour la couche d'isolation, il est possible de ne pas installer la sous-couche de drainage.

3   Pour la couche d'isolation, on peut choisir le matériau géosynthétique tel que la géomembrane, la géomembrane composite et la plaque composite de protection et de drainage, l'épaisseur, la nature et le type de matériau imperméable doivent être déterminés selon la condition météorologique et géologique, le matériau géosynthétique doit se conformer aux prescroptions des *Règles pour la Technique appliquée de Matériau géosynthétique de la Route* (JTG/T D32) en vigueur.

4.3.4   La conception de rigole souterraine et de drain doit se conformer aux exigences suivantes :

1   La rigole souterraine et le drain peuvent être utilisés pour drainer l'eau de source ou l'écoulement d'eau souterrain concentré.

2   La pente longitudinal de fond de rigole souterraine et de drain ne convient pas d'être inférieure à 1,0%, aux sorties des eaux, la pente longitudinale doit être agrandie et supérieure au moins de 0,2 m au niveau constant de fossé de drainage superficiel.

3   La rigole souterraine peut être maçonnée en moellons au mortier ou en blocs préfabriqués de béton de ciment, au sommet de rigole, il faut installer les plaques de couvercle en béton ou en pierre, l'épaisseur de remblaiement sur la surface de sommet de rigole ne doit pas être inférieure à 0,5 m. La cote de profil de rigole souterraine doit être déterminée selon le volume de drainage et la condition topographique et géologique.

4.3.5   La conception de rigole d'infiltration doit se conformer aux exigences suivantes :

1   Dans le remblai en excavation, le remblai sur la pente et aux interfaces de remblai-déblai où est affleurée l'eau souterraine, ainsi que dans le secteur de remblai de faible hauteur dont la profondeur enterrée du niveau d'eau souterraine est inférieure à 0,5 m, il faut installer la rigole d'infiltration pour le drainage.

2   Les types de rigoles d'infiltration doivent être déterminés d'après la condition de stockage d'eau souterraine, le débit d'infiltration, la partie utilisée et la distance de drainage, etc. et selon le tableau 4.3.5, la cote de profil de rigole d'infiltration doit être déterminée par calcul selon le débit d'infiltration de l'eau souterraine.

Tableau 4.3.5　Conditions d'application de rigoles d'infiltration de différentes sortes

Type de rigole d'infiltration	Condition d'application
Rigole d'infiltration en pierres, rigole d'infiltration en béton sans sable	Elle peut être utilisée pour le secteur dont le débit d'écoulement de l'eau souterraine n'est pas important, la distance de drainage est relativement courte
Rigole d'infiltration en tuyau	Elle peut être utilisée pour le secteur dont le débit d'écoulement de l'eau souterraine est relativement important, la profondeur enterrée est faible et la distance de drainage est relativement longue
Rigole d'infiltration en tunnel	Elle peut être utilisée pour le secteur dont le débit d'écoulement de l'eau souterraine est importante et la profondeur enterrée est grande

3　La profondeur enterrée de rigole d'infiltration doit être déterminée selon le niveau d'eau souterraine, la hauteur de niveau d'eau nécessaire à baisser et le coefficient d'infiltration du milieu de couche acquifère, etc. le fond de base de rigole d'infiltration pour interception, enterrée dans la couche d'isolation ne convient pas d'être inférieur à 0,5 m. Le fond de base de rigole d'infiltration sur le talus et le fond de base de rigole d'infiltration de soutènement conviennent d'être aménagés sur la couche de sol relativement solide au dessous de la couche acquifère.

4　Les pentes longitudinales minimales de rigoles d'infiltration en pierres et en béton sans sable ne conviennent pas d'être inférieures à 1,0%, les pentes longitudinales minimales de rigoles d'infiltration en tuyau et en tunnel ne conviennent pas d'être inférieures à 0,5%. Les sorties d'eau de rigole d'infiltration doivent être supérieures au moins de 0,2 m au niveau constant de fossé de drainage superficiel.

5　La rigole d'infiltration sur le talus et la rigole d'infiltration de soutènement doivent être encastrées verticalement dans le corps de talus, selon la situation de talus, il est possible de les disposer en formes de bande, de bifurcation ou de voûte, les intervalles conviennent d'être de 6 à 10 m.

6　Pour le matériau de rigole d'infiltration, il faut utiliser le gravier, le gros sable, la pierre cassée et le moellon propre parmi lesquels la teneur en grain fin inférieure à 2,36 mm ne doit pas être supérieure à 5%. Pour la paroi de rigole d'infiltration, il faut aménager le géotextile perméable ou la couche de filtre inversé en moyen gros sable, pour le tuyau d'infiltration, il est possible de choisir les tuyaux avec les orifices en HPPE (polyéthylène à haute pression), PVC (polychlorure de vinyle), PE (polyéthylène), le tuyau souple perméable et la tube en béton sans sable, etc.

4.3.6　La conception d'orifice de drainage de type oblique renversé doit se conformer aux exigences suivantes :

    1   L'orifice de drainage de type oblique renversé peut être utilisé pour l'adduction et le drainage de l'eau souterraine dans le talus.

    2   L'angle de cabrage de l'orifice de drainage de type oblique renversé ne convient pas d'être inférieur à 6°, la longueur doit être prolongée jusqu'à la partie concentrée des eaux souterraines ou à la surface glissante potentielle et selon la situation de l'infiltration de talus, il convient de répartir en groupe.

    3   Pour l'orifice de drainage de type oblique renversé, les entrées d'eau et le tronçon de tube d'infiltration doivent être enveloppés par le géotextile perméable afin de prévenir l'obstruction des orifices d'infiltration.

4.3.7 La conception de puits d'infiltration doit se conformer aux exigences suivantes :

    1   Le puits d'infiltration peut être utilisé pour intercepter, amener et drainer les eaux souterraines de couche acquifère profonde et assécher les eaux superficielles de passage creusé en bas.

    2   Pour les puits d'infiltration destinés à intercepter, à amener et à drainer les eaux souterraines, il convient de les mettre en disposition en groupe de puits et de les utiliser en coordination avec les installations de drainage telles que le tunnel de drainage, etc. La direction d'arrangement des puits d'infiltration convient d'être perpendiculaire à la direction de flux d'infiltration, leurs profondeurs conviennent de traverser la couche aquifère, leurs cotes de profil et intervalles doivent être déterminés par calcul de flux d'infiltration. À l'intérieur de puits d'infiltration, il convient d'adopter le gravier, la pierre cassée propre, etc. pour le remplissage, entre la paroi de puit et le matériau de remplissage, il faut installer la couche de filtre inversé.

    3   Pour les puits d'infiltration destinés à évacuer les eaux superficielles de passage creusé en bas, la distance entre ces puits et le pied de talus de remblai ne convient pas d'être inférieure à 10 m, la dimension de puits doit être déterminée par calcul hydraulique selon le volume de drainage de passage creusé en bas. Le puits d'infiltration convient d'utiliser les tubes en béton armé ou les tubes ondulés, la partie supérieure est de puits de collection d'eau, la partie inférieure est de puits d'infiltration ; pour le puits d'infiltration, il faut choisir le gravier, la pierre concassée et le moellon propre pour le remplissage, parmi lesquels la teneur en grain inférieur à 2,36 mm ne doit pas être supérieure à 5%, la périphérie de puits doit être disposée d'une couche de filtre inversé.

4.3.8 La conception de tunnel de drainage doit se conformer aux exigences suivantes :

   1 Le tunnel de drainage peut être utilisé pour intercepter, amener et drainer les eaux souterraines de la couche profonde, la profondeur enterrée doit être détermnée selon la profondeur enterrée de la couche acquifère principale, et il faut enterrer dans la couche stabilisée, le sommet doit être au moins de 0,5 m au dessous de la surface (ou la bande) de glissement.

   2 En ce qui concerne les autres couches aquifères au dessus de surface de glissement, il convient d'adopter l'installation des puits d'infiltration ou des tuyaux d'infiltration au sommet de tunnel d'infiltration pour amener les eaux dans le tunnel. Quand au dessous de tunnel d'infiltration il existe une couche aquifère confinée, il convient d'installer les orifices d'infiltration au fond de tunnel.

   3 La cote de profil transversal de tunnel doit être déterminée par calcul selon le volume d'eau jaillissante des eaux souterraines, la hauteur libre de profil transversal ne convient pas d'être inférieure à 1,8 m, la largeur nette ne convient pas d'être inférieure à 1,0 m.

   4 La ligne axiale en plan de tunnel convient d'être fluide et droite, la pente longitudinale du fond de tunnel ne doit pas être inférieure à 0,5%, sur les différents secteurs de talus, il est possible d'adopter la forme de connexion par la ligne de pliage sur la pente ou par la disposition de chute (enrochée) en redan, etc.

   5 La conception structurale de tunnel doit se conformer aux prescriptions concernées des *Règles de Conception pour le Tunnel routier* (JTG D70) en vigueur.

4.3.9 La conception de puits de visite et de puits de dragage doit se conformer aux exigences suivantes :

   1 Pour la tranchée souterraine (drain) profonde et longue, la rigole d'infiltration et le tunnel d'infiltration, sur le tronçon de ligne droite, aux endroits de chaque espacement d'une distance donnée, au point de tournant en plan et au point de changement de pente longitudinale, etc., il convient d'installer les puits de visite et de dragage.

   2 À l'intérieur de puits de visite, il faut installer l'échelle de visite, à la tête de puits, il faut installer le couvercle de puits. Lorsque le puits de visite cumule la fonction de puits d'infiltration, à la paroi de puits, il faut aménager la couche de filtre inversé.

4.3.10 Dans le secteur où la condition hydrogéologique est compliquée et sujette à produire les dommages de gel, le drain de tranchée d'infiltration doit être installé à l'endroit qui n'est pas inférieur à 0,25 m au dessous de profondeur gelée de la plate-forme. Aux sorties d'eau de tranchée d'infiltration et de tunnel d'infiltration dans la zone de gel grave, il faut prendre des mesures antigels.

5 Protection et soutènement de plate-forme

5.1 Règlement général

5.1.1 Selon les conditions météorologiques, hydrologiques, topographiques et géologiques, ainsi que la situation de répartition de matériaux de construction routière, il faut prendre des mesures synthétiques en association avec la protection par les travaux et avec la protection par les plantes pour prévenir les pathologies de plate-forme, assurer la stabilité de plate-forme en se coordonnant avec l'environnement et le paysage environnant.

5.1.2 Les ouvrages de protection de la surface de talus de plate-forme doivent être implantés sur le talus stabilisé. Quand la condition de qualité de sol et la condition climatique sont convenables, il convient d'adopter la protection par les plantes ; quand la surface de talus protégée par les plantes est sujette à produire l'affouillement, il faut implanter les moellons de maçonnerie au mortier ou l'ossature en béton de ciment ; pour le talus en roche dure stabilisée dont l'intégrité est relativement bonne et faiblement, légèrement ou non altérée, il est possible de ne pas faire la protection. Lorsque la stabilité de plate-forme n'est pas suffisante, il faut disposer les ouvrages de soutènement et de confortement nécessaires.

5.1.3 Lors de conception structurale de soutènement, il faut procéder à la prospection géotechnique sur le talus et la fondation de sol à renforcer, et tirer au clair la condition géotechnique, hydrogéologique, la corrosivité potentielle et la situation de répartition de géologie défavorable et de roche et sol spécial, ainsi que la force portante de fondation de sol de la structure de soutènement et la condition d'ancrage ; déterminer rationnellement les paramètres physiques et mécaniques de la masse rocheuse et de sol.

5.1.4 La conception structurale de soutènement de plate-forme doit satisfaire les exigences de stabilité, de solidité et de durabilité de la structure du soutènement sous les combinaisons de différentes charges de projet ; la sélection de type de structure et la position d'installation doivent satisfaire les exigences de sécurité, de fiabilité, d'économie, de rationalité et de facilité à l'exécution et à l'entretien des travaux ; le matériau de structure doit être conforme aux exigences en matière de durabilité et de résistance à la corrosion.

5.1.5 La structure de soutènement de protection doit être en harmonie et en coordination avec la culée de pont, le portail de tunnel et les ouvrages de soutènement existants, le raccordement doit être plan et lisse.

5.1.6 Dans le secteur de route où les eaux souterraines sont relativement abondantes, il faut mener à bien la conception synthétique de la protection de talus de plate-forme et des mesures de drainage souterrain. Dans la zone pluvieuse, pour les remblais en sol sableux et en sol à grain fin, il faut adopter les mesures synthétiques de la protection de surface de talus et de l'interception et de drainage de surface de talus.

5.1.7 La résistance de matériau destinée à la structure de protection et de soutènement doit ne pas être inférieure aux exigences de tableau G-2 de l'Annexe G, tandis que les autres matériaux doivent se conformer aux stipulations des normes corrélatives de l'État en vigueur.

5.1.8 Au cours de l'exécution des travaux de plate-forme, il faut prendre des mesures de protection provisoire de talus, les travaux de protection provisoire de talus conviennent d'être en association avec les travaux de protection permanente.

5.2 Protection de la surface de talus

5.2.1 Pour la surface de talus sujette à être détruite par l'action de facteur de nature, il faut choisir les mesures de protection convenables d'après le tableau 5.2.1 et après la comparaison technico-économique, selon les facteurs tels que la condition climatique, la propriété de roche et de sol, la hauteur et la déclivité de talus, la condition hydrogéologique, la condition de l'exécution des travaux et la protection de l'environnement ainsi que les exigences de la conservation des sols et des eaux, etc.

Tableau 5.2.1 Types de travaux de protection de surface de talus et les conditions d'application

Type de protection	Sous-classe	Condition d'application
Protection par plantes	Plantation d'herbe ou engazonnement par semis de pulvérisation	Elle peut être utilisée pour la protection de talus en sol dont la pente ne sera pas supérieure à 1:1. Quand le talus est relativement élevé, la protection par plantation d'herbe peut être en association avec le géofilet ou le géotapis

suite

Type de protection	Sous-classe	Condition d'application
Protection par plantes	Engazonnement	Elle peut être utilisée pour la protection de talus en sol dont la déclivité de talus ne sera pas supérieure à 1:1 ou en roche totalement altérée ou fortement altérée
	Plantation de buisson	Elle peut être utilisée pour la protection de talus en sol, en roche molle et en roche totalement altérée dont la déclivité de talus ne sera pas supérieure à 1:0,75
	La technique de semis par pulvérisation	Elle peut être utilisée pour la protection de talus en sol sableux, en sol en pierres cassées, en sol à gros grain, en sol à géant grain et en roche altérée dont la déclivité de talus ne sera pas supérieure à 1:0.75, la hauteur de talus ne convient pas d'être supérieure à 10 m
Protection par plantes avec l'ossature	—	Elle peut être utilisée pour la protection de talus en sol, et en roche totalement altérée, fortement altérée dont la déclivité de talus ne sera pas supérieure à 1:0,75
Protection par travaux	Protection par projection	Elle peut être utilisée pour la protection de talus en roche sujette à être altérée, mais pas encore subi de forte altération et dont la déclivité de talus ne sera pas supérieure à 1:0,5, il ne convient pas d'être utilisé pour l'autoroute, la route de première classe et les routes dont l'environnement et le paysage sont hautement exigés
	Protection par projection à filet attaché	Elle peut être utilisée pour la protection de talus en roche sujette à être altérée, en roche fragmentée et dont la pente ne sera pas supérieure à 1:0.5, il ne convient pas d'être utilisé pour l'autoroute, la route de première classe et les routes dont l'environnement et le paysage sont hautement exigés
	Protection de talus en maçonnerie de moellon à sec	Elle peut être utilisée pour la protection de talus en sol ou en roche dont la déclivité de talus ne sera pas supérieure à 1:1,25
	Protection de talus en maçonnerie de moellon au mortier	Elle peut être utilisée pour la protection de talus en roche sujette à être altérée ou en sol dont la déclivité de talus ne sera pas supérieure à 1:1
	Panneau avant mural	Elle peut être utilisée pour la protection de talus en sol ou en roche sujette à être altérée et dénudée et dont la déclivité de talus ne sera pas supérieure à 1:0,5

5.2.2 Pour la protection par les plantes, il convient d'adopter l'association d'herbes avec les buissons et les arborescents, il faut choisir la phytocénose dominante locale et se conformer aux règles suivantes :

1 L'épaisseur minimale de couche de sol pour la plantation d'herbe ne doit pas être inférieure à 0,15 m, l'épaisseur minimale de couche de sol pour la plantation de buisson ne doit pas être inférieure à 0,30 m.

2 L'épaisseur de la technique de semis par pulvérisation ne convient pas d'être inférieure à 0,10 m, les rapports de mélange de matériaux à mélanger tels que le sol de plantation, les fibres d'herbe, les engrais nutritifs à libération lente, l'adhésif, et l'agent de rétention d'eau, etc. doivent être déterminés par essai.

5.2.3 Lors de protection par plantes avec l'ossature, il est possible d'adopter l'ossature en maçonnerie de moellon ou en béton de ciment en forme de voûte, de chevron ou de forme carrée, on peut employer également les blocs creux en béton de ciment en forme polygonale, à l'intérieur de l'ossature, on peut planter les herbes ou faire l'engazonnement par pulvérisation. Dans la zone pluvieuse, on peut ajouter par supplément les bandes de rétention de l'eau ou les rigoles de drainages pour l'ossature. Pour le talus de déblai rocheux fragmenté par l'altération, dans les ossatures, on peut ajouter par supplément les tiges d'ancrage.

5.2.4 La conception de protection par projection et de protection par projection à filet attaché doit se conformer aux exigences suivantes :

1 Pour le matériau de protection par projection, il est possible d'adopter le mortier ou le béton de ciment, l'épaisseur de protection par mortier projeté ne convient pas d'être inférieure à 50 mm, l'épaisseur de protection par béton projeté ne convient pas d'être inférieure à 80 mm.

2 L'épaisseur de protection par projection de mortier à filet attaché à la tige d'ancrage ou par projection de béton ne convient pas d'être inférieure à 0,10 m et en plus, ne doit pas être supérieure à 0,25 m, l'épaisseur de couche de protection pour l'armature ne doit pas être inférieure à 20 mm.

3 Sur la surface de talus protégé par la projection, il faut installer les orifices de décharge et les joints de dilatation.

4 Il faut planter les plantes grimpantes en asociant la banquette de chute et la terrasse de talus pour le remblai.

5.2.5 La conception de protection de talus doit se conformer aux exigences suivantes :

1 L'épaisseur de la protection de talus en maçonnerie à sec ne convient pas d'être inférieure à 0,25 m.

2 L'épaisseur de la protection de talus en maçonnerie au mortier ne convient pas d'être inférieure à 0,25 m et il faut installer les joints de dilatation et les orifices de décharge.

3 Sous la couche revêtue, il faut aménager une sous-couche de graviers ou de pierres cassées dont l'épaisseur ne convient pas d'être inférieure à 0,10 m.

5.2.6　La hauteur de protection de talus d'un seul échelon pour la protection de mur de surface de talus ne convient pas d'être supérieure à 10 m, et il faut installer les joints de dilatation et les orifices de décharge. La base de protection de mur de surface de talus doit être installée sur la fondation de sol stable, dans la zone gelée, la base doit être enterrée au moins de 0,25 m au dessous de la profondeur gelée de plate-forme. L'avant-pied orteil de ce mur doit être inférieur au fond de fossé latéral revêtu.

5.3　Protection de plate-forme le long de la rivière

5.3.1　Lorsque la plate-forme le long de la rivière subit un affouillement de l'écoulement d'eau, il faut choisir, après la comparaison technico-économique et d'après le tableau 5.3.1 le type de protection convenable par travaux ou prendre des mesures telles que la dérivation de l'écoulement d'eau ou le détournement de la rivière, etc. selon la caractéristique de la rivière, la nature de l'écoulement d'eau, et les facteurs géomorphologiques et géologiques de chenal de rivière, etc., en associant la position de plate-forme.

Tableau 5.3.1　Types de travaux de protection contre l'affouillement et les conditions d'application

Type de protection	Condition d'application
Protection par plantes	Elle peut être utilisée pour la protection de secteur affouillé par le courant d'eau saisonnier et qui ne subit pas l'affouillement de courant principal de crue, dont la direction du courant d'eau est approximativement parallèle au tracé de la route, avec la vitesse d'écoulement admissible de 1,2 à 1,8 m/s. Pour le talus de remblai couramment imbibé ou immergé à long terme, elle ne convient pas d'être utilisée
Protection par maçonnerie en pierres ou par le béton	Elle peut être utilisée pour la protection de talus de remblai avec la vitesse d'écoulement de 2 à 8 m/s
Matelas souple géotextile, sac de géomembrane	Il peut être utilisé pour la protection contre l'affouillement de la plate-forme le long de la rivière avec la vitesse d'écoulement admissible de 2 à 3 m/s
Protection par le gabion	Elle peut être utilisée pour la protection de pied de remblai ou de rive de rivière avec la vitesse d'coulement admissible de 4 à 5 m/s
Mur de soutènement imbibé	Il peut être utilisé dans le torrent de canyon et pour le tronçon de rivière dont l'affouillement est grave avec la vitesse d'écoulement admissible de 5 à 8 m/s
Protection par tapis de protection	Elle peut être utilisée pour le secteur de route dont la profondeur d'affouillement locale est excessive au mur de soutènement ou à la protection de talus de la plate-forme le long de la rivière et l'exécution des travaux de fondation profonde n'est pas commode
Protection par enrochement	Elle peut être utilisée pour la protection de talus ou de pied de talus dont l'imbition est fréquente et la profondeur est relativement grande, ainsi que pour la protection de la fondation de mur de soutènement et de la base de protection de talus
Protection par palée	Elle peut être utilisée pour la protection de coude de rivière dont la profondeur de l'affouillement local est excessivement grande ou la protection de la rivière à caractère large et peu profond

suite

Type de protection		Condition d'application
Dérivation	Digues de l'épi	Elle peut être utilisée pour le tronçon de rivière à caractère large et peu profond pour prévenir contre l'érosion directe de courant d'eau qui pourrait produire la destruction
	Épi de bordage	Il peut être utilisé pour la protection de rive ou de plate-forme le long de la rivière dont le profil de lit de rivière est relativement étroit, la condition géologique de fondation est relativement mauvaise afin de régulariser la courbure du courant d'eau et d'améliorer la fluidité

5.3.2   La hauteur de surface de sommet des travaux de protection contre l'affouillement doit être la somme de niveau d'eau de projet plus les hauteurs d'agression de vague, de remous et de la sécurité. Le fond de base doit être enterrée au moins de 1 m au dessous de la profondeur d'affouillement ou encastré dans la roche de base, dans la zone froide, il doit être au moins de 1 m au dessous de profondeur gelée. Quand la profondeur d'affouillement est relativement importante et l'exécution des travaux sous l'eau est difficile, il est possible d'adopter la fondation sur les pieux ou la protection plane convenable.

5.3.3   Les travaux de protection contre l'affouillement doivent être raccordés d'une manière lisse et plane avec les pentes de rive en amont et en aval, la partie d'extrémité doit être encastrée d'une profondeur suffisante dans la paroi de rive pour prévenir la détérioration des conditions hydrologiques en amont et en aval.

5.3.4   Lors de disposition de la construction de dérivation, il faut concevoir la ligne de guide et d'aménagement selon la géomorphologie, la géologie, et les caractéristiques de l'écoulement d'eau ainsi que la loi de l'évolution et les exigences de protection du chenal de rivière, etc., et tout en évitant l'aggravation d'affouillement sur les champs agricoles, les villages, les routes et les plates-formes en aval. Dans le secteur de vallée de la région montagneuse, il ne convient pas d'installer la construction de dérivation par épi.

5.3.5   L'épaisseur de protection de talus en maçonnerie ou en béton doit être déterminée selon les facteurs de la grandeur de vitesse d'écoulement et de vague, etc., l'épaisseur de protection de talus en maçonnerie de moellon à sec ne convient pas d'être inférieure à 0,25 m, l'épaisseur de protection de talus en maçonnerie au mortier ne doit pas être inférieure à 0,35 m, l'épaisseur de protection de talus en béton de ciment ne doit pas être inférieure à 0,10 m. La surface de fond de protection de talus doit être aménagée d'une couche de filtre inversé.

5.3.6   La conception de mur de soutènement imbibé doit se conformer aux règles concernées de la section 5.4 de présentes règles et procéder à la vérification par calcul sur la protection contre l'affouillement, mener à bien le raccordement de mur de soutènement avec la pente de rive.

5.3.7 La conception de l'épi doit se conformer aux exigences suivantes :

1 La longueur de l'épi doit être déterminée selon la longueur de protection, l'angle d'intersection de l'épi avec la direction de l'écoulement d'eau, le relief de tronçon de rivière et la condition hydrologique ainsi que la situation géologique du lit de rivière, etc., la longueur de projection perpendiculaire à la direction de l'écoulement d'eau ne convient pas d'être supérieure à 1/4 de la largeur du lit de rivière stable.

2 Pour l'épi destiné à la protection de plate-forme, il convient d'adopter l'épi déversant ou l'épi submersible, l'angle d'intersection entre l'épi et la direction d'écoulement d'eau convient d'être inférieur ou égale à 90°.

3 Lors d'installation des épis en groupe, la distance entre les épis doit être inférieure à la longueur de protection de l'épi avant. Quand la vitesse d'écoulement admissible pouvant être supportée par la rive ou le talus de plate-forme entre les épis est inférieure à la vitesse d'écoulement de reflux, il faut raccourcir la distance entre les épis ou prendre des mesures de protection sur la rive et les talus de plate-forme.

4 La forme et la cote de profil transversal de l'épi doivent être déterminées selon les espèces de matériaux, les caractéristiques hydrologiques de la rivière, etc., la largeur du sommet de l'épi doit être déterminée par calcul de stabilité.

5.3.8 La conception de l'épi de bordage doit se conformer aux exigences suivantes :

1 Le raccordement de l'épi de bordage avec les rives en amont et en aval doit être fait de sorte que le courant d'eau soit lisse et fluide, le point de départ doit être choisi dans le tronçon de transition dont l'écoulement d'eau est uniforme et lisse, pour la position de racine de l'épi, il convient d'installer en dessus du point de détournement de courant principal.

2 La largeur de sommet de l'épi doit être déterminée par calcul de stabilité, la racine de l'épi doit être encastrée au moins de 3 m dans la rive stable.

3 Pour l'épi de bordage type de déversement, il faut installer le barrage de cellule derrière l'épi.

5.3.9 La conception de détournement de rivière doit se conformer aux exigences suivantes :

1 Lorsque la plate-forme le long de la rivière subit un grave affouillement du courant d'eau ou les travaux de protection sont durs et que le tracé a franchi plusieurs fois dans une courte

distance, une rivière courbée, il est possible de détourner le chenal de la rivière.

2   Pour la rivière mutable dont le chenal principal a connu des changements fréquents, ou dans le tronçon de rivière où les branches sont nombreuses, il ne convient pas de détourner le chenal de rivière.

3   La conception du plan de détournement de rivière doit se conformer au régime de la rivière, tirer le meilleur parti de la circonstance pour assurer que le courant d'eau ne retourne pas dans le chenal originaire. Les positions de point de départ et de point de fin de détournement de rivière doivent être installées sur le tronçon de rivière dont le courant d'eau est relativement stable, et se raccorder d'une manière lisse avec le lit de rivière originaire ; aux endroits d'accès de la rivière détournée, il convient d'agrandir la pente longitudinale en installant le barrage de retenue ou le barrage de bordage. Le profil de nouveau chenal de rivière doit être conçu selon le débit de la fréquence de crue de projet.

5.4 Mur de soutènement

5.4.1 Pour la conception du mur de soutènement, il faut déterminer rationnellement la position, les points de départ et de fin, la longueur et la hauteur de mur de soutènement selon le profil transversal de plate-forme, la condition topographique et géologique ainsi que la capacité portante de fondation de sol et sélectionner le type de mur de soutènement convenable selon le tableau 5.4.1 après la comparaison technico-économique.

Tableau 5.4.1 Types de mur de soutènement et la condition d'application

Type de mur de soutènement	Condition d'application
Mur de soutènement gravité	Il est applicable aux travaux de soutènement de remblai et de déblai de la zone ordinaire, de secteur imbibé et de la région de forte intensité séismique. La hauteur de mur ne convient pas d'être supérieure à 12 m, la hauteur de mur en maçonnerie à sec ne convient pas d'être supérieure à 6 m
Mur de soutènement semi-gravité	Il est applicable à la fondation de sol faible et dont le niveau d'eau souterraine est relativement élevé sur la fondation, il ne convient pas d'adopter le mur de soutènement gravité. La hauteur de mur ne convient pas d'être supérieure à 8 m
Mur de soutènement en gabions	Il est applicable aux secteurs de route en sol ou en roche fracturée par altération où les eaux souterraines sont relativement abondantes
Mur de soutènement cantilever	Il convient d'être employé dans les secteurs de remblai de route où il manque de matériau rocheux, la capacité portante de fondation de sol est faible. La hauteur de mur ne convient d'être supérieure à 5 m
Mur de soutènement à contreforts	Il convient d'être employé dans les secteurs de remblai de route où il manque de matériau rocheux, la capacité portante de fondation de sol est faible. La hauteur de mur ne convient d'être supérieure à 15 m

suite

Type de mur de soutènement	Condition d'application
Mur de soutènement à tige d'ancrage	Il convient d'être employé dans les secteurs de déblai en roche avec une hauteur de mur relativement grande. Il est possible d'être utilisé pour le mur de soutènement antiglissant et d'adopter le mur à un seul échelon ou à multiple échelon de type de colonne nervurée ou de type de panneau. La hauteur de chaque échelon ne convient pas d'être supérieure à 8 m. Entre les corps de mur d'échelons multiples supérieurs et inférieurs, il faut installer une terrasse dont la largeur ne sera pas inférieure à 2 m
Mur de soutènement à plaques ancrées	Il convient d'être utilisé pour le mur d'accotement ou le mur de remblai dans la zone où il manque de matériau rocheux, mais il ne doit pas être construit dans la zone de glissement, d'effondrement, de sol mou et de sol gonflant. Il est possible d'adopter le type de colonne nervurée ou de type de panneau, la hauteur de mur ne convient pas d'être supérieure à 10 m. Pour le mur de soutènement à plaque d'ancrage de type de colonne nervurée, il est possible d'adopter le mur à un seul échelon ou à double échelon, la hauteur de mur de chaque échelon ne convient pas d'être supérieure à 6 m, entre les corps de mur d'échelons supérieurs et inférieurs, il faut installer une terrasse dont la largeur ne sera pas inférieure à 2 m. Pour les colonnes nervurées de mur d'échelons supérieurs et inférieurs, il convient de les disposer en quinconce
Mur de soutènement en terre armée	Il est possible de les diviser en mur de soutènement en terre armée avec plaque de front et en mur de soutènement en terre armée avec géogrille sans plaque de front. Le mur de soutènement en terre armée avec plaque de front peut être utilisé pour le mur de soutènement sur l'accotement et sur le remblai dans la zone ordinaire. Le mur de soutènement en terre armée avec géogrille sans plaque de front peut être utilisé pour le mur de soutènement sur remblai, mais tous ne peuvent pas être construits sur les secteurs géologiquement défavorables tels que le glissement, l'affouillement par le courant d'eau et l'effondrement, etc. ; pour l'autoroute, la route de première classe, la hauteur de mur ne convient pas d'être supérieure à 12 m, tandis que pour les routes de deuxième et inférieure à la deuxième classe, elles ne conviennent pas d'être supérieures à 20 m ; quand on adopte le mur de multiple échelon, la hauteur de chaque échellon ne convient pas d'être supérieure à 10 m. Entre les corps de mur d'échellons supérieurs et inférieurs, il faut installer la terrasse dont la largeur ne sera pas inférieure à 2 m
Mur de soutènement de pieu-planche	Il est utilisé au sol superficiel et à la fondation en roche uniforme dont la couche fortement altérée est relativement mince, la hauteur de mur peut être relativement grande, et il est également utlisé pour le soutènement de déblai ou de remblai dans la zone séismique ou le traitement de secteur spécial tel que le glissement de terrain, etc.

5.4.2 La conception de mur de soutènement doit adopter la méthode de conception qui consiste à prendre la méthode de coefficient partiel comme principale pour la conception aux états-limites, le calcul de charge de véhicule doit adopter la méthode de l'intensité de la charge additionnelle. Pour la conception de mur de soutènement, il faut procéder au calcul aux états-limites de sa capacité portante et à la vérification par calcul aux états-limites de service normal, ainsi qu'à la vérification sur la stabilité au glissement, au renversement et sur la stabilité globale de mur de soutènement et se conformer aux règles concernées de l'Annexe H.

5.4.3 Pour le mur de soutènement, il convient d'adopter la fondation excavée à ciel ouvert. La profondeur enterrée de la fondation doit se conformer aux prescriptions suivantes :

1 La profondeur enterrée minimale de la fondation ne doit pas être inférieure à 1,0 m. Pour la fondation en roche dure dont la couche altérée n'est pas épaisse, le fond de base doit être installé au dessous de la couche non altérée de la roche de base.

2 Sous l'affouillement d'écoulement d'eau, il faut calculer la profondeur d'affouillement selon la fréquence de crue de projet de la plate-forme, le fond de base doit se situer au moins de 1,0 m au dessous de la ligne d'affouillement locale.

3 Quand la profondeur gelée est inférieure ou égale à 1,0 m, le fond de base doit se trouver au moins de 0,25 m au dessous de la ligne gelée, et en plus, la profondeur enterrée minimale n'est pas inférieure à 1,0 m. Quand la profondeur gelée est supérieure à 1,0m, la profondeur enterrée minimale ne doit pas être inférieure à 1,25 m, et il faut prendre des mesures sur le sol de fondation dans le domaine de 0,25 m du fond de base à la ligne gelée pour prévenir le dommage de gel.

4 Le fond de base de mur de soutènement de déblai ne doit pas être inférieur à 1,0 m au dessous de l'accotement et inférieur au moins de 0,2 m à la surface du fond de fossé latéral maçonné.

5 Quand la fondation se trouve sur le terrain incliné stable, la profondeur enterrée de l'avant-pied orteil et la distance horizontale par rapport au terrain naturel doivent satisfaire les stipulations de tableau 5.4.3. En ce qui concerne le mur de soutènement situé sur la pente longitudinale, quand la pente longitudinale de fond de base est supérieure à 5%, le fond de base doit être conçu en forme de gradins.

Tableau 5.4.3 Condition d'enterrement de fondation sur le terrain incliné

Type de couche de sol	Profondeur enterrée minimale de l'orteil de mur h (m)	Distance horizontale par rapport à la surface de terrain L (m)
Roche dure	0,60	1,50
Roche molle	1,00	2,00
Couche de sol	⩾1,00	2,50

5.4.4 La conception structurale de mur de soutènement doit se conformer aux exigences suivantes :

1 Il faut mener à bien le traitement sur le raccordement de mur de soutènement avec la plate-forme ou les autres ouvrages. Entre le mur de soutènement et le remblai, il est possible d'adopter une connexion par la pente conique, l'extrémité de mur doit être prolongée au moins de 0,75 m dans le remblai ; l'extrémité de mur de soutènement de déblai doit être

encastrée dans le corps de talus de déblai, en ce qui concerne la profondeur encastrée dans la strate in situ, pour la couche de sol, elle ne doit pas être inférieure à 1,5 m, pour la couche en roche tendre altérée, elle ne doit pas être inférieure à 1,0 m, pour la couche en roche légèrement altérée, elle ne doit pas être inférieure à 0,5 m.

2   En ce qui concerne le corps de mur, il faut installer les orifices de drainage sur le mur incliné vers l'extérieur dont la pente ne sera pas inférieure à 4%, au dos de mur, il faut aménager la couche de filtre inversé. La position et la quantité des orifices de drainage doivent être mise en disposition rationnellement selon la situation d'infiltration du dos de mur de soutènement, pour les orifices de drainage, il est possible d'utiliser le matériau en forme tubulaire, aux entrées d'eau, il faut installer la couche de filtre inversé, et il convient d'adopter le géotextile perméable. Pour la couche de filtre inversé au dos de mur, il convient d'employer les graves, les pierres cassées perméables dont la teneur en argile doit être inférieure à 5%, l'épaisseur ne doit pas être inférieure à 0,50 m.

3   Pour le mur de soutènement ayant le parement du mur monolithique, il faut installer les joints de dilatation et de tassement. Aux endroits de changement de profils de corps de mur le long de la direction de longueur de mur, aux endroits de connexion avec les autres ouvrages, il faut installer les joints de dilatation, aux endroits de changement de relief et de fondation de sol, il faut installer les joints de tassement. Les joints de dilatation et de tassement peuvent être fusionnés dans la disposition.

4   La largeur de surface de couronnement de mur de soutènement de type d'accotement ne doit pas envahir le domaine des largeurs de la voie de circulation, de la bande dérasée ou de l'accotement dur, sur sa surface de couronnement, il faut installer les glissières.

5.4.5   La conception des murs de soutènement gravité et semi-gravité doit se conformer aux exigences suivantes :

1   La largeur de couronnement de mur ne doit pas être inférieure à 0,40 m, lorsque le corps de mur est coulé en béton ; elle ne doit pas être inférieure à 0,50 m, quand il est en maçonnerie de moellons au mortier ; elle ne doit pas être inférieure à 0,60 m, quand il est en maçonnerie de moellons à sec.

2   Il faut choisir rationnellement la pente du dos de mur de soutènement gravité d'après la situation topographique de l'endroit d'orteil du mur et la comparaison économique.

3   À l'endroit d'intersection de table de contre-poids de mur de soutènement isostatique type de l'accotement avec le dos de mur supérieur, il faut prendre des mesures de renforcement convenables, afin d'élever la capacité de résistance au cisaillement de la section du corps de

mur de cet endroit.

4　Pour le mur de soutènement semi-gravité, il faut déterminer le nombre de points tournants entre la paroi verticale et la plaque de base selon les exigences de calcul de la résistance à la traction de flambement et de la rigidité. L'épaisseur d'extrémité ne doit pas être inférieure à 0,40 m, la longueur d'extension de l'avant-pied orteil de plaque de base ne convient pas d'être supérieure à 1,5 m.

5　Pour le mur de soutènement dont la hauteur de mur est inférieure à 10 m, il est possible d'adopter la maçonnerie de moellons au mortier, tandis que pour le mur de soutènement dont la hauteur dépasse 10 m et le mur de soutènement imbibé, il convient d'adopter le béton de moellons.

5.4.6　La conception de mur de soutènement en gabion doit se conformer aux exigences suivantes :

1　En ce qui concerne la forme externe de mur de soutènement en gabion, il est possible d'adopter les formes à redans extérieurs, à redans intérieurs ou à type de pagode, etc.

2　Pour la construction de gabion, on peut utiliser le fil d'acier regalvanisé, le fil de fer galvanisé et le fil de fer ordinaire pour le tressage. Pour les ouvrages permanents, il faut utiliser le fil d'acier regalvanisé ; pour une durée d'utilisation de 8 à 12 années, on emploie le fil de fer galvanisé ; pour une durée d'utilisation de 3 à 5 années, il est possible d'utiliser le gabion en fil de fer ordinaire.

3　Pour les remplisseurs à l'intérieur de gabion, il faut utiliser les moellons ou les blocs de pierre durs et qui ne sont pas sujets à être désintégrés et hydrolysés, pour la grosseur de grains de matériau rocheux, il convient d'être de 100 à 300 mm, la grosseur de grains inférieure à 100 mm ne doit pa dépasser 15%, et en plus, ne doit pas être utilisée pour la face exposée de maille de gabion, le taux de porosité ne doit pas dépasser 30%.

4　Au dos de mur de soutènement en gabion, il faut installer une couche de géotextile perméable pour éviter tout colmatage.

5.4.7　La conception des murs de soutènement cantilever et à contreforts doit se conformer aux exigences suivantes :

1　La largeur de sommet de paroi vertical ne doit pas être inférieure à 0,20 m, l'épaisseur de plaque de base ne doit pas être inférieure à 0,30 m.

2　La longueur par sectionnement de mur de soutènement ne convient pas de dépasser 20 m.

3 Pour chaque sectionnement de mur de soutènement à contreforts, il convient d'installer trois ou plus de trois contreforts.

4 Il faut adopter le béton armé coulé, pour la barre principale disposée dans le mur de soutènement, le diamètre ne convient pas d'être inférieur à 12 mm.

5.4.8 La conception de mur de soutènement à tige d'ancrage doit se conformer aux exigences suivantes :

1 Pour l'espacement des colonnes nervurées de mur de soutènement à tige d'ancrage type de colonne nervurée, il convient d'être de 2,0 à 3,0 m. La colonne nervurée convient d'être en disposition perpendiculaire ou inclinée renversée vers le côté de remblayage, mais le degré d'inclinaison renversée ne doit pas être supérieure à 1:0,05.

2 Pour la table de mur de soutènement à tige d'ancrage de colonne nervurée de multiple échelon, il convient d'utiliser le béton C15 dont l'épaisseur ne sera pas inférieure à 0,15 m pour la fermeture, et de disposer la pente transversale dont l'inclinaison est de 2% vers l'extérieur de mur.

3 En ce qui concerne le nombre de niveaux de tiges d'ancrage de colonnes nervurées pour chaque échelon, il est possible de les concevoir en double niveau ou multiple niveau. Les tiges d'ancrage peuvent être disposées selon le principe d'égalité de moments de flexion ou d'égalité de contre-forces de points d'appui, inclinées vers le bas. L'angle inclus entre les tiges d'ancrage de chaque niveau et le plan horizontale convient d'être de 15° à 20°, l'espacement de niveaux de tiges d'ancre ne sera pas inférieur à 2,0 m.

4 Dans les surfaces latérales avant et arrière la direction de contrainte de colonnes nervurées, il faut disposer les barres de contrainte de pleine longueur, le diamètre de barre d'acier ne doit pas être inférieur à 12 mm.

5 Pour la plaque de retenue, il convient d'adopter la plaque d'épaisseur constante, l'épaisseur de plaque ne doit pas être inférieure à 0,30 m. Pour le panneau avant mural préfabriqué, il faut réserver les trous de fixation pour les tiges d'ancrage.

5.4.9 La conception de mur de soutènement à plaques ancrées doit se conformer aux exigences suivantes :

1 En ce qui concerne l'espacement des colonnes nervurées de mur de soutènement à plaques ancrées de type de colonne nervurée, il convient d'être de 1,5 à 2,5 m, pour la hauteur de

colonne nervurée de chaque échelon, il convient d'être adoptée de 3 à 5 m. Les colonnes nervurées doivent adopter la disposition perpendiculaire ou renversée en arrière vers le côté de remblaiement, la pente renversée convient d'être de $1:0,05$, les colonnes nervurées ne doivent pas être disposées en renversement incliné vers avant. Les colonnes nervurées doivent réserver les orifices circulaires ou ovales pour le passage de tirant, le diamètre d'orifice de passage ou la longueur de l'axe courte doit être supérieur au diamètre de tirant.

2 Sur l'extrémité inférieure de colonne nervurée, il faut disposer la fondation en béton, pour les formes de fondation, il est possible d'adopter la fondation sur semelle filante, la fondation séparée ou la fondation en forme de godet, l'épaisseur de fondation ne convient pas d'être inférieure à 0,50 m, la largeur de revers ne convient pas d'être inférieure à 0,10 m.

3 Dans les surfaces latérales avant et arrière la direction de contrainte de colonnes nervurées, il faut disposer les barres de contrainte de pleine longueur, le diamètre de barre d'acier ne doit pas être inférieur à 12 mm.

4 Pour la table de mur de soutènement à plaques ancrées de type de colonne nervurée de multiple échelon, il convient d'utiliser le béton C15 dont l'épaisseur ne sera pas inférieure à 0,15 m pour la fermeture, et de disposer la pente transversale dont l'inclinaison est de 2% vers l'extérieur de mur. Quand on emploie le sol à grain fin pour servir de matériau de remplissage, il convient également que la partie supérieure de plate-forme soit revêtue d'une couche de fermeture.

5 Chaque panneau avant mural de mur de soutènement à plaques ancrées type de panneau doit être connecté au moins par un tirant, le diamètre de tirant convient d'être de 22 à 32 mm.

6 Pour les plaques ancrées, il convient d'adopter la plaque en béton armé, la surface de plaques ancrées de type de colonne nervurée ne doit pas être inférieure à $0,5 \text{ m}^2$, la surface de plaques ancrées sans colonne nervurée ne doit pas être inférieure à $0,2 \text{m}^2$. Il est nécessaire que les plaques ancrées soient configurées d'armature bidirectionnelle.

7 Pour le tirant et aux endroits de connexion entre le tirant et la colonne nervurée et entre la tirant et les plaques d'ancrée, il faut mener à bien le traitement d'antirouille.

5.4.10 La conception de mur de soutènement en terre armée ayant le panneau avant doit se conformer aux exigences suivantes :

1 Le mur de soutènement en terre armée ayant le panneau avant doit procéder à la conception et au calcul selon les règles concernées de l'Annexe H.

2 Pour le parement mural de mur de soutènement en terre armée, il convient d'adopter les pièces préfabriquées en béton armé dont l'épaisseur ne doit pas être inférieure à 80 mm. Pour la géométrie en plan de parement de mur, il est possible d'adopter la ligne droite, la ligne pliée ou la ligne courbe, l'angle interne entre les parements de mur adjacents ne convient pas d'être inférieur à 70°. Pour le parement de mur, il faut installer la fondation en béton dont la largeur ne doit pas être inférieure à 0,40 m, l'épaisseur ne doit pas être inférieure à 0.20 m, la profondeur enterrée de fondation ne doit pas être inférieure à 0,60 m. Sur le fond de base, il ne convient pas d'aménager une pente longitudinale, il est possible de faire un plan horizontal ou une forme de gradin en association avec le relief.

3 Pour le matériau de barre de traction, il convient d'employer la géogrille, la bande géotextile composite ou la bande en plaque de béton armé. Quand la géogrille est prise pour la barre de traction, il faut se conformer encore aux prescriptions concernées des *Règles pour la Technique appliquée de Matériau géosynthétique de Route* (JTG/T D32) en vigueur.

4 Sous la satisfaction de la condition de stabilité à l'arrachement, la longueur de barre de traction doit se conformer au règlement suivant:

1) Lors de hauteur de mur supérieure à 3,0 m, la longueur de la barre de traction ne doit pas être inférieure à 0,8 fois la hauteur de mur et en plus, non inférieure à 5 m. Quand on emploie les barres de traction dont les longueurs sont inégales, les hauteurs des sectionnements de mur pour lesquels les barres de traction sont de même longueurs, ne doivent pas être inférieures à 3,0 m. La différence de longueurs dont les barres de traction avoisinantes sont de longueurs inégales, ne convient pas d'être inférieure à 1,0 m.

2) Lors de hauteur de mur inférieure à 3,0 m, la longueur de barre de traction ne doit pas être inférieure à 3,0 m, et il faut adopter les barres de traction d'une longueur égale.

3) Lors d'emploi de bande en béton armé préfabriqué, la longueur de chaque anneau ne convient pas d'être supérieure à 2,0 m.

5 La connexion de bande renforcée avec la panneau avant doit être solide et fiable, elle doit avoir la même performance d'anticorrosion que la bande renforcée. Pour les bandes renforcées de mur de soutènement en terre armée à deux faces, il faut les poser par dislocation afin d'éviter la superposition.

6 Pour le mur de soutènement en terre armée, il convient d'adopter le sable moyen gros, la grave ou les pierres cassées dont la perméabilité est bonne pour le remplissage, sur la partie de contact direct de matériau de remplissage avec la matériau d'armature, il ne faut pas

contenir les blocs ayant les arêtes vives, la grosseur de grain maximale de matériau de remplissage ne doit pas être supérieure à 100 mm.

7   Pour les eaux superficielles ou souterraines portant préjudice à la stabilité de mur de soutènement en terre armée, il faut disposer les installations de prévention et de drainage perfectionnées. Lors de remplissage de sol à grain fin dans la zone renforcée, à côté intérieur de parement de mur, il faut disposer une couche de filtre inversé dont la largeur ne sera pas inférieure à 0,30 m. Pour le corps renforcé dans la zone gelée, il faut prendre des mesures pour empêcher le gonflement dû au gel.

8   À propos du corps renforcé sur la pente, il faut installer le pied de protection dont la largeur ne sera pas inférieure à 1,0 m, la profondeur enterrée de fondation pour le panneau avant du corps de renforcé doit être comptée à partir du sommet de pied de protection.

9   Sur la surface de couronnement du mur de soutènement en terre armée, il convient d'installer le chaperon de pierre en béton ou en béton armé.

10   Sur le sommet de terrasse de mur de soutènement en terre armée de multiple échelon, il faut aménager la pente transversale de drainage non inférieure à 2%, et la protéger par la plaque en béton C15 dont l'épaisseur ne sera pas inférieure à 0,15 m ; lors d'emploi de sol à grain fin pour le matériau de remplissage, sous la base de panneau avant de mur d'un échelon supérieur, il faut aménager une sous-couche en graveleux sableux ou en sol-chaux dont la largeur ne sera pas inférieure à 1,0 m, l'épaisseur ne sera pas inférieure à 0,50 m, voir la figure 5.4.10.

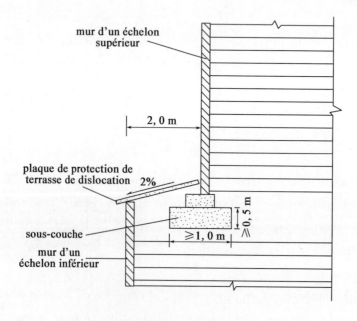

Figure 5.4.10   Schéma en coupe transversale de terrasse et de sous-couche

5.4.11 La conception de mur de soutènement en terre armée sans panneau avant doit se conformer aux exigences suivantes :

1. Pour le mur de soutènement en terre armée sans panneau avant dont l'angle inclus de la surface de pente renforcée avec le plan horizontal est supérieur ou égale à 70°, il faut procéder à la conception et au calcul selon les règles concernées de l'Annexe H ; quand l'angle inclus de la surface de pente renforcée avec le plan horizontal est inférieur à 70°, il faut procéder à la conception et au calcul selon les prescriptions concernées des *Règles pour la Technique appliquée de Matériau géosynthétique de Route* (JTG/T D32) en vigueur.

2. Quand la hauteur de mur de soutènement en terre armée sans panneau avant est supérieure à 10 m, il faut installer les murs de soutènement en terre armée de multiple échelon ; lorsque la base de mur de soutènement est influencée par le courant d'eau qui pourrait produire l'affouillement, pour le corps de mur imbibé en dessous de niveau de crue, il faut adopter le mur de soutènement gravité.

3. À propos de géogrille, il convient d'adopter la géogrille en polyéthylène haute densité (HDPE), la géogrille en polyéthylène téréphtalate (PET) pour souder.

4. L'intervalle de couches renforcées par la géogrille, la longueur de matériau de renfort et la déclivité de surface de pente renforcée, etc. doivent être déterminés par calcul des stabilités extérieures et intérieures.

5. La conception de matériau de remplissage et de drainage de mur de soutènement en terre armée doit se conformer aux prescriptions concernées de l'article 5.4.10 de présentes règles.

6. Quand la fondation de sol est molle, la capacité portante n'est pas suffisante, il faut procéder au traitement par substitution de remplissage sur le sol de fondation et installer la sous-couche en graveleux sableux ou en pierres cassées.

7. Pour le matériau de renfort en géogrille type de contre-bordage, il faut utiliser la longueur générique de contre-bordage en repliage horizontal, sa longueur doit être supérieure à la valeur de calcul de la formule (5.4.11), et en plus, ne convient pas d'être inférieure à 2 m. Pour la protection de surface de pente, il faut adopter le matériau de renfort de résistance au vieillissement.

$$L_0 = \frac{D\sigma_{hi}}{2(c + \gamma h_i \tan\delta)} \quad (5.4.11)$$

Dans laquelle :

- L_0 — Longueur de calcul d'enveloppement en repliage horizontal de la couche de barres de traction (m) ;
- D — Intervalle entre les niveaux supérieurs et inférieurs de barres de traction (m) ;
- σ_{hi} — Contrainte de compression du sol horizontal (kPa) ;
- c — Force de cohérence entre la barre de traction et le matériau de remplissage (kPa) ;
- δ — Angle de frottement interne entre la barre de traction et le matériaux de remplissage (°), quand le matériau de remplissage est de sol sableux, la valeur est prise de (0,5 à 0,8) φ ;
- γ — Poids unitaire de matériau de remplissage pour le corps de renfort (kN/m^3) ;
- h_i — Hauteur du couronnement de mur (mur de soutènement sur l'accotement, y compris la hauteur de remblaiement au dessus du couronnement de mur) au centre de plaque de parement du mur de la i ème couche (m).

5.4.12 La conception de mur de soutènement de pieu-planche doit se conformer aux exigences suivantes :

1 Le pieu d'ancrage de mur de soutènement de pieu-planche doit obligatoirement être ancré dans la fondation de sol stable, la longueur de porte-à-faux de pieu ne convient pas d'être supérieure à 15 m.

2 La structure de pieu peut être appliquée selon les règles corrélatives de la section 5.7 de présentes règles.

3 En ce qui concerne le recouvrement de plaque de retenue avec le pieu, sa longueur de recouvrement à chaque extrémité ne doit pas être inférieure à 1 fois l'épaisseur de plaque. Quand le pieu est circulaire, il faut installer une terrasse en forme saillante pour servir de recouvrement derrière le pieu. La largeur de terrasse doit être plus large de 20 à 30 mm que la longueur de recouvrement.

4 L'épaisseur de protection d'armatures de parement de mur du côté à l'extérieur de la plaque de retenue doit être supérieure à 35 mm, l'épaisseur de protection de parement de mur du côté à l'intérieur de plaque doit être supérieure à 50 mm ; les fers à béton chargés de pieu doivent être disposés de pleine longueur le long de la direction de longueur de pieu, le diamètre ne doit pas être inférieur à 12 mm. La distance nette de couche de protection des fers à béton de pieu ne doit pas être inférieure à 50 mm.

5 Quand la plaque de retenue voûtée est employée, il ne convient pas d'utiliser uniquement le béton pour le coulage, et il faut disposer un certain nombre d'armatures structurales le

long de la direction axiale et annulaire, le diamètre d'armature ne convient pas d'être inférieur à 10 mm.

6 Le pieu d'ancrage complété de tige d'ancrage doit assurer la coordination de la déformation entre le pieu et la tige d'ancrage.

5.5 Ancrage de talus

5.5.1 La conception de l'ancrage de talus doit, selon les données analytiques de stabilité de talus, identifier les modes de destruction de talus, déterminer le degré et le domaine d'instabilité, et procéder à la démonstration technico-économique sur la rationalité et la sécurité de plan d'ancrage. La forme d'ancrage doit être déterminée selon les conditions telles que le type de la masse de roche et de sol de talus, les caractéristiques des ingénieries, la grandeur de capacité portante d'ancre, le matériau et la longueur pour l'ancre, ainsi que la technologie de l'exécution des travaux, etc.

5.5.2 La tige d'ancrage de précontrainte peut être utilisée au renforcement de talus en sol, en roche et de fondation de sol, leur sectionnement d'ancrage doit être installé dans la couche de roche stable, et alors que dans le milieu corrosif, il ne convient pas d'utiliser la tige d'ancrage de précontrainte. Pour la roche tendre et la couche de roche altérée, il convient d'employer les tiges d'ancrage type de pression dispersée.

5.5.3 L'évaluation de stabilité de talus ancré en précontrainte doit se conformer aux exigences suivantes :

1 L'évaluation de stabilité de talus ancré doit se conformer aux stipulations de l'article 3.7.4 de présentes règles.

2 La méthode de calcul de stabilités avant et après l'ancrage de talus doit être en correspondance.

3 Lors de calcul de stabilité de talus ancré, l'action de l'ancrage peut être simplifiée comme une force concentrée agissant sur une surface glissante (Figure 5.5.3).

5.5.4 Lors de conception de force d'ancrage de la tige d'ancrage de la précontrainte, il faut calculer la force d'ancrage d'après la force de glissement descendante déterminée par l'analyse de stabilité de talus et selon la formule (5.5.4).

$$P_d = \frac{E}{\sin(\alpha + \beta)\tan\varphi + \cos(\alpha + \beta)} \qquad (5.5.4)$$

Dans laquelle :

P_d — Force d'ancrage de projet de tige d'ancrage (kN) ;

E — Force de glissement descendante de talus (kN) ;

α — Angle d'inclinaison de surface glissante à l'endroit de l'interface de tige d'ancrage avec la surface glissante (°) ;

β — Angle inclus de tige d'ancrage avec le plan horizontal (°) ;

φ — Angle de frottement interne de la surface glissante (°).

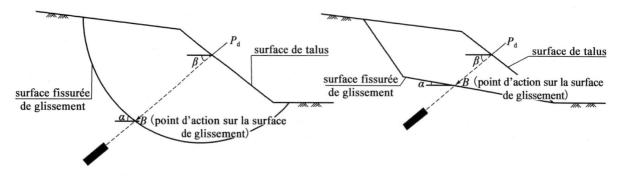

Figure 5.5.3 Simplification de la force d'action de l'ancrage

5.5.5 Lors de conception du corps de tige d'ancrage précontrainte, l'aire de la section de corps de tige d'ancrage doit être calculée selon la formule (5.5.5). La contrainte de contrôle de tension de barre de précontrainte σ_{con} pour le tige d'ancrage doit être conforme aux règles de tableau 5.5.5.

$$A = \frac{K_1 P_d}{F_{ptk}} \qquad (5.5.5)$$

Dans laquelle :

A — Aire de la section de corps de tige d'ancrage (m^2) ;

K_1 — Coefficient de sécurité de projet pour la section de barre précontrainte, la valeur est prise selon le tableau 5.5.6-4 ;

F_{ptk} — Valeur normative de la résistance à la traction de matériau pour le corps de tige d'ancrage (kPa).

Tableau 5.5.5 Contrainte de contrôle de la tension de barre précontrainte σ_{con}

Type de tige d'ancrage	σ_{con}	
	Toron d'acier	Acier tordu précontraint
Permanent	≤0,50 F_{ptk}	≤0,70 F_{ptk}
Provisoire	≤0,65 F_{ptk}	≤0,80 F_{ptk}

5.5.6 La conception de longueur du corps de tige d'ancrage de la précontrainte doit se conformer aux exigences suivantes :

1 Comme la capacité portante du corps d'ancrage étant contrôlée par les trois parties qui sont de

la résistance d'adhérence du corps d'injection de mortier avec la paroi de trou d'ancrage, de la résistance d'adhérence de la tige d'ancrage avec le corps d'injection de mortier et de la résistance de tige d'ancrage, lors de conception, il faut prendre leur valeur faible.

2 Pour la tige d'ancrage précontrainte, il convient d'adopter le corps d'ancrage de type d'adhérence, la longueur d'adhérence entre la strate et le corps d'injection de mortier doit être calculée selon la formule (5.5.6-1).

$$L_r = \frac{K_2 P_d}{\pi d f_{rb}} \qquad (5.5.6\text{-}1)$$

Dans laquelle :

L_r— Longueur d'adhérence entre la strate et le corps d'injection de mortier (m) ;

K_2— Coefficient de sécurité, il est choisi et pris selon le tableau 5.5.6-4 ;

d— Diamètre du forage de sectionnement d'ancrage (m) ;

f_{rb}— Valeur de conception de la résistance d'adhérence entre la strate et le corps d'injection de mortier (kPa), elle doit être déterminée par essai, lorsque les conditions d'essai ne le permettent pas, il est possible de choisir selon les tableaux 5.5.6-1 et 5.5.6-2.

Tableau 5.5.6-1 Valeur de conception de la résistance d'adhérence de l'interface entre la masse rocheuse et le corps d'injection de coulis

Type de masse rocheuse	Résistance à la compression uniaxiale saturée R_c (MPa)	Résistance d'adhérence f_{rb} (kPa)
Roche extrêmement tendre	$R_c < 5$	150 à 250
Roche tendre	$5 \leq R_c < 15$	250 à 550
Roche relativement tendre	$15 \leq R_c < 30$	550 à 800
Roche relativement dure	$30 \leq R_c < 60$	800 à 1 200
Roche dure	$R_c \geq 60$	1 200 à 2 400

Note : 1. Les données numériques dans le tableau sont applicables à la classe M30 de résistance d'adhérence du corps d'injection de mortier.

2. Les données numériques dans le tableau sont applicables uniquement à l'avant-projet, lors d'exécution des travaux, elles doivent être vérifiées par les essais.

3. Lorsque la surface structurale de la masse rocheuse est développée, est prise la valeur de limite inférieure dans le tableau.

Tableau 5.5.6-2 Valeur de conception de force d'adhérence entre la masse de sol et le corps d'ancrage

Type de masse de sol	État de sol	Résistance d'adhérence f_{rb} (kPa)
Sol argileux	Dur	60 à 80
	Plastique dur	50 à 60
	Plastique souple	30 à 50
Sol argileux	Dur	60 à 80
	Plastique dur	50 à 60
	Plastique souple	30 à 50

suite

Type de masse de sol	État de sol	Résistance d'adhérence f_{rb} (kPa)
Sol sableux	Meuble	90 à 160
	Légèrement compact	160 à 220
	Moyennement compact	220 à 270
	Compact	270 à 350
Sol en pierres cassées	Légèrement compact	180 à 240
	Moyennement compact	240 à 300
	Compact	300 à 400

Note : 1. Les données numériques dans le tableau sont applicables à la classe M30 de résistance d'adhérence d'injection de mortier.

2. Les données numériques dans le tableau sont applicables uniquement à l'avant-projet, lors d'exécution des travaux, elles doivent être vérifiées par les essais.

3 La longueur d'adhérence entre le corps d'injection de mortier et le corps de tige d'ancrage doit satisfaire aux exigences de la formule (5.5.6-2).

$$L_g = \frac{K_2 P_d}{n \pi d_g f_b} \tag{5.5.6-2}$$

Dans laquelle :

L_g — longueur d'adhérence entre le corps d'injection de mortier et le corps de tige d'ancrage (m) ;

d_g — Diamètre de matériau pour le corps de tige d'ancrage (m) ;

f_b — Valeur de conception de résistance d'adhérence entre le corps d'injection de mortier et le corps de tige d'ancrage (kPa), elle doit être déterminée par essai, quand les conditions d'essai ne le permettent pas, elle peut être choisie selon le tableau 5.5.6-3 ;

n — Nombre de pièces de tiges d'ancrage (pièce).

Tableau 5.5.6-3 Valeur de conception de résistance d'adhérence entre les fers à béton, les torons d'acier et le mortier f_b (MPa)

Type d'ancrage	Classe de résistance de boue de ciment ou de mortier de ciment	
	M30	M35
Entre le mortier de ciment et les aciers filetés	2,40	2,70
Entre le mortier de ciment et les torons d'acier, les fils d'acier à haute résistance	2,95	3,40

Note : 1. Quand on emploie la façon d'agir consistant à utiliser 2 barres d'acier pour souder par point en faisceau, la résistance d'adhérence doit multiplier le coefficient de réduction de 0,85.

2. Quand on emploie la façon d'agir consistant à utiliser 3 barres d'acier pour souder par point en faisceau, la résistance d'adhérence doit multiplier le coefficient de réduction de 0,7.

4 La longueur totale de tige d'ancrage est composée de la longueur de sectionnement d'ancrage, de la longueur de sectionnement libre et de la longueur de sectionnement exposé à l'air, les longueurs de différentes parties doivent satisfaire les exigences suivantes :

1) Lors de définition de longueur de sectionnement d'ancrage pour la tige d'ancrage, il faut calculer respectivement les longueurs d'adhérence de L_r et de L_g, en ce qui concerne les longueurs réelles de sectionnements d'ancrage, il faut prendre de grandes valeurs parmi L_r et L_g, et en plus, elles ne doivent pas être inférieures à 3 m, et il ne convient pas qu'elles soient supérieures à 10 m.

2) Comme la longueur de sectionnement libre de tige d'ancrage étant contrôlée par l'interface de strates stabilisées, dans la conception, il faut prendre en compte ce que la longueur prolongée par le sectionnement libre dans la surface glissante ou la surface glissante potentielle ne doit pas être inférieure à 1,0 m, et en plus, la longueur de sectionnement libre ne doit pas être inférieure à 5,0 m.

5 Lors de conception de tige d'ancrage, la prise de valeur de coefficient de sécurité doit se conformer aux prescriptions de tableau 5.5.6-4.

Tableau 5.5.6-4 Coefficient de sécurité de conception du corps ancré de tige d'ancrage précontrainte

Coefficient de sécurité	Classe de route	Coefficient de sécurité	
		Durée d'utilisation ≤2 ans (tige d'ancrage provisoire)	Durée d'utilisation >2 ans (tige d'ancrage permanente)
K_1	Autoroute, route de première classe	1,8	2,0
	Routes de deuxième et inférieure à la deuxième classe	1,6	1,8
K_2	Autoroute, route de première classe	1,8 à 2,0	2,0 à 2,2
	Routes de deuxième et inférieure à la deuxième classe	1,5 à 1,8	1,7 à 2,0

Note : 1. Quand les routes de deuxième et inférieure à la deuxième classe ont des objets de protection importants aux alentours des ouvrages d'ancrage, il est possible de prendre la valeur selon le coefficient de sécurité de l'autoroute.
2. À propos de la masse de sol ou du corps d'ancrage dans la roche entièrement altéré, pour K_2, il faut prendre la valeur relativement élevée dans le tableau.

5.5.7 La conception structurale de tige d'ancrage précontrainte doit se conformer aux exigences suivantes :

1 La tige d'ancrage précontrainte est composée de sectionnements d'ancrage, de sectionnement libre et de tête d'ancrage, la tête d'ancrage est constituée par le coussin de support, la plaque en acier d'appui et l'ancre.

2 À l'intérieur de sectionnement d'ancrage, pour la barre précontrainte, par tout l'espacement

de 1,5 à 2,0 m, il faut installer un cadre d'appui d'isolation. L'épaisseur de couche de protection pour la barre précontrainte ne doit pas être inférieure à 20 mm, l'épaisseur de couche de protection provisoire pour la barre précontrainte pour la tige d'ancrage ne doit pas être inférieure à 10 mm.

3　Pour le matériau de tige d'ancrage, il est possible de sélectionner le toron d'acier à haute résistance et à faible relaxation, l'acier fileté de précontrainte selon la nature d'ouvrage d'ancrage, la position d'ancrage et l'envergure de l'ouvrage.

5.5.8　La classe et la mesure anticorrosive de tige d'ancrage doivent être déterminées selon la durée d'utilisation de projet de tige d'ancrage et la strate où se trouve la tige d'ancrage ayant ou non la corrosivité. La conception d'anticorrosion de tige d'ancrage doit se conformer aux exigences suivantes :

1　Pour la tige d'ancrage permanente dans le milieu corrosif, il faut adopter la structure de protection anticorrosive en double couche de classe I, tandis que pour la tige d'ancrage provisoire dans le milieu corrosif et la tige d'ancrage permanente dans le milieu non corrosif, il est possible d'adopter la structure de protection simple anticorrosive de classe II. Les structures anticorrosives de classes I et II pour les tiges d'ancrage, doivent se conformer aux exigences de tableau 5.5.8.

Tableau 5.5.8　Exigences de protection anticorrosive de classes I et II

Classe de protection anticorrosive	Type de tige d'ancrage	Exigences de protection anticorrosive pour les tiges d'ancrage précontraintes et les ancres		
		Tête d'ancrage	Sectionnement libre	Sectionnement d'ancrage
I	Type de traction, type de dispersion de traction	Est employé le tuyau de transition, l'ancre est fermé par le béton ou protégé par le capot d'acier	Sont employés les gaines injectées de graisse, les torons d'acier sans cohérence, ou les torons d'acier sans cohérence ayant les gaines de protection	Est employée la tube ondulée injectée de mortier de ciment
I	Type de pression, type de dispersion de pression	Est employé le tuyau de transition, l'ancre est fermé par le béton ou protégé par le capot d'acier	Est employé le toron d'acier sans cohérence	Est employé le toron d'acier sans cohérence
II	Type de traction, type de traction de dispersion	Est employé le tuyau de transition, l'ancre est fermé par le béton ou protégé par le capot d'acier	Est employée la gaine injectée de graisse ou le toron d'acier sans cohérence	Injection de mortier

2　Pour le matériau anticorrosif et la structure pour le sectionnement d'ancrage, le sectionnement libre et la tête d'ancrage, il faut assurer que dans la période de construction et d'utilisation des tiges d'ancrage, les dommages ne sont pas produits et en plus, les fonctions ne sont pas affectées.

3 Après la fin des opérations de la mise en tension des tiges d'ancrage, il faut procéder à temps à la protection anticorrosive des pièces concernées de tête d'ancrage ; pour le tête d'ancrage nécessitant la mise au point de précontrainte de tige d'ancrage, il convient d'installer le capot d'acier de protection, à l'intérieur duquel il faut remplir la graisse anticorrosive ; pour l'ancre, la plaque de compression et le corps de barre d'extrémité qui n'ont pas besoin de régler la tension de tige d'ancrage, ils peuvent être protégés par le béton, l'épaisseur de couche de protection en béton ne doit pas être inférieure à 50 mm.

5.5.9 La conception de tige d'ancrage type cohérence sur toute la longueur non précontrainte doit se conformer aux prescriptions suivantes :

1 Pour le matériau du corps de tige, il convient d'utiliser l'armature HRB400, le diamètre de l'armature pour le corps de tige convient d'être de 16 à 32 mm.

2 Le diamètre de forage ne convient pas d'être inférieur à 42 mm, et en plus, ne convient pas d'être supérieur à 100 mm.

3 L'épaisseur de la couche protectrice de l'armature pour le corps de tige, ne doit pas être inférieure à 8 mm, lors d'emploi de mortier de ciment, et ne doit pas être inférieure à 4 mm, lors d'emploi de résine.

4 Pour la tige d'ancrage dont la longueur est supérieure à 4 m ou le diamètre de corps est supérieur à 32 mm, il faut prendre la mesure structurale dont le corps de tige se trouve au milieu.

5.5.10 La forme structurale de surface de talus ancrée doit être sélectionnée selon les règles de tableau 5.5.10 et d'après la condition géotechnique de talus, la condition hydrogéologique, la propriété géotechnique et la hauteur de talus ainsi que la méthode de construction.

Tableau 5.5.10 Types de structures couramment utilisés sur les surfaces de pente et les conditions d'application

Forme structurale	Condition d'application	Remarque
Poutre de cadres (ou en treillis)	Il est applicable aux endroits où l'altération est relativement grave, l'eau souterraine est abondante, la roche est molle et le talus est en sol	Dans la région pluvieuse, il convient que la poutre soit faite en forme de rigole torrentielle

suite

Forme structurale	Condition d'application	Remarque
Poutre de fondation	Il est applicable aux endroits où les roches dures et molles sont en alternance, le talus est en sol	—
Pile d'ancrage unique	Il est applicable aux roches dures, à la masse en bloc ou en roche dont l'intégrité est bonne	—

5.5.11 La conception structurale de surface de talus ancré doit se conformer aux exigences suivantes :

1 Les sections de la poutre de cadres, de la poutre de fondation et de la pile d'ancrage unique peuvent être adoptées en forme rectangulaire ou en forme de T, leur largeur de section ne doit pas être inférieure à 0,30 m ; la forme des cellules de poutre de cadres peut être utilisée en forme rectangulaire ou losangée, la dimension unitaire de poutre rectangulaire ne convient pas d'être inférieure à 3 m × 3 m, la dimension unitaire de poutre losangée ne convient pas d'être inférieure à 5 m × 3 m.

2 La conception de poutre de cadres convient d'être effectuée par la cellule, le moment fléchissant, le cisaillement à l'intérieur de la poutre doivent être calculés selon la poutre de cadres ou la poutre continue. Pour les conceptions de poutre de fondation et de pile d'ancrage unique, il faut calculer les actions ou les charges selon les entraxes des deux poutres de fondation ou des deux piles d'ancrage unique, le moment fléchissant et le cisaillement de poutre de fondation doivent être calculés selon le nombre de pièces d'ancrage sur la poutre et d'après la poutre sur les appuis simples ou la poutre continue. La structure de poutre doit être calculée selon les prescriptions concernées des *Règles de Conception pour la Structure de Béton* (GB 50010) en vigueur, le coefficient de l'importance de structure est de 1,0, le coefficient partiel de charge permanente est de 1,35.

3 Pour la poutre de cadres, la poutre de fondation et la pile d'ancrage unique, il faut adopter le béton armé, les barres principales dans la poutre doivent être configurées par cellule des armatures de pleine longueur. La conception de pile d'ancrage unique doit satisfaire les exigences de la force portante de la masse rocheuse et disposer une quantité convenable d'armatures structurales selon la grandeur de force d'ancrage.

4 La profondeur encastrée du fond de poutre dans la masse rocheuse de surface de talus ne convient pas d'être inférieure à 0,20 m.

5.5.12 La conception de l'essai et de la surveillance de tige d'ancrage doit se conformer aux exigences suivantes :

1 Les essais de tige d'ancrage comprennent l'essai fondamental et l'essai de réception. Avant l'exécution des travaux, il faut procéder à l'essai fondamental. En ce qui concerne la quantité pour l'essai fondamental, on prend 3% sur la quantité de tiges d'ancrage qui travaillent, et en plus, elle ne sera pas inférieure à 3 pièces. Après la fin des travaux, il faut procéder à l'essai de réception de tiges d'ancrage. En ce qui concerne la quantité pour l'essai de réception, on prend 5% sur la quantité de tiges d'ancrage qui travaillent, et en plus, elle ne sera pas inférieure à 3 pièces. Quand il y a des exigences particulières, il est possible de l'ajouter adéquatement. Les contenus et les exigences des essais de tige d'ancrage doivent se conformer aux prescriptions concernées des *Règles pour la Technique de Support avec Injection en Béton sur les Tiges d'Ancrage* (GB 50086) en vigueur.

2 La surveillance de tige d'ancrage comprend la surveillance de la période d'exécution des travaux et celle de la période d'exploitation, la quantité de surveillance prend 10% sur la quantité de tiges d'ancrage qui travaillent, les projets et les méthodes de surveillance peuvent être sélectionnés selon le tableau F-3 de l'Annexe F, les points d'observation doivent être disposés aux parties clé de la zone d'ancrage. La période de surveillance pendant la durée d'exploitation doit être au moins d'un an après la fin de construction et la mise en exploitation.

5.6 Clouage du sol

5.6.1 La conception de clouage du sol doit respecter les principes suivants :

1 Le clouage du sol peut être utilisé dans les soutènements provisoires et permanents de talus de déblai en sol argileux plastique dure ou en sol argileux dure, en sol silteux, en sol sableux, en gravier cimenté ou faiblement cimenté, et en roche tendre ainsi qu'en strate rocheuse altérée et fragmentée. Mais, sur les talus en formation corrosive, en sol gonflant, en sol argileux mou, en sol meuble et en sol dont l'eau souterraine est relativement développée ainsi que sur les talus où il existe la surface structurale défavorable, il ne convient pas d'adopter le clouage du sol.

2 Pour le clouage du sol permanent, il faut disposer les installations de drainage perfectionnées selon la situation de répartition des eaux souterraines dans le corps de talus.

3 La conception de surface de talus par le clouage du sol permanent doit être favorable à la croissance de plantes sur le talus et en harmonie avec l'environnement.

4   Le clouage du sol doit prendre la conception dynamique et la construction informatisée, le déplacement horizontal de talus par clouage du sol ne doit pas dépasser 0,3% par rapport à la hauteur de talus. En cas de besoin, il faut prendre des mesures de confortement sur les ouvrages de soutènement.

5.6.2   La conception de la structure et du matériau de clouage du sol doit se conformer aux exigences suivantes :

1   Pour la hauteur globale de protection du talus en sol par le clouage du sol, il ne convient pas d'être supérieure à 10 m, tandis que pour la hauteur globale de protection du talus en roche par le clouage du sol, il ne convient pas d'être supérieure à 18 m. Lorsque la hauteur de talus est relativement élevée, il convient d'appliquer la protection de clouage du sol par multiple échelon, la hauteur de chaque échelon ne convient pas d'être supérieure à 10 m. Entre les échelons supérieurs et inférieurs de multiple échelon, il faut installer une terrasse, la largeur de la terrasse ne convient pas d'être inférieure à 2,0 m.

2   La longueur de clou du sol comprend la longueur non ancrée et la longueur d'ancrage efficace. La longueur non ancrée doit être déterminée par la distance réelle entre la surface de talus et la surface de fracture potentielle, la longueur d'ancrage efficace est déterminée par la vérification de stabilité intérieure de clou de sol. La longueur de clou du sol convient d'être supérieur à 0,5 à 1,2 fois la hauteur de surface de talus. L'intervalle des clous du sol convient d'être de 0,75 à 3 m, l'angle inclus avec le plan horizontal convient d'être de 5° à 25°.

3   Pour le clou du sol permanent, il faut adopter le clou foré injecté de mortier, le diamètre de forage convient d'être de 70 à 100 mm. Le matériau pour le clou convient d'adopter l'armature HRB400, le diamètre d'armature convient d'être de 18 à 32 mm, pour l'armature de clou du sol, il faut installer le support de positionnement.

4   Lors de corrosion par l'environnement, il est possible de prendre des mesure de traitement par revêtement d'époxy sur la surface de l'armature, etc., l'épaisseur de couche de protection pour le matériau de clou ne doit pas être inférieure à 30 mm ; en cas de besoin, il est possible d'ajouter la gaine ondulée en polyéthylène ou en polypropylène le long de toute sa longueur de l'armature de matériau de clou.

5   En ce qui concerne le matériau de coulis injecté pour le forage, il convient d'adopter le coulis de ciment à faible rétrécissement ou le mortier de ciment, sa résistance ne doit pas être inférieure à 20 MPa. Pour l'injection de mortier, il faut utiliser la méthode de retour de boue par le fond de forage, la pression d'injection de mortier convient d'être de 0,4 à 1,0 MPa.

6 L'épaisseur de couche en béton projeté et la dimension de poutre de cadres en béton armé doivent être déterminées par calcul des efforts supportés. L'épaisseur de couche en béton projeté ne convient pas d'être inférieure à 80 mm.

7 Les clous du sol doivent être en connexion efficace avec les pièces structurales de protection de la surface de talus, la méthode de connexion doit être déterminée selon la grandeur de charges supportées par les pièces structurales de protection de surface de talus et l'importance de structure de soutènement, en cas de besoin, il est possible de faire la vérification par un test de chargement.

5.6.3 Le calcul de structure par clouage du sol doit se conformer aux exigences suivantes :

1 Le calcul de structure par clouage du sol comprend les vérifications de stabilité globale intérieure et extérieure de soutènement et le calcul de pièces structurales ainsi que le calcul de connexion de pièces structurales de surface de talus avec les clous du sol.

2 La vérification de stabilité globale extérieure par le clouage du sol peut être calculée selon la méthode de la section 3.7 de présentes règles. Pour la structure de retenue de terre par le clouage du sol, il est possible de procéder, selon les règles de l'article 5.4.2 de présentes règles, à la vérification globale par calcul sur le glissement, le renversement de la masse de sol renforcée par les clous de sol, et la force portante de fondation de sol.

3 La vérification de stabilité globale intérieure par le clouage du sol peut adopter la méthode de l'arc circulaire, à supposer que tous les clous du sol sur la surface de destruction ne supportent que la force de traction et que tous soient respectivement parvenus aux valeurs de conception maximales de la force de traction. le coefficient de sécurité pour la vérification de stabilité globale intérieure peut prendre 1,25 à 1,30, compte tenu de l'action séismique, le coefficient de sécurité peut être déduit de 0,1.

4 Pour les pièces structurales de surface de talus en béton, on peut les prendre comme la plaque continue appuyée sur les points de clous de sol pour procéder à la vérification sur la résistance à la traction et la résistance au cisaillement par poinçonnement.

5 Quand la pièce structurale de soutènement de surface de talus est une poutre de cadres ou une dalle de poutre, il faut procéder à l'analyse et au calcul de la force interne suivant le système de poutre continue ou le système de dalle de poutre.

6 À l'endroit de connexion entre la tête de clou du sol et la pièce structurale, il faut procéder

à la vérification de la capacité portante locale de béton à l'endroit de connexion.

5.6.4 L'essai sur place de clou du sol doit se conformer aux exigences suivantes :

1 Avant l'exécution des travaux des clous du sol, il faut procéder, aux essais de résistance à l'arrachement des clous de non-travail disposés sur le lieu des travaux pour définir leurs charges limites, vérifier la résistance d'adhérence ultime à l'interface de clous du sol. À propos de nombre d'essais de résistance à l'arrachement des clous du sol, il faut avoir au moins 3 pièces pour chaque catégorie de masse de roche et de sol typique, la technologie d'exécution des travaux reste la même que pour le clou du sol qui travaille.

2 L'essai de réception de clou du sol doit être déterminé par le mode d'échantillonnage aléatoire. Pour le nombre d'essais de réception, il faut prendre 1% de la totalité de clous du sol qui travaille, et en plus, il ne doit pas avoir moins de 3 pièces.

3 Pour le clouage du sol permanent sur le sol argileux dont l'indice de plasticité est supérieur à 20 et la limite de liquidité est supérieure à 50%, avant l'exécution des travaux, il faut procéder à l'essai de fluage. Pour les clous du sol destinés aux essais de fluage, chaque groupe ne doit pas être inférieur à 3 pièces.

5.6.5 La conception de surveillance de clouage du sol doit se conformer aux exigences suivantes :

1 Pour les travaux de clouage du sol, il faut procéder à la surveillance in situ durant les périodes d'exécution des travaux et d'exploitation selon l'importance des ouvrages de talus et la condition réelle. Les projets de surveillance de support par clouage du sol peuvent être sélectionnés selon l'Annexe F, les points d'observation doivent être disposés sur les parties clés de la zone de clouage du sol.

2 La période de surveillance durant l'exploitation doit être déterminée selon la classe de route, la complexité géologique, pour le talus de déblai de l'autoroute, il faut avoir au moins un an après la fin de construction et la mise en exploitation.

5.7 Pieu résistant au glissement

5.7.1 Le pieu resistant au glissement doit suivre les principes suivants :

1 Le pieu résistant au glissement peut être utilisé pour la stabilisation du talus et du glissement de terrain, et le renforcement de masse montagneuse instable, ainsi que le renforcement de

plate-forme spéciale.

2　Pour les pieux résistant au glissement, il convient d'être implantés aux endroits dont l'épaisseur de glissement de terrain est relativement mince, la force de poussée est relativement faible, et la résistance de fondation de sol dans le sectionnement ancré est relativement élevée, ainsi qu'à la position dont la protection contre la glissement est favorable, en ce qui concerne la disposition en plan, l'intervalle des pieux, la longueur et la dimension de section des pieux, etc., ils doivent être déterminés après avoir pris en considération synthétiquement, afin d'assurer que le corps de glissement ne traverse pas le sommet de pieu ou ne se glisse pas sur le fond de pieu et ni entre les pieux et afin d'atteindre la sécurité et la fiabilité et d'être en harmonie avec l'environnement.

3　Pour le pieu résistant au glissement, il faut adopter une conception dynamique et une exécution des travaux informatisée. Dans la conception de pieu résistant au glissement, il faut vérifier à temps la conclusion des études géologiques, mettre au point et perfectionner la conception de pieu résistant au glissement selon la situation géologique révélée au cours d'excavation de fondation de pieu et les informations de la surveillance sur les déformations de talus. En cas de besoin, il faut compléter les prospections géologiques.

5.7.2　Quand le sectionnement de porte-à-faux devant le pieu de glissement de terrain en sol fait face à l'air, il est possible d'installer la plaque de retenue de terre entre les pieux, en cas de besoin, entre les pieux résistant au glissement, il faut utiliser les poutres de liaison en béton armé pour connexion.

5.7.3　Le pieu résistant au glissement peut être en association avec les câbles d'ancrage précontraints pour former conjointement une structure de soutènement antiglissante, le sectionnement d'ancrage de câble d'ancrage doit être disposé dans la masse rocheuse stable. Lors de conception, il faut assurer que les pieux résistant au glissement de câble d'ancrage mis en précontrainte est en harmonie avec la déformation de câble précontraint, de sorte que le câble d'ancrage ne travaille pas en état de cisaillement.

5.7.4　La conception de structure et de matériau de pieu résistant au glissement doit se conformer aux exigences suivantes :

1　Pour la forme de section de pieu résistant au glissement, il convient d'adopter la forme rectangulaire, et alors la dimension de la section de pieu doit être déterminée selon les facteurs tels que la grandeur de force de la poussée, l'intervalle des pieux et la résistance de fondation de sol sur le sectionnement ancré, etc.

2　Le corps de pieu est coulé en béton de ciment, il convient d'adopter l'armature HRB400.

3　À la tête de puits, il faut installer l'avant-puits, quand le puits de pieu se trouve dans la couche de sol ou la formation rocheuse altérée et fracturée, il convient d'installer une paroi de protection.

4　Le diamètre de l'armature longitudinalement chargée de pieu résistant au glissement ne doit pas être inférieur à 16 mm. La distance nette ne convient pas d'être inférieure à 120 mm, en cas de difficulté, il est possible de la diminuer adéquatement, mais elle ne doit pas être inférieure à 80 mm. Lors d'emploi d'armatures en faisceau, chaque faisceau ne convient pas d'être supérieur à 3 pièces. Lorsque la configuration d'une seule rangée d'armatures est difficile, il est possible d'en disposer deux ou trois rangées. L'épaisseur de couche de protection en béton armé chargée ne doit pas être inférieure à 70 mm.

5　Les points de coupure de l'armature longitudinalement chargée doivent être calculés selon les prescriptions concernées des *Règles de Conception pour les Ouvrages d'Art en Béton armé et en Béton précontraint des Routes* (JTG D62) en vigueur.

6　À l'intérieur de pieu résistant au glissement, il ne convient pas d'installer les barres obliques, il est possible de prendre des mesures telles que le réglage de diamètre d'étrier, de l'intervalle et de la dimension de la section du corps de pieu, etc. pour satisfaire la résistance au cisaillement de la section oblique.

7　Pour l'étrier, il convient d'adopter le type d'étrier refermé, le diamètre ne convient pas d'être inférieur à 14 mm, l'intervalle ne doit pas être supérieur à 0,40 m.

8　Sur les deux côtés de pieu résistant au glissement et les bords comprimés, il faut disposer les armatures structurales longitudinales, leur intervalle ne doit pas être supérieur à 0,3 m, le diamètre ne convient pas d'être inférieur à 12 mm. Sur les deux côtés de bords comprimés, il faut disposer les armatures de montage dont le diamètre ne convient pas d'être inférieur à 16 mm. Quand le corps de pieu est relativement long, les diamètres de l'armature structurale et de l'armature de montage doivent être agrandis.

9　La tête d'ancrage extérieure de câble d'ancrage pour le pieu résistant au glissement de câble d'ancrage précontraint et les forces portantes de différentes parties doivent être en coordination avec la contrainte de traction maximale et les technologies de la mise en tension. La distance de l'orifice d'ancrage au sommet de pieu ne doit pas être inférieure à 0,5 m. la structure de câble d'ancrage doit être conforme aux stipulations de la section 5.5 de présentes règles. Le coussin de support en béton doit assurer l'uniformité de transmission de force, l'harmonie avec la structure de plaque d'appui et la bonne combinaison de coussin de support avec le pieu. La force portante pour la compression locale de béton doit être vérifiée selon les stipulations concernées des *Règles de Conception pour les Ouvrages d'art en Béton armé et en Béton précontraint des Routes* (JTG D62) en vigueur.

5.7.5 Le calcul de structure de pieu résistant au glissement doit se conformer aux exigences suivantes :

1 Les forces extérieures agissant sur les pieux résistant au glissement comprennent la force de poussée de glissement de terrain, l'action séismique, la force de résistance du corps glissant devant le pieu et la force de résistance de strate dans le sectionnement d'ancrage. La force de frottement et la force d'adhérence du côté de pieu, ainsi que la gravité du corps de pieu et la contre-force du fond de pieu peuvent être négligées. La force de poussée de glissement de terrain peut être calculée pour définition selon la méthode de coefficient de transmission stipulée par la section 7.2 de présentes règles.

2 La force de résistance devant le pieu peut être déterminée selon la force de poussée de glissement de terrain, au moment où le corps glissant devant le pieu se trouve en équilibre limite ou la pression du sol passive devant le pieu, lors de conception, la valeur faible d'entre elles est sélectionnée pour usage.

3 Le graphique de poussée sur le pieu résistant au glissement doit être déterminé selon les facteurs de la nature et de l'épaisseur du corps glissant, etc., il est possible d'adopter la répartition rectangulaire ou trapézoïdale ; quand le corps glissant est d'une masse de sol extrêmement meuble, il est possible d'adopter la répartition triangulaire.

4 Pour le support de fond de pieu, il convient de sélectionner l'extrémité libre, lors d'encastrement relativement profond dans la roche, il est possible de sélectionner l'extrémité libre ou le support à charnière.

5 La longueur de sectionnement d'ancrage de pieu résistant au glissement doit satisfaire l'exigence qui consiste à ce que la contrainte de compression maximale du côté de pieu ne sera pas supérieure à la force portante admissible transversale de fondation de sol.

6 La force interne du corps de pieu au dessus de surface glissante doit être calculée selon la force de poussée de glissement de terrain et la force de résistance du corps glissant devant le pieu. Le déplacement et la force interne du corps de pieu au dessous de surface glissante doivent être calculés d'après le moment fléchissant et la force de cisaillement à l'endroit de surface glissante ainsi que la force de résistance élastique de fondation de sol et selon la

poutre de fondation élastique. Le coefficient de fondation de sol au dessous de surface glissante peut être déterminé selon la nature de strate.

7 La structure de béton de pieu résistant au glissement doit être calculée selon les stipulations concernées des *Règles de Conception pour les Ouvrages d'Art en Béton armé et en Béton précontraint des Routes* (JTG D62) en vigueur, le coefficient de l'importance de structure est de 1,0, le coefficient partiel de charge permanente est de 1,35. Le corps de pieu résistant au glissement est conçu selon la pièce structurale fléchie, lorsqu'il n'y a pas d'exigences particulières, il est possible de ne pas procéder aux vérifications de déformation, de résistance à la fissuration et de flèche, etc.

8 Le corps de pieu résistant au glissement de câble d'ancrage précontraint peut être calculé selon le pieu élastique. Le pieu d'ancrage par un seul point peut être conçu en un système statique ou un système hyperstatique. Sous l'action de charge extérieure de pieu, sur l'ancrage de pieu et la fondation de sol, il est possible d'être calculé selon la déformation harmonique élastique, pour obtenir les forces internes et les déplacements de différentes parties. La conception de câble précontraint doit se conformer aux prescriptions concernées de la section 5.5 de présentes règles.

5.7.6 La conception de surveillance de pieu résistant au glissement doit se conformer aux exigences suivantes :

1 La surveillance de pieu résistant au glissement doit comprendre la surveillance durant la période d'exécution des travaux et celle durant la période d'exploitation. Les contenus de surveillance peuvent être déterminés selon l'Annexe F. En ce qui concerne les points d'observation de contrainte et de déformation, il convient de sélectionner 3 à 5 points le long du corps de pieu comme les points représentatifs pour la mise en disposition.

2 Les essais et les surveillances de câble d'ancrage précontraint sur le pieu résistant au glissement doivent se conformer aux prescriptions de l'article 5.5.12 de présentes règles.

3 La période de surveillance durant l'exploitation doit être déterminée selon la classe de route, la complexité géologique, pour le talus élevé et le secteur de glissement de terrain de l'autoroute, elle doit être au moins un an après la fin de construction et la mise en exploitation.

6 Amélioration et reconstruction de plate-forme

6.1 Règlement général

6.1.1 Avant la conception de l'amélioration et de la reconstruction de plate-forme routière, il faut procéder à l'enquête, à la prospection et au test sur la plate-forme existante et le site d'amélioration, tirer au clair la nature, la teneur en eau, le taux de compactage et la résistance de matériau de remplissage de la plate-forme existante, ainsi que la situation de stabilité de plate-forme, analyser et évaluer le degré d'influence de la plate-forme nouvellement épissée ou de la plate-forme nouvellement construite sur la déformation due au tassement de la plate-forme existante et la stabilité de talus.

6.1.2 L'amélioration et la reconstruiction de plate-forme de route doivent déterminer par comparaison synthétique les plans d'utilisation, d'amélioration et d'épissage de plate-forme existante, selon les caractéristiques topographiques, géomorphologiques et géologiques le long du tracé de la route, la situation actuelle de la plate-forme existante et la composition du trafic après l'élargissement, en prenant des mesures rationnelles des travaux afin d'assurer la résistance et la stabilité de plate-forme après l'élargissement et la reconstruction.

6.1.3 Dans l'amélioration et la reconstruction de plate-forme de la route, il faut tirer parti raisonnable de la résistance de plate-forme existante et déterminer synthétiquement les mesures de traitement de la plate-forme existante selon le module de résilience, la teneur en eau et l'état de compacité.

6.1.4 Pour la conception de l'élargissement et de la reconstruction de plate-forme routière, il faut mener à bien la conception synthétique de la plate-forme et de la chaussée. Entre la plate-forme de partie d'élargissement et la plate-forme existante, il faut maintenir un meilleur raccordement et prendre des mesures par travaux nécessaires pour diminuer le tassement différentiel d'entre les plates-formes nouvelles et existantes, afin de prévenir la production de fissuration longitudinale.

6.2 Enquête et évaluation sur la situation de plate-forme existante

6.2.1 Pour l'enquête sur la plate-forme existante, il faut adopter la méthode d'association avec la collection des données, l'enquête sur place, la prospection et l'essai. Avant la conception d'amélioration et de reconstruction de plate-forme, il faut collecter les données concernant la prospection et l'étude de fondation de sol et de plate-forme, les dessins d'achèvement des travaux et l'entretien de la route existante, etc. Dans la région de sol mou, il faut collecter encore les données de surveillance de tassement de la route existante.

6.2.2 Les enquêtes sur place doivent adopter synthétiquement les moyens techniques tels que les enquêtes sur les états de la route, les contrôles non destructifs, les prospections et les essais, etc., pour déterminer les performances d'utilisation de plate-forme existante et des installations de drainage, les structures de protection et de soutènement. Les enquêtes sur place doivent se conformer aux exigences suivantes :

1 D'après les données existantes et les résultats d'enquête sur les états de la route, procéder au test et à l'évaluation par sectionnement sur la plate-forme existante.

2 Sélectionner le secteur de route représentatif, procéder aux tests tels que la dimension géométrique, la déflexion dynamique et la plaque de chargement, etc. pour déterminer le module de résilience de la plate-forme. Les différents tests doivent se conformer aux règles concernées de la *Procédure de Test sur Place de Plate-forme et de Chaussée de Route* (JTG E60) en vigueur.

3 Il faut sélectionner le profil représentatif et le tronçon de route de la pathologie, pour procéder à la prospection et à l'essai sur les couches structurales de chaussée, de plate-forme et de fondation de sol, la profondeur de prospection, l'échantionnage et l'essai doivent se conformer aux prescriptions concernées des *Règles pour la Prospection géologique des Travaux routiers* (JTG C20) en vigueur.

4 Il faut enquêter sur la forme de fondation de l'ingénierie de soutènement de plate-forme existante, la condition géologique de fondation de sol et les états d'utilisation, en cas de besoin, il faut procéder à la prospection et à l'essai de fondation de sol de l'ingénierie de soutènement.

6.2.3 Il faut procéder aux essais de performance physique et mécanique sur le remblai d'emprunt existant et le sol du lit de la route de secteur de déblai pour déterminer la teneur en eau, le degré de saturation, le taux de compactage, la consistance moyenne et le module de résilience ainsi que la valeur CBR, etc. de sol de plate-forme.

6.2.4 L'analyse et l'évaluation de la plate-forme existante doivent comprendre les contenus suivants :

1 D'après les données d'enquête, de levé, d'essai et d'analyse hydrologique, déterminer si la hauteur de plate-forme existante peut satisfaire les prescriptions de fréquence de crue de projet de l'article 3.1.3 de présentes règles.

2 Déterminer si le matériau de remplissage de plate-forme existante peut satisfaire les exigences sur la valeur minimum CBR et le taux de compactage de plate-forme.

3 Déterminer l'humidité d'équilibre de plate-forme, analyser et évaluer la rationalité de la hauteur relative de plate-forme.

4 Analyser et évaluer l'état de stabilité de talus de plate-forme, l'efficacité des installations de protection et de drainage de différentes catégories et les mesures d'amélioration.

5 Analyser et évaluer les types, le domaine de répartition, la grandeur et la genèse des pathologies de plate-forme ainsi que les effets d'installations des travaux de traitement des pathologies de plate-forme existante et proposer les mesures de traitement des pathologies de plate-forme.

6.2.5 L'analyse et l'évaluation sur la plate-forme existante de la zone de sol mou doit comprendre les contenus suivants :

1 Analyser et évaluer le taux de consolidation, le coefficient de consolidation, la loi de développement de déformation de compression et la loi de croissance de résistance au cisaillement de fondation de sol molle pour les secteurs de route de traitement de différentes fondations de sol sous la plate-forme existante, déterminer le taux de consolidation (y compris la consolidation principale et la consolidation secondaire) et la valeur de tassement résiduel de fondation de sol mou pour les secteurs de route de traitement de différentes fondations de sol sous la plate-forme existante.

2 Analyser et évaluer les effets de traitement de fondation de sol mou existante, proposer les mesures d'amélioration.

3 Analyser et évaluer la stabilité et le tassement différentiel entre la plate-forme d'élargissement et de reconstruction et la plate-forme existante, le degré d'influence sur le tassement et la stabilité de la plate-forme existante.

6.2.6 L'analyse et l'évaluation de plate-forme existante de la zone de sol gonflant doivent comprendre les contenus suivants :

1 Déterminer la caractéristique de gonflement de matériau de remplissage de plate-forme, la profondeur enterrée et l'épaisseur, analyser et évaluer si la plate-forme est conforme aux stipulations de la section 7.9 de présentes règles.

2 Analyser et évaluer les états de stabilité et de déformation, les efficacités de traitement des sols gonflants de différentes sortes et les mesures d'amélioration.

6.2.7 L'analyse et l'évaluation de plate-forme existante dans la zone karstique doivent comprendre les contenus suivants :

1 Analyser la caractéristique et la répartition de karst, l'épaisseur de sécurité de la plaque de toit karstique et si la distance de karst à la plate-forme peut satisfaire les exigences de la section 7.6 de présentes règles.

2 Evaluer les états de stabilité et de déformation de plate-forme existante, les efficacités des mesures de traitement de karsts de différentes sortes et les mesures d'amélioration.

3 Distinguer le degré d'influence de stabilité de plate-forme d'élargissement et de reconstruction sur la plate-forme existante.

6.3 Élargissement et reconstruction de routes de deuxième et inférieures à la deuxième classe

6.3.1 L'élargissement et la reconstruction de plate-forme de route doivent sélectionner la forme de profil transversal appropriée de la plate-forme selon la classe de route, la norme technique, en associant la topographie, la géologie, l'hygrologie et la situation de remblai-déblai.

6.3.2 La hauteur de plate-forme d'élargissement et de reconstruction de route doit satisfaire les exigences de l'article 3.1.3 de présentes règles. Lorsque la hauteur de remblayage de plate-forme est limitée et ne répond pas aux exigences de l'article 3.3.2 de présentes règles, il faut prendre des mesures de traitement pour ajouter par supplément les installations de sous-couche de drainage ou de rigole d'infiltration de drainage souterrain, etc.

6.3.3 Le traitement de fondation de sol de plate-forme d'élargissement, le traitement du fond de base de plate-forme, la résistance minimale de matériau de remplissage de plate-forme et le taux de compactage, etc. doivent satisfaire les exigences techniques des routes de classe correspondantes après la reconstruction. Lors de reconstruction de la route de deuxième classe, il est possible de procéder selon le besoin, au supplément de renfort et de compactage.

6.3.4 L'élargissement et la reconstruction de remblai doivent se conformer aux exigences suivantes :

1   Pour le matériau de remplissage de remblai d'élargissement et de reconstruction, il convient de sélectionner celui qui est le même que le remblai existant, et en plus, qui est de matériau de remplissage conforme aux exigences ou de matériau de remplissage dont la perméabilité à l'eau est relativement meilleure que le remblai existant. Quand le sol à grain fin est employé pour le remplissage, il faut mener à bien la conception de drainage entre les plates-formes nouvelles et existantes ; en cas de besoin, il est possible d'installer la rigole d'infiltration pour éliminer les eaux stagnantes de l'intérieur de plate-forme.

2   Lors d'élargissement de remblai existant, il faut excaver le gradin sur la surface de talus de remblai existant, la largeur de gradin ne doit pas être inférieure à 1,0 m ; quand la largeur d'épissure pour l'élargissement est inférieure à 0,75 m, il est possible d'adopter les mesures des travaux de remplissage par largeur excessive ou par scarification et excavation de remblai existant, etc.

3   La forme et la déclivité de talus de remblai d'élargissement doivent être sélectionnées selon les règles de la section 3.3 de présentes règles.

6.3.5 Lors d'élargissement de plate-forme en déblai, la forme et la déclivité de talus de déblai peuvent être déterminées selon les règles de la section 3.4 de présentes règles ou par référence au talus stabilisé de plate-forme existante en déblai. Pour les secteurs de route ayant les pathologies de talus en déblai existant traités depuis de nombreuses années, qui tendent vers la stabilité, lors de reconstruction, il faut diminuer les travaux de démolition, et il ne convient pas de toucher le talus originaire.

6.3.6 Pour la reconstruction de plate-forme ayant les pathologies, il faut prendre des mesures de traitement correspondantes d'après les types de pathologie, les caractéristiques, les genèses et le degré de préjudice, en associant les facteurs tels que le climat local, l'hydrogéologie et la géotechnique, etc.

6.3.7　Dans les secteurs où à cause d'élévation ou d'abaissement de la plate-forme, la modification et le décalage de la ligne médiane ont provoqué les changements des ouvrages existants, dans ce cas, quand la construction de soutènement existante est en bonne utilisation, il convient qu'elle soit conservée.

6.3.8　Après avoir constaté que quand les constructions existantes n'ont pas subi de dommages évidents et en plus, leurs résistances et stabilités peuvent satisfaire aux exigences de la reconstruction, elles doivent être utilisées en totalité ; quand quelque partie est endommagée ou ne répond pas aux exigences relatives à la reconstruction, il est possible qu'elle soit renforcée pour utilisation, transformée ou démolie pour reconstruction.

6.3.9　Pour les constructions existantes renforcées pour utilisation, les bétons ou maçonneries nouveaux ou anciens doivent être connectés étroitement pour constituer une intégrité.

6.4　Élargissement et reconstruction de plate-forme d'autoroute et de route de première classe

6.4.1　La conception d'élargissement et de reconstruction de la plate-forme doit se conformer aux stipulations concernées de la section 6.3 de présentes règles, il faut mener à bien la conception synthétique relative au traitement de fondation de sol, au matériau de remplissage de plate-forme, à la stabilité de talus et aux installations de protection et de drainage, et elle doit être en coordination avec les conceptions d'ingénierie de trafic et de système de drainage de la chaussée.

6.4.2　Le taux de compactage de plate-forme d'élargissement doit se conformer aux prescriptions des articles 3.2.3 et 3.3.4. À propos de la conception d'épissure pour le traitement des plates-formes nouvelles et existantes, à part qu'il faut se conformer aux règles de l'article 6.3.4, quand la hauteur de remblai est supérieure à 3 m, il est possible de poser transversalement la géogrille entre les plates-formes nouvelles et existantes pour élever l'intégrité de plate-forme et diminuer le tassement irrégulier.

6.4.3　La conception d'élargissement de plate-forme sur la fondation de sol mou doit se conformer aux stipulations de la section 7.7 de présentes règles et satisfaire les exigences suivantes :

　　1　Lors d'épissage des plates-formes, il faut contrôler le tassement différentiel entre les plates-formes nouvelles et existantes, la valeur de croissance, après la fin des travaux, de la pente transversale de bombement de la chaussée pour les plates-formes existantes et d'élargissement, ne doit pas être supérieure à 0,5%.

2 Pour la sélection, la prise et la conception des mesures de traitement de fondation de sol, il faut prendre en compte synthétiquement les facteurs tels que l'épaisseur et la profondeur enterrée de couche de sol mou, le degré de consolidation de la fondation de sol, la situation de tassement résiduel et la hauteur de plate-forme ainsi que la forme d'épissage, etc. pour contrôler le tassement de plate-forme d'élargissement et réduire au minimum l'influence sur la plate-forme existante.

3 En ce qui concerne la fondation de sol d'une couche de sol mou peu profonde, il est possible de prendre des mesures de la sous-couche et des traitements de la couche peu profonde pour diminuer le tassement de plate-forme d'élargissement.

4 Pour la fondation de sol sur la couche de sol mou profonde et épaisse, il est possible de prendre des mesures de traitement telles que la fondation de sol composite ou le remblai en matériau léger, etc., il ne convient pas d'adopter la méthode de consolidation drainée ou la méthode de damage dynamique ayant l'influence grave sur la plate-forme existante. Pour les secteurs de route où il y a les étangs de pisciculture (étang d'eau), les rivières et les réservoirs, etc., lorsqu'ils sont nécessaires au drainage et à l'élimination des vases, il faut prendre des mesures imperméables et d'isolation d'eau, ensuite, il est possible d'abaisser le niveau d'eau.

5 Quand les plates-formes nouvelles et existantes sont disposées en séparation et en plus, la distance est inférieure à 20 m, il est possible de prendre des mesures d'isolation ou de traiter la fondation de sol de la plate-forme en nouvelle construction pour réduire l'influence de la nouvelle plate-forme sur la plate-forme existante.

6.4.4 Pour la plate-forme existante du secteur où l'hydrologie est défavorable, il faut disposer par supplément la sous-couche de drainage ou la rigole d'infiltration souterraine, etc. en associant la conception d'amélioration et de reconstruction de plate-forme et de la chaussée.

6.4.5 La conception d'élargissement et de reconstruction de plate-forme doit mener à bien l'étude d'organisation de transport durant la période de construction. Dans le secteur de déblais en roche, il faut adopter la méthode par dynamitage lisse ou par explosion préfissurée pour l'exécution des travaux et prendre des mesures de protection corrélatives.

6.4.6 L'utilisation de plate-forme doit être en association avec l'utilisation de chaussée et la conception de revêtement supplémentaire, et d'après la cause produite de pathologie de la plate-forme et le degré d'influence sur la structure d'élargissement, les mesures de traitement suivantes ciblées sont prises :

1 Lorsque le module de résilience de plate-forme existante ne satisfait pas l'exigence de la plate-forme en nouvelle construction, mais les dommages ne sont pas produits sur la chaussée existante, et en plus, après l'élargissement, par la conception de revêtement supplémentaire, quand il peut satisfaire l'exigence de conception sur la chaussée, il convient de tirer pleinement partie de la plate-forme existante.

2 Lorsque le module de résilience de plate-forme ne satisfait pas l'exigence de la plate-forme en nouvelle construction et en plus, la chaussée présente de graves dommages, il est possible de prendre des mesures respectives d'amélioration de drainage, de compactage supplémentaire et de traitement par substitution de remplissage, etc. d'après l'analyse et l'évaluation sur la teneur en eau, le taux de compactage et le type de matériau de remplissage.

3 Quand la condition limitée ne permet pas de scarifier et d'excaver la plate-forme existante, il est possible de prendre des mesures de traitement en adoptant le pieu en ciment-pierres cassées, le pieu en ciment-cendre de charbon-pierres cassées et l'injection de mortier, etc.

6.4.7 Lorsqu'on profite des routes de deuxième et inférieures à la deuxième classe pour en faire une autoroute et une route de première classe par élargissement et reconstruction, dans le cas où la résistance et le taux de compactage de sol de plate-forme existante ne peuvent pas satisfaire les exigences, et la démonstration faite montre que le plan de renforcement de la chaussée n'est pas faisable dans son ensemble, il faut procéder à l'amélioration de sol de plate-forme ou enlever la plate-forme et la chaussée existantes et ensuite, refaire le remplissage.

7 Plate-forme spéciale

7.1 Règlement général

7.1.1   Quand le tracé passe par les secteurs de route en sol (roche) spécial, en géologie défavorable ainsi que sous le climat et la condition spécial, il faut adopter la prospection géologique synthétique pour tirer au clair la nature, le type de genèse, la grandeur, et l'état de stabilité ainsi que la tendance de développement de la masse géologique spéciale ; les paramètres physiques et mécaniques nécessaires à la conception de la plate-forme spéciale doivent être déterminés par analyse synthétique en associant les données des essais en laboratoire et des tests in situ.

7.1.2   Il faut mener à bien le travail de sélection du tracé sur le plan géotechnique, le tracé doit éviter les secteurs de géologie défavorable et en sol (roche) spécial dont l'envergure est grande, la nature est compliquée et le traitement est difficile, et il faut éviter et contourner également la plate-forme en déblai profond et en remblai élevé.

7.1.3   La conception de plate-forme spéciale doit prendre en compte les influences exercées par les facteurs tels que le climat, l'environnement, l'eau et la géologie, etc. sur la performance à long terme de plate-forme, pour les pathologies éventuellement causées sur la plate-forme, il faut suivre le principe consistant à prendre la prévention comme principale, à associer la prévention avec le traitement, par comparaison technico-économique synthétique et l'adaptation à la condition locale, il faut prendre des mesures de traitement efficaces par les travaux pour assurer la stabilité de plate-forme. Lors de traitement par étape, il faut assurer que la sécurité de plate-forme ne soit pas réduite dans le processus de variation des différents facteurs.

7.1.4   Pour les plates-formes spéciales de l'autoroute et de la route de première classe, il convient d'adopter la conception dynamique.

7.2 Plate-forme dans le secteur de glissement de terrain

7.2.1 La conception de plate-forme dans le secteur de glissement de terrain doit se conformer aux principes suivants :

1 Il faut tirer au clair la topographie, la géomorphologie, la condition géologique, la nature, le type de genèse et la gradeur de glissement de terrain, etc., analyser et évaluer l'état de stabilité, la tendance de développement et le degré de préjudice sur les travaux routiers par le glissement de terrain et prendre des mesures efficaces afin d'assurer la sécurité de l'exécution des travaux et de l'exploitation.

2 Pour le glissement de terrain dont l'envergure est grande, la nature est compliquée et la déformation est lente, et en plus, quand le tracé est difficile à être évité et contourné, il est possible d'adopter le plan consistant à faire la planification générale et à traiter par étape.

3 Pour la protection et le traitement de glissement de terrain, il faut prendre des mesures de traitement synthétiques telles que le drainage, la décharge, la contre-pression et les ouvrages de soutènement selon la condition géotechnique, le type, la gradeur, la stabilité et le degré de préjudice sur la route de la zone de glissement de terrain ainsi que l'importance de route et la condition d'exécution des travaux.

4 En ce qui concerne les talus élevés, les talus en roche et sol particulier et les talus où il existe la surface structurale défavorable, il faut prendre des mesures de prévention nécessaires pour éviter la production de glissement de terrain des travaux.

7.2.2 Pour l'analyse de stabilité au glissement de terrain, il faut adopter la méthode analogique géotechnique en associant la calcul mécanique et se conformer aux exigences suivantes :

1 Le calcul de stabilité au glissement de terrain doit prendre en compte les trois conditions de fonctionnement suivantes :

1) Condition de fonctionnement normale : il s'agit d'une condition de fonctionnement quand le talus se trouve en état naturel ;

2) Condition de fonctionnement anormale I : il s'agit d'une condition de fonctionnement quand le talus se trouve en état orageux ou de précipitation continue ;

3) Condition de fonctionnement anormale II : il s'agit d'une condition de fonctionnement quand le talus se trouve en état de l'action de charge équivalente séismique, etc.

2 Le coefficient de stabilité au glissement de terrain ne doit pas être inférieur à la valeur de coefficient de sécurité de la stabilité listée dans le tableau 7.2.2. En ce qui concerne la condition de fonctionnement anormale II, la méthode analytique de stabilité de plate-forme et le coefficient de sécurité de la stabilité doivent se conformer aux prescriptions des *Règles parasismiques pour les Travaux routiers* (JTG B02) en vigueur.

Tableau 7.2.2 Coefficient de sécurité de la stabilité au glissement de terrain

Classe de route	Coefficient de sécurité de la stabilité de pente de glissement	
	Condition de fonctionnement normal	Condition de fonctionnement anormal I
Autoroute et route de première classe	1,20 à 1,30	1,10 à 1,20
Route de deuxième classe	1,15 à 1,20	1,10 à 1,15
Routes de troisième et de quatrième classe	1,10 à 1,15	1,05 à 1,10

Note : 1. Lorsque la condition géologique de glissement de terrain est compliquée ou le degré de préjudice est grave, pour le coefficient de sécurité de la stabilité, on peut prendre la grande valeur ; tandis que la condition géologique est simple ou le degré de préjudice est relativement faible, pour le coefficient de sécurité de la stabilité, on peut prendre la petite valeur.
2. Quand il y a des constructions de grande importance (le pont, le tunnel, le pylône de ligne électrique à haute tension, etc.), des villages et des écoles, dans la zone d'influence de glissement de terrain, pour le coefficient de sécurité de la stabilité, on peut prendre la grande valeur.
3. Pour la prévention et le traitement de glissement de terrain dans la zone de réservoir, quand la variation périodique de montée et de descente de niveaux d'eau de réservoir est fréquente, quand la différence entre le niveau haut et le niveau bas est grande, pour le coefficient de sécurité de la stabilité, on peut prendre la grande valeur.
4. Pour les travaux provisoires ou les travaux de secours d'urgence, la conception des travaux de prévention et de traitement est prise en considération selon la condition de fonctionnement normal, le coefficient de sécurité de la stabilité peut être pris de 1,05.

3 Les charges à prendre en compte dans l'analyse de stabilité de glissement de terrain sont de : la gravité du corps de glissement, les charges additionnelles produites par les constructions sur le corps de glissement, etc., les pressions hydrostatiques et hydrodynamiques produites par les eaux souterraines, les charges permanentes telles que la charge d'automobile, etc., ainsi que l'action séismique, les charges provisoires dues à l'exécution des travaux agissant sur le corps de glissement.

4 Pour la prise de valeur de résistance au cisaillement de roche et de sol de la surface de glissement, il convient d'être déterminée par analyse synthétique selon les données d'essai en laboratoire, la contre-analyse sur les résultats de surveillance, la valeur de contre-calcul de l'équilibre limite et l'analogie de la géotechnique ainsi que les expériences locales. En cas de besoin, il faut procéder à l'essai sur place.

5   La force de glissement descendante résiduelle de glissement de terrain peut être calculée selon la formule (7.2.2-1) en adoptant la méthode de coefficient de transmission. Le système de forces en bande et bloc est indiqué dans la figure 7.2.2, quand $T_i < 0$, il faut prendre $T_i = 0$. Quand la force de glissement descendante résiduelle de dernier bande et bloc du corps de glissement de terrain est inférieure ou égale à 0, le glissement de terrain est stable ; quand elle est supérieure à 0, le glissement de terrain est instable.

$$T_i = F_s W_i \sin\alpha_i + \psi_i T_{i-1} - W_i \cos\alpha_i \tan\varphi_i - c_i L_i \qquad (7.2.2\text{-}1)$$

$$\psi_i = \cos(\alpha_{i-1} - \alpha_i) - \sin(\alpha_{i-1} - \alpha_i)\tan\varphi_i \qquad (7.2.2\text{-}2)$$

Dans lesquelles :

T_i, T_{i-1} — Forces de glissement descendantes résiduelles de i ième et de $i-1$ ième bloc de glissement (kN/m) ;

F_s — Coefficient de sécurité de la stabilité ;

W_i — Force de gravité de i ième bloc de glissement (kN/m) ;

α_i, α_{i-1} — Angle d'inclinaison de surfaces de glissement correspondants au i ième et au $i-1$ ième blocs de glissement (°) ;

ψ_i — Coefficient de transmission ;

φ_i — Angle de frottement interne de la surface de glissement de i ième bloc de glissement (°) ;

c_i — Force d'adhérence de roche et de sol de la surface de glissement de i ième bloc de glissement (kN/m) ;

L_i — Longueur de surface de glissement de i ième bloc de glissement (m).

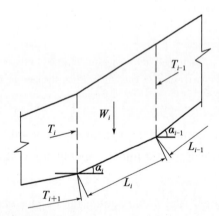

Figure 7.2.2 Schéma de calcul de la force de glissement descendant résiduelle

7.2.3 Pour la conception des travaux de prévention et de traitement de glissement de terrain, il faut déterminer rationnellement le plan des travaux de prévention et de traitement de glissement de terrain par la comparaison technico-économique de multiple variante et en adaptation à la condition locale, selon les conditions d'application de différentes mesures de prévention et de traitement et l'applicabilité de glissement de terrain à protéger et à traiter.

7.2.4 La conception des travaux de drainage sur le glissement de terrain doit fait l'objet de la mise au point d'un plan d'étude de drainage en associant le drainage superficiel et le drainage souterrain, sur la base de définition d'un plan général de protection et de traitement de glissement de terrain, en association avec les conditions topographiques et géologiques, les situations des eaux souterraines et les intensités des précipitations, etc., et doit se conformer aux exigences suivantes :

1 La conception de drainage superficiel doit disposer la rigole d'interception annulaire sur la couche de sol stable du bord derrière le glissement de terrain ; quand l'étendue de glissement de terrain est relativement grande, il convient d'implanter les fossés de drainage en forme dendritique. Pour le fossé de drainage dans le secteur de fissure superficielle, il faut adopter les mesures antifissures et anti-infiltrations, et employer le sol argileux ou le mortier de ciment pour la fermeture et le remplissage sur la surface de terre fissurée dans le domaine de l'ensemble des pentes de glissement.

2 La conception de drainage souterrain doit adopter par adaptation à la condition locale, les installations de drainage telles que les rigoles d'infiltration, les drains, les trous de drainage inclinés vers le haut ou les tunnels de drainage, etc., selon l'emplacement et la forme de la surface de glissement, la condition hydrogéologique de bassin versant où se trouve le glissement de terrain et les caractéristiques dynamiques des eaux souterraines.

3 L'aménagement en plan de rigole d'infiltration d'intersection doit être perpendiculaire à la direction de l'écoulement d'eau souterraine, et elle doit être construite sur le corps de sol stable à 5 m en dehors de l'étendue de pente de glissement. À la rencontre de surface de l'eau de rigole d'infiltration, il faut installer une couche antifiltre, à sa surface dorsale il faut installer une couche d'isolation imperméable.

4 La conception du fossé de drainage, de la rigoles d'infiltration, du drain, des trous de drainage inclinés vers le haut, et du tunnel de drainage doit être conforme aux prescriptions concernées de chapitre 4 de présentes règles.

7.2.5 La conception de décharge et de traitement de contre-pression de glissement de terrain doit se conformer aux exigences suivantes :

1 Pour le glissement de terrain dû à la poussée ou le glissement de terrain transformé par la dispersion, il convient de prendre des mesures de décharge au bord arrière et de contre-pression au bord avant de glissement de terrain.

2 Quand le lit de glissement possède une forme raide en haut et adoucie en bas, au bord arrière et sur les deux côtés de la pente de glissement, les strates sont relativement stables,

et il arrive pas à cause d'un délestage que l'excavation entraîne la pente de glissement à se développer vers le bord arrière et les deux côtés, il convient d'adopter les mesures de délestage.

3   Quand il y a un sectionnement antiglissant relativement long au bord avant de glissement de terrain, il convient d'utiliser la contre-pression par dépôt définitif pour le délestage ; quand la plate-forme se trouve au bord avant de pente de glissement, il convient d'adopter le remblai pour le passage. Dans le cas où le sol de corps de glissement ou de bande de glissement revêt la fissuration due au gonflement par le délestage, il ne faut pas adopter les mesures de délestage.

4   Lors de délestage, il faut prendre en compte la stabilité de la partie arrière de glissement de terrain et des deux côtés de la masse montagneuse pour prévenir le nouveau glissement provoqué au bord arrière.

5   Lors de contre-pression par remplissage, il faut prévenir l'obstruction de canal d'infiltration des eaux souterraines du bord avant de glissement de terrain et il faut prendre en compte la stabilité du fond de base. En cas de besoin, il faut procéder au traitement de fondation de sol.

7.2.6 La conception de protection et de traitement de glissement de terrain de mur de soutènement antiglissant doit se conformer aux exigences suivante :

1   Le mur de soutènement antiglissant convient d'être disposé au bord avant de glissement de terrain. En cas de besoin, il est possible d'être utilisé conjointement avec les mesures de drainage, de délestage et d'ancrage, etc.

2   Le mur de soutènement antiglissant doit être conçu selon la valeur grande entre la force de glissement descendante résiduelle de pente de glissement et la pression du sol Coulomb, sa hauteur et sa profondeur enterrée de fondation doivent prévenir la possibilité de corps de glissement de se glisser vers l'extérieur à partir du couronnement de mur ou de la couche de sol au dessous du fond de base.

3   La conception structurale de mur de soutènement doit se conformer aux prescriptions concernées de la section 5.4 de présentes règles.

4   Quand la profondeur enterrée de fondation de mur de soutènement antiglissant est relativement grande et la stabilité du corps de sol est relativement mauvaise, il faut prendre des mesures de soutènement provisoires, leur exécution des travaux doit être effectuée par

sectionnement afin d'assurer la stabilité de pente de glissement et la sécurité dans la période d'exécution des travaux.

7.2.7 La conception de protection et de traitement de la pente de glissement par le pieu résistant au glissement doit se conformer aux exigences suivantes :

1 Le choix de positionnement de pieu résistant au glissement doit être conforme aux exigences de l'article 5.7.1, paragraphe 2 de présentes règles.

2 Pour les pieux résistant au glissement, il convient d'être disposé en rangée simple comme principale. Quand la force de poussée de pente de glissement est relativement grande, il est possible de prendre la retenue de glissement par sectionnement. Quand le moment fléchissant est excessivement grand, il faut employer le pieu résistant au glissement par tige d'ancrage précontrainte.

3 Pour la longueur de pieu résistant au glissement, il convient d'être inférieure à 35 m. En ce qui concerne la pente de glissement dont la profondeur enterrée de bande de glissement est supérieure à 25 m, il faut démontrer suffisamment la faisabilité de la retenue de glissement de pieu résistant au glissement.

4 La conception structurale de pieu résistant au glissement doit se conformer aux prescriptions concernées de la section 5.7 de présentes règles.

7.2.8 La conception de glissement de terrain ancrée par les tiges d'ancrage précontraintes doit se conformer aux exigences suivantes :

1 Le sectionnement ancré par les tiges d'ancrage précontraintes doit être mis en place dans la strate stable au dessous de la surface glissante.

2 La structure de compression de tige d'ancrage précontrainte doit être déterminée selon la propriété de roche et de sol du corps de glissement et la force portante, il convient d'adopter le cadre en béton armé ou la longrine. Sur sa surface de pente, il faut prendre des mesures pour protéger contre le sol de surface affouillé par la pluie, et l'effondrement dû au glissement local.

3 La conception de tige d'ancrage précontrainte doit se conformer aux prescriptions concernées de la section 5.5 de présentes règles.

7.2.9 Quand le bord avant du corps de pente est affouillé par l'eau de rivière, il faut prendre des mesures de protection contre l'affouillement.

7.2.10 Le glissement de terrain de l'autoroute et de route de première classe doit fait l'objet d'une surveillance durant l'exécution des travaux, la conception de surveillance doit se conformer aux exigences suivantes :

1 La surveillance de protection et de traitement de glissement de terrain peut être divisée en surveillance de la sécurité d'exécution des travaux, en surveillance de l'effet de protection et de traitement et en surveillance de la période d'exploitation, parmi lesquelles, la surveillance de la sécurité d'exécution des travaux et celle de l'effet de protection et de traitement doivent être prises comme principales.

2 Les projets de surveillance de glissement de terrain peuvent être sélectionnés selon l'Annexe F, les points d'observation doivent être disposés aux parties dont la stabilité du corps de glissement de terrain est mauvaise ou le dérangement des travaux est important.

3 La surveillance de l'effet de protection et de traitement doit être effectuée en association avec celle de l'exécution des travaux et de la période d'exploitation, la période de surveillance doit être au moins un an après la fin des travaux de traitement et la route mise en exploitation.

7.3 Plate-forme dans le secteur d'effondrement

7.3.1 La conception de plate-forme dans le secteur d'effondrement doit suivre les principes suivants :

1 Lorsque le tracé passe par le secteur d'effondrement, il faut faire une enquête sur la topographie, la géomorphologie et la circonstance géologique de secteur d'effondrement, tirer au clair les types, les domaines, la genèse des rochers en danger et des effondrements ainsi que le degré de préjudice sur la route, faire une prévision sur la tendance de production ou de développement d'effondrements et une évaluation sur la stabilité, afin de sélectionner rationnellement le positionnement du tracé et les mesures synthétiques de protection et de traitement.

2 Le tracé doit contourner et éviter les secteurs où il est possible de produire les effondrements sur une grande échelle ou les rochers instables et les pierres de chute de grande envergure. En ce qui concerne les effondrements et la masse rocheuse instable de petite et moyenne envergure, quand le contournement et l'évitement sont difficiles ou inéconomiques, la

conception de plate-forme doit éviter le remblai élevé, le déblai profond et elle doit être éloignée de la zone d'accumulation des effondrements, pour la masse rocheuse instable des effondrements, il est possible d'adopter les mesures des travaux de traitement synthétiques telles que la couverture, l'interception, l'élimination et le renforcement, etc.

7.3.2   Quand la masse rocheuse de talus ou de pente naturelle est relativement intégrale, l'altération superficielle est sujette à former de petits morceaux de roche présentant quelque chute sporadique, il convient de procéder à la protection de surface de talus.

7.3.3   Pour le masse d'effondrement ayant la rocher en danger dont l'envergure est relativement faible, il est possible de prendre des mesures de traitement telles que l'élimination, le soutènement et la protection par pulvérisation à attache de filet, il est également possible d'adopter le système de protection flexible ou les ouvrages tels que le mur de retenue des pierres, le canal de chute des pierres, etc. Le mur de retenue des pierres et le canal de chute des pierres doivent être utilisés en coordination, le positionnement d'installation peut être disposé rationnellement suivant le relief. Au dos de mur de retenue des pierres, il faut installer la couche tampon et procéder à la conception selon le mur de soutènement routier, pour la pression du dos de mur, il faut prendre en compte l'influence de charge d'impact due aux effondrements.

7.3.4   Pour la masse rocheuse instable portant préjudice à la plate-forme, il faut l'enlever ou prendre des mesures par le support, l'ancrage précontraint, etc. Dans la bande fracturée structurelles ou sur le versant élevé et raide où le joint tectonique est développé, il ne convient pas de brosser la pente.

7.3.5   Quand la masse d'effondrement est relativement important, l'effondrement est survenu fréquemment et la distance à la ligne est relativement proche, en plus, l'installation de l'ouvrage d'interception est difficile, il est possible d'adopter les ouvrages d'abris tels que le tunnel à ciel ouvert, le tunnel de hangar, etc. L'ouvrage d'abris doit avoir une longueur suffisante, au sommet de tunnel, il faut avoir une couche tampon et prendre en compte les influences de charge de pierres empilées et de charge d'impact.

7.3.6   Le type, la dimension structurale, le nombre de rangées à disposer et le positionnement des ouvrages d'interception contre les pierres de chute de la rocher en danger doivent être déterminés selon la grandeur, la quantité, la position de répartition et la force d'impact de pierres de chute, ainsi que la distance à la ligne.

7.4   Plate-forme dans le secteur d'amas de roche

7.4.1   La conception de la plate-forme dans le secteur d'amas de roche doit respecter les principes suivants :

1 Quand le tracé passe par le secteur d'amas de roche, il faut faire une enquête sur la topographie, la géomorphologie et la circonstance géologique, tirer au clair la composition de matière, le type, la sphère de répartition, la provenance de matière et la genèse d'amas de roche, analyser et prévoir la production, la tendance de développement d'amas de roche et le degré d'influence sur la route.

2 La conception de plate-forme dans le secteur d'amas de roche doit évaluer la stabilité d'amas de roche et sélectionner le positionnement du tracé et la forme de plate-forme selon la sphère de répartition, l'épaisseur et la composition de matière d'amas de roche, ainsi que la forme et la déclivité de la pente du lit de fondation sous-jacente d'amas de roche, la propriété de roche et de sol sous-jacente et la situation d'activité des eaux souterraines et superficielles, etc.

3 Le tracé doit contourner et éviter les amas de roche de grande envergure dont la superficie est grande, la pente du lit d'amas est raide, la source d'approvisionnement est abondante et la stabilité est mauvaise. Pour les amas de roche de moyenne et petite dimension, quand le tracé est difficile d'être contourné et évité ou ces contournements et évitements ne sont pas économiques, pour la plate-forme dans le secteur d'amas de roche, il faut adopter le remblai bas ou le déblai peu profond et prendre des mesures de stabilité et de confortement.

7.4.2 La conception de plate-forme dans le secteur d'amas de roche doit procéder à la vérification de stabilité de plate-forme selon le site où se trouve la plate-forme et la forme de profil, son coefficient de stabilité doit satisfaire les exigences concernées des sections 3.6 et 3.7 de présentes règles.

7.4.3 Pour la plate-forme dans le secteur d'amas de roche qui se trouve en développement, il faut diminuer l'excavation, et il convient de prendre des mesures de protection telles que le mur de soutènement, la fermeture de surface de talus et etc., il est également possible d'installer le mur de retenue des pierres, les rigoles de réception des pierres ou de disposer les ouvrages d'abris tels que le tunnel à ciel ouvert et le tunnel de hangar, etc.

7.4.4 Pour la plate-forme dans le secteur d'amas de roche stable, il convient de prendre des mesures de traitement suivantes :

1 Lorsqu'elle se trouve sur la partie supérieure d'amas de roche, il convient d'adopter la

plate-forme type avant-scène (à profil mixte une partie sur le versant naturel et une partie en déblai) et en radoucissant le talus ou en éliminant le dépôt d'amas de roche le long de la surface de roche de base au dessus de plate-forme.

2 Lorsqu'elle se trouve sur le milieu d'amas de roche, sur le talus de déblai, il convient d'installer les ouvrages de soutènement tels que le mur de soutènement, etc.

3 Lorsqu'elle se trouve sur la partie inférieure d'amas de roche, il convient d'adopter la plate-forme en remblai pour passer par les amas de roche.

7.4.5 Dans la zone d'approvisionnement d'amas de roche en activité, il faut prendre des mesures des travaux d'interception ou de confortement selon leur superficie, le type et la grandeur de masse rocheuse.

7.4.6 Quand la stabilité de plate-forme dans le secteur d'amas de roche n'est pas suffisante, il convient d'aménager les ouvrages de soutènement tels que le mur de soutènement antiglissant ou les pieux résistants au glissement.

7.5 Plate-forme dans le secteur de coulée de boue et de pierre

7.5.1 La conception de plate-forme dans le secteur de coulée de boue et de pierre doit respecter les principes suivants :

1 Quand le tracé passe par le secteur de coulée de boue et de pierre, il faut tirer au clair la sphère de répartition, le type de genèse, la grandeur, les caractéristiques, les lois de l'activité, la limite de débordement, la situation de l'érosion et de l'envasement, la hauteur de trace de boue ainsi que la composition de matière et la forme de répartition, et le débit, etc. de la zone d'empilage, analyser et prévoir la tendance de développement de coulée de boue et de pierre, le degré de préjudice sur la route.

2 Le tracé doit contourner et éviter la coulée de boue et de pierre de grande envergure, les coulées de boues et de pierres en groupe et le ravin de coulées de boue et de pierre dont l'envasement est grave, et doit être éloigné de rive de rivière dans secteur où la coulée de boue et de pierre a obstruée grièvement la rivière. En cas de contournement et d'évitement impossible de coulées de boue et de pierre de moyenne et de petite envergure, il faut sélectionner rationnellement le site du tracé, la forme de profil de plate-forme et les mesures synthétiques de protection et de traitement.

3   La conception de protection et de traitement de coulée de boue et de pierre doit mener à bien la planification globale, selon la condition de formation, le type, les caractéristiques d'écoulement et la loi de l'activité, tout en adoptant des mesures de traitement synthétiques telles que la restauration de la végétation, le drainage et la dérivation, l'interception et la protection de la surface de pente, etc.

7.5.2 Lors de franchissement de ravin de coulée de boue et de pierre, il faut sélectionner la disposition de l'ouvrage tel comme le pont pour franchissement dans la zone de circulation ou sur le secteur dont le lit de ravin est stable, et contourner et éviter l'endroit de changement de pente où la pente longitudinale raide du lit de ravin se radoucit et la partie de coude brusque. Leur conception doit se conformer aux exigences suivantes :

1   Le pont est applicable au franchissement de ravin de coulée de boue et de pierre de la zone de circulation ou de rigole naturelle stable de la zone de secteur diluvial. Lors de conception, il faut s'associer avec la topographie, la géologie, la situation d'érosion et d'envasement sur le lit de rigole, la largeur de chenal de rivière, la limite de débordement de coulée de boue et de pierre, la hauteur de vagues de boue, le débit et la tendance de développement, etc, adopter rationnellement la portée, la hauteur libre et la forme structurale.

2   Le tunnel peut être employé pour que le tracé traverse le ravin de grande dimension ou plusieurs ravins de coulées de boue et de pierre dont l'envergure est grande et la préjudice est grave, le plan de tunnel doit être déterminé après la comparaison technico-économique avec les autres variantes. Le corps de tunnel doit être installé dans la couche stable au dessous de fond de coulée de boue et de pierre, les entrées et sorties doivent éviter la sphère d'endommagement éventuel causé par la coulée de boue et de pierre.

3   Dans le secteur de coulée de boue et de pierre, il ne convient pas d'adopter le ponceau, et sur le secteur diluvial en activité, le ponceau ne doit pas être construit. Sur les routes de troisième et quatrième classe, quand l'envergure de coulée de boue et de pierre est relativement petite, la teneur en matière solide est faible, les pierres relativement grandes sont non comprises et quand la rigole est lisse et droite, c'est alors que le ponceau peut être employé.

4   Pour les routes de troisième et quatrième classe dont la chaussée submersible peut être destinée à traverser la rigole de coulée de boue et de pierre sur la surface de pente de petite dimension, la section transversale doit adopter le type de fermeture entière et peut être

utilisée en conjonction avec les ponts, les ponceaux et les autres. Au pied de talus de plate-forme, il faut installer le mur de répression d'eau.

7.5.3 Quand le tracé passe par la zone empilée de coulée de boue et de pierre, il faut disposer les ouvrages de drainage et de dérivation telles que les tranchées de drainage et de dérivation, les digues de dérivation, les rigoles torrentielles, et les aqueducs, etc. pour contraindre la coulée de boue et de pierre, fixer les rigoles. Leur conception doit se conformer aux exigences suivantes :

1   La rigole de drainage et de dérivation peut être utilisée dans le secteur de route ayant la condition topographique de l'éjection de sable. La sortie doit être accordée au chenal principal de rivière, la hauteur de sortie doit être supérieure au niveau des eaux de crue de période de retour en 20 ans. La pente longitudinale de la rigole de drainage et de dérivation doit être cohérente à la pente de terrain, la dimension de section transversale doit être déterminée par calcul selon le débit. La rigole de drainage et de dérivation doit être protégée.

2   L'aqueduc peut être utilisé pour décharger la coulée de boue et de pierre dont le débit de décharge est inférieur à 30 m^3/s et en plus, la condition topographique doit pouvoir satisfaire les exigences de la pente longitudinale de projet de l'aqueduc et de la hauteur libre de circulation, au dessous de la plate-forme, il y a le site de dépôt de vase. L'aqueduc doit être en coordination lisse et droite avec la rigole originaire, la pente longitudinale ne doit pas être inférieure à celle de rigole originaire, la sortie doit répondre au besoin de décharge de la coulée de boue et de pierre. La charge de projet de l'aqueduc doit être calculée selon les charges totales des coulées de boue et de pierre et prendre en compte la force d'impact, le coefficient d'impact peut être pris de 1,3.

3   La digue de dérivation peut être utilisée au besoin de contrôle de la direction de coulée de boue et de pierre ou pour limiter la sphère d'influence de secteur d'empilage de coulée de boue et de pierre, prévenir l'impact direct de coulée de boue et de pierre contre le remblai ou l'obstruction contre les ouvrages d'art. La hauteur de digue de dérivation doit être la somme de l'épaisseur de dépôt de vase dans la durée d'utilisation de projet et de la profondeur de rigole de coulée de boue et de pierre ; à l'endroit de l'empêchement éventuel ou au virage de coulée de boue et de pierre, il faut ajouter les hauteurs de remontée et de virage.

7.5.4 Lorsque le tracé passe par la zone d'empilage de coulée de boue et de pierre, il est possible de disposer les ouvrages d'interception de toute sorte tels que le barrage de rétention, le barrage de cellule, etc. pour intercepter les pierres dans les coulées de boue et de pierre, réduire les actions d'impact et de dépôt de vase. Leur conception doit se conformer aux exigences suivantes :

> 1   Le barrage de rétention peut être utilisé aux cours moyens, supérieurs ou inférieurs de vallée n'ayant pas de condition topographique de dessablage ou de dépôt de vase, aux chenaux de rivière dont la production de sable est nécessaire d'être contrôlée ainsi qu'au tronçon de rivière dont la quantité de sable de provenance du bassin versant est grande, l'effondrement et le glissement de terrain à l'intérieur de ravins, sont relativement nombreux. La position du corps de barrage de rétention doit être prise en compte synthétiquement selon l'objectif d'installation de barrage, en associant la topographie de rigole et de vallée et la condition géologique de fondation. La hauteur du corps de barrage ne convient pas d'être supérieure à 5 m. Le sommet de barrage convient d'être adopté de type de couronnement plat ; quand les pentes de rive des deux extrémités sont possibles d'être affouillées, il convient d'adopter la forme concave.

> 2   Le barrage de cellule peut être utilisé pour intercepter les coulées de boue et de pierre de petite envergure dont le débit est relativement petit, la teneur en grosses pierres est faible. L'espacement de grille de barrage de cellule doit être disposé selon les exigences d'interception de grosses pierres et de drainage de grains fins, sa section submersible doit satisfaire l'exigence de déversement des crues en sécurité en aval. La largeur de barrage doit être cohérente à la rigole. La base de barrage doit être construite sur la fondation de sol solide.

7.5.5   Pour la conception de plate-forme dans le secteur de coulée de boue et de pierre, il convient d'adopter les mesures de protection par plantes sur la surface de pente dans le bassin versant où se trouvent les rigoles de coulée de boue et de pierre. La protection par plantes doit s'associer avec les arborescents, les arbustes, et les plantes.

7.5.6   Pour la coulée de boue et de pierre de grande envergure qui est impossible d'être contournée et évitée par le tracé, il faut procéder à la surveillance sur la sécurité d'exécution des travaux et l'effet de protection et de traitement, le contenu de surveillance comprend la fréquence, le débit et la composition de matière des coulées de boue et de pierre, ainsi que la relation entre la variation de débit de coulée de boue et de pierre et le débit de l'eau de rivière et la précipitation.

7.6   Plate-forme dans la zone de karst

7.6.1   La conception de plate-forme dans la zone de karst doit suivre les principes suivants :

1   La plate-forme dans la zone de karst doit fait l'objet d'une prospection synthétique par la télédétection, la prospection géophysique et le forage, ainsi que les autres méthodes efficaces, pour tirer au clair la forme géomophologique, le degré de développement de karst, la nature de roche encaissante de grotte karstique, ainsi que les situations d'activité des eaux superficielles et souterraines, etc., analyser les facteurs dus aux effondrements de la surface pour évaluer synthétiquement la stabilité de site. Après que le déblai dans le secteur karstique est atteint au sommet du lite de route, il convient de procéder à la prospection supplémentaire et à l'évaluation nécessaire.

2   Le tracé doit contourner et éviter la zone de karst développé dont l'envergure est grande, la situation est compliquée. Lors de contournement et d'évitement difficile, Pour les travaux de plate-forme, il convient de choisir le secteur où la sphère de développement karstique est faible et il est facile à être traité pour passer.

3   En ce qui concerne la plate-forme située dans le secteur karstique, il faut procéder à l'analyse synthétique sur la stabilité et l'influence de l'environnement afin de déterminer le degré de préjudice sur les travaux de plate-forme par le karst, de prendre rationnellement des mesures de traitement par le remblaiement, le franchissement et le confortement par injection de mortier, etc.

4   Dans le secteur où les eaux karstiques sont développées, la construction de plate-forme ne doit pas couper les passages de ruissellement des eaux karstiques (souterraines et superficielles), ni causer le blocage, la stagnation ou la pénurie d'eaux sur les terres agricoles.

5   Pour la fondation de sol renforcée par injection de mortier, il faut procéder au test et à l'évaluation sur l'effet de l'injection de mortier par les méthodes synthétiques telles que le carottage de forage avec l'association de prospection géophysique, etc.

7.6.2   Pour la strate rocheuse de toit de grotte karstique, s'il s'agit d'une strate non coupée par la fissure de joint ou d'un toit intégral bien cimenté après la coupe, il est possible de déterminer l'épaisseur de sécurité de toit de grotte karstique selon la méthode du rapport épaisseur-portée. Lorsque le rapport entre l'épaisseur de toit et la longueur de franchissement de plate-forme sur la grotte karstique est supérieur à 0,8, la strate rocheuse de toit de grotte karstique peut ne pas être traitée.

7.6.3   La distance de sécurité de grotte karstique à la plate-forme doit se conformer aux exigences suivantes :

1 En ce qui concerne les grottes karstiques situées sur les deux côtés de plate-forme, il faut déterminer son impact sur la plate-forme. Pour la grotte karstique avec l'ouverture, il est possible de faire référence au talus naturel pour déterminer sa stabilité et son impact sur la plate-forme ; pour la grotte karstique souterraine, il est possible de suivre l'angle de diffusion (Figure 7.6.3), et la formule (7.6.3-1) pour déterminer par calcul la distance de sécurité de grotte karstique à la plate-forme.

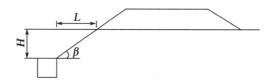

Figure 7.6.3 Schéma indicatif de calcul de la distance de sécurité (L) de grotte karstique

$$L = H\cot\beta \qquad (7.6.3\text{-}1)$$

$$\beta = \frac{45° + \dfrac{\varphi}{2}}{K} \qquad (7.6.3\text{-}2)$$

Dans lesquelles :

L — Distance de sécurité de grotte karstique à la plate-forme (m) ;

H — Épaisseur de toit de grotte karstique (m) ;

β — Angle de diffusion de l'effondrement (°) ;

K — Coefficient de sécurité, il est pris de 1,10 à 1,25, pour l'autoroute et la route de première classe, il faut prendre la grande valeur ;

φ — Angle de frottement interne de la roche (°).

2 Quand il y a la couverture de sol sur la strate rocheuse de toit de grotte karstique, à l'endroit de l'interface de roche et de sol, employer la déclivité de la pente stabilisée avec le corps de sol (angle de frottement interne synthétique) pour faire prolonger vers le haut la ligne de diffusion de l'effondrement à l'intersection avec la surface, le pied de talus de plate-forme doit se trouver en dehors d'une sphère non inférieure de 5 m par rapport au point d'intersection.

3 Quand le pied de talus de plate-forme se trouve en dehors de la sphère d'influence de l'effondrement de grotte karstique, cette grotte karstique peut ne pas faire l'objet d'un traitement.

7.6.4 Pour les eaux karstiques affectant la stabilité de plate-forme, il faut prendre des mesures de guidage et de drainage, etc. et se conformer aux exigences suivantes :

1 À propos de source d'eau et de trou de jaillessement d'eau karstique au dessus de plate-forme, il convient d'aménager le fossé de drainage pour intercepter les eaux en dehors de la plate-forme.

2 À propos de source d'eau et de trou de jaillessement d'eau karstique sur le fond de base de la plate-forme, il convient de disposer l'ouvrage d'art pour drainer les eaux en dehors de plate-forme.

3 Quand une partie de sorties d'eaux de grotte karstique est obstruée, les sorties conservées doivent satisfaire les exigences de drainage des eaux.

4 Pour les eaux superficielles, il faut mener à bien le guidage et le drainage concentré des installations de drainage.

7.6.5 Lorsque la plate-forme se situe dans une dépression karstique, il faut mettre en place le système de drainage perfectionné, mener à bien les installations de drainage superficiel pour diriger les eaux superficielles dans les vallées adjacentes ou dans les dolines qui ne portent pas de préjudice à la plate-forme ; quand les eaux stagnantes ne peuvent pas être drainées, pour la plate-forme, il faut utiliser les graviers sableux, le sol en pierres cassées dont la perméabilité est bonne, etc. pour le remplissage et il doit être supérieur de 0,5 m au niveau d'eau stagnante.

7.6.6 En ce qui concerne les grottes karstiques et les dolines dans le domaine de plate-forme, il faut, selon la taille de grotte karstique la profondeur, la situation de l'eau remplie, la position où elle se trouve et la condition d'exécution des travaux, prendre des mesures de traitement suivante :

1 Pour les grottes karstiques et les dolines ayant les exigences excrétrices, il ne faut pas procéder au traitement par fermeture ou obstruction, il faut adopter l'installation des ouvrages tels que les dalles de couverture en béton armé et les ouvrages d'art, etc. pour franchissement afin de protéger le système d'eau souterraine dans la région karstique.

2 Pour les grottes sèches sur le talus de déblai stable, à l'intérieur de grotte, il convient de remplir par maçonnerie en moellons à sec.

3 Pour les grottes karstiques de nu et enterrées peu profondes au fond de base de la plate-forme, il est possible de prendre des mesures de traitement telles que la fermeture par remblaiement, le franchissement par les dalles de couverture en béton armé, le confortement par support ou le franchissement par les ouvrages, etc.

4 Pour les grottes karstiques ayant la matière de remplissage, il est possible de prendre des

mesures de confortement par la méthode d'injection de mortier et le procédé de jet rotatif, etc. ; en cas de non-satisfaction d'exigence de conception, il convient d'adopter les ouvrages de franchissement.

5 Quand la grotte de sol est enterrée d'une manière peu profonde sous la surface de terre, on peut prendre des mesures de traitement par le compactage de remblayage, le compactage au choc ou le damage dynamique, etc. et mener à bien les traitements par le guidage, le drainage et la fermeture des eaux superficielles ; quand la grotte de sol est enterrée d'une manière relativement profonde, il convient de prendre des mesures de traitement par injection de mortier et la fondation de sol composite, etc.

7.7 Plate-forme dans la zone de sol mou

7.7.1 La conception de plate-forme dans la zone de sol mou doit suivre les principes suivants :

1 Il faut faire une enquête et une collection des données sur la topographie, la méthamorphologie, la géotechnique, l'hydrogéologie, le climat et le séisme, etc. le long du tracé et selon les prescriptions concernées des *Règles pour la Prospection géotechnique de la Route* (JTG C20) en vigueur, adopter la méthode convenable de prospection pour procéder aux reconnaissances et aux essais ainsi qu'aux tests in situ, et effectuer la statistique et l'analyse pour déterminer rationnellement les indices de performance physique et mécanique de sol mou.

2 Le coefficient de stabilité de remblai sur la fondation de sol mou doit se conformer aux prescriptions de tableau 7.7.1-1. Quand le coefficient de stabilité calculé est inférieur à la valeur prescrite du tableau 7.7.1-1, il faut viser la stabilité pour procéder à la conception de traitement de fondation de sol.

Tableau 7.7.1-1 Valeur admissible de coefficient de sécurité de la stabilité

Indice	Procédé de consolidation de contrainte		Méthode de résistance totale d'amélioration		Méthode simplifiée Bishop et méthode Janbu
	Consolidation non prise en compte	Consolidation prise en compte	Consolidation non prise en compte	Consolidation prise en compte	
Indice de cisaillement rapide direct	1,1	1,2	—	—	—
Pénétration statique, indice de scissomètre	—	—	1,2	1,3	—
Indice de cisaillement efficace triaxial	—	—	—	—	1,4

Note : Quand on a besoin de prendre en compte la force sismique, le coefficient de sécurité de la stabilité listé dans le tableau est réduit de 0,1.

3   Le tassement après la fin des travaux de plate-forme doit se conformer aux exigences de tableau 7.7.1-2. En cas de non satisfaction aux exigences de tableau 7.7.1-2, il faut viser le tassement pour procéder à la conception de traitement.

Tableau 7.7.1-2   Tassement admissible après la fin des travaux (m)

Classe de route	Position des travaux		
	Aux endroits adjacents de culée de pont avec le remblai	Aux endroits de ponceau, de dalot et de passage	Tronçon de route ordinaire
Autoroute, route de première classe	≤0,10	≤0,20	≤0,30
Route de deuxième classe prise comme route artérielle	≤0,20	≤0,30	≤0,50

7.7.2   Le calcul de tassement de plate-forme doit se conformer aux exigences suivantes :

1   En ce qui concerne la couche comprimée pour calculer le tassement, sa surface de fond doit se trouver à l'endroit où le rapport entre la contrainte additionnelle et la contrainte de poids propre efficace ne sera pas supérieur à 0,15.

2   L'influence de charge de circulation sur le tassement peut être négligée pour le remblai élevé.

3   Le tassement de consolidation principale S_c doit adopter la méthode de sommation par couche pour calcul.

4   Pour le tassement total S, il convient d'adopter le coefficient de tassement m_s et le tassement de consolidation principale pour calcul selon la formule (7.7.2-1) :

$$S = m_s S_c \qquad (7.7.2\text{-}1)$$

Dans laquelle :

m_s — Coefficient de tassement, il est lié avec les facteurs tels que la condition de fondation de sol, l'intensité de charge et le taux de vitesse de chargement, etc., sa valeur de plage est de 1,1 à 1,7, et elle doit être déterminée selon les données de surveillance de tassement sur place, et peut également être estimée selon la formule (7.7.2-2) ;

$$m_s = 0.123\gamma^{0,7}(\theta H^{0,2} + vH) + Y \qquad (7.7.2\text{-}2)$$

Dans laquelle :

θ — Coefficient de type de traitement de fondation de sol, lors d'emploi de la plaque de drainage en plastique pour la fondation de sol, il est pris de 0,95 à 1,1, lors d'emploi de pieu en poudre mélangée pour le traitement, il est pris de 0,85 ; en cas de précompactage général, il est pris de 0,90 ;

H — Hauteur du centre de remblai (m) ;

γ — Poids unitaire de matériau de remplissage (kN/m^3) ;

v — Pour le coefficient de révision de taux de vitesse de chargement, quand le taux de vitesse de chargement se trouve entre 20 à 70 mm/d, il est pris de 0,025 ; lors d'emploi de chargement par étape, quand le taux est inférieur à 20 mm/d, il est pris de 0,005 ; lors d'emploi de chargement rapide, quand le taux est supérieur à 70 mm/d, il est pris de 0,05 ;

Y — Pour le coefficient de révision de facteurs géologiques, lors de satisfaction de résistance au cisaillement non drainé qui est inférieure à 25 kPa pour la couche de sol molle, l'épaisseur de couche de sol molle est supérieure à 5 m, quand l'épaisseur de la croûte est inférieure à 2,5 m de trois conditions, $Y = 0$, pour les autres cas, il peut être pris de $Y = -0,1$.

5   Le tassement total peut être également calculé par la sommation de tassement instantané S_d, de tassement de la consolidation principale S_c et de tassement de consolidation secondaire S_s, à savoir :
$$S = S_d + S_c + S_s \qquad (7.7.2\text{-}3)$$

6   Le tassement de fondation de sol au moment arbitraire, en prenant en compte le processus de variation en fonction de temps, est calculé selon les formules suivantes :
$$S_t = (m_s - 1 + U_t)S_c \qquad (7.7.2\text{-}4)$$
$$S_t = S_d + S_c U_t + S_s \qquad (7.7.2\text{-}5)$$

Dans laquelle :

U_t — Degré de consolidation moyenne de fondation de sol, la solution de la théorie de consolidation unidimensionnelle Terzaghi est utilisée pour calculer ; en ce qui concerne les fondations de sol traitées par le corps de drainage vertical tel que le puits à sable, la plaque de drainage en plastique, etc., le degré de consolidation est calculé selon la solution obtenue dans la condition de contrainte constante de déformation, par l'équation de consolidation sous condition de symétrieaxiale issue de la théorie de consolidation Terzaghi-Rendulic donnée par Barron.

7.7.3   Le calcul de stabilité de fondation de sol doit se conformer aux exigences suivantes :

1   Pour la vérification de stabilité de remblai sur la fondation de sol mou, il est possible d'adopter le procédé de contrainte de consolidation efficace ou le procédé de l'intensité totale améliorée dans la méthode de glissement à l'arc circulaire de la Suède, lorsque la condition est présente, il est également possible d'adopter la méthode simplifiée Bishop ou la méthode Janbu.

2   Lors de vérification, il faut calculer respectivement les coefficients de stabilité selon la

période d'exécution des travaux et celle de l'exploitation. Pour la charge de la période d'exécution des travaux, c'est le poids propre de remblai qui est pris uniquement en compte, tandis que les charges de la période d'exploitation doivent comprendre le poids propre de remblai, le poids accru de la chaussée et la charge de circulation.

7.7.4 Il faut procéder à la comparaison et à la sélection des plans de confortement de fondation du sol selon les exigences suivantes :

1 Il faut, selon l'épaisseur et la nature du sol mou, la hauteur de remblai, la stabilité de plate-forme et les critères de contrôle de tassement après la fin des travaux, et l'outillage et le matériau pour l'exécution des travaux, ainsi que la condition de l'environnement, etc. et l'exigence sur le délai d'exécution des travaux, procéder à la comparaison technico-économique, en suivant le principe de simplicité d'abord, complexité ensuite et de prise de matériau sur place, analyser synthétiquement et déterminer le plan de confortement et de traitement de fondation de sol.

2 À propos de fondation de sol mou dont la nature est mauvaise, la condition de fondation de sol est complexe ou le délai d'exécution est serré, le matériau de remplissage est en pénurie ou ayant des demandes spéciales, il convient de prendre des mesures de traitement synthétiques.

7.7.5 La conception de traitement de fondation de sol peu profonde doit se conformer aux exigences suivantes :

1 Au fond de la base de remblai sur la fondation de sol mou, il convient de disposer la sous-couche de drainage, l'épaisseur convient d'être de 0,5 m, la largeur de répandage doit être de celle du fond de remblai et plus de 0,5 à 1,0 m sur chaque des deux côtés, quand la sous-couche cumule l'action de drainage de vase, son épaisseur doit être encore adéquatement élargie.

2 Pour la fondation de sol mou dont l'épaisseur de couche superficielle est faible, il est possible de procéder au traitement par substitution des matériaux granulaires tels que le sable, le gravier sableux et les pierres cassées, etc.

3 Le remblai peut être remblayé par les matériaux légers tels que la cendre de charbon, la plastique mousseuse géotechnique et le sol léger en mousse, etc., leur conception doit se conformer aux prescriptions concernées de la section 3.9 de présentes règles.

4 Pour le renforcement de remblai, il faut adopter les matériaux géosynthétiques dont la résistance est élevée, la déformation est faible et ils sont résistants au vieillissement pour

servir de matériaux de renforcement de remblai.

5 La risberme de contre-pression peut être disposée sur un ou deux côtés de remblai, sa hauteur ne convient pas d'être dépassée de 1/2 de la hauteur de remblai, sa largeur doit être déterminée par le calcul sur la stabilité.

7.7.6 La conception de traitement de fondation de sol par la méthode de consolidation drainée doit se conformer aux exigences suivantes :

1 Pour le traitement par la méthode de consolidation drainée, il est possible d'adopter le précompactage par la sous-couche de sable, celui par le puits à sable en sac ou par la plaque de drainage en plastique et celui sous le vide ou conjointement sous le vide et par chargement mis en tas.

2 D'après la nature du sol mou, le matériau de construction routière et la technologie d'exécution des travaux, il est possible de sélectionner le puits à sable en sac ou la plaque de drainage en plastique ou tout autre matériau pris comme le corps de drainage vertical. Pour le corps de drainage vertical, il convient de disposer un triangle équilatéral, leur longueur sera déterminée selon la stabilité de remblai et l'exigence du tassement ; quand la couche du sol mou est relativement faible, il convient de pénétrer la couche du sol mou. Pour la période de précompactage, il ne convient pas d'être inférieur à 6 mois.

3 La durée et la hauteur de précompactage doivent être déterminées selon le volume de tassement et le degré de consolidation exigé après la fin des travaux. Pendant la période de précompactage, le volume de tassement que la fondation de sol doit atteindre, ne doit pas être inférieur à la différence entre le volume de tassement de la fin de durée d'utilisation de la chaussée de projet et le tassement admissible après la fin des travaux ; en cas de besoin, le degré de consolidation de fin de période de précompactage doit encore satisfaire l'exigence de stabilité de remblai.

4 Le précompactage conjointement sous le vide et par chargement mis en tas peut être utilisé au traitement du secteur de remblai élevé et de la fondation de sol mou des approches de pont. Lors de précompactage sous le vide, il faut disposer, dans la fondation de sol, les corps de drainage verticaux tels que le puits à sable ou la plaque de drainage en plastique, etc., installer la sous-couche de sable et y noyer les tuyaux de drainage. Le degré de vide sous la membrane étanche ne doit pas être inférieur à 70 kPa. Quand il existe une bonne couche perméable à l'air dans la couche superficielle ou dans le domaine de traitement, il existe une couche perméable à l'eau approvisionné en eau suffisante, il faut prendre des mesures de couper les couches perméables à l'air et à l'eau.

7.7.7 La conception de traitement de fondation de sol par les pieux en matériau granulaire doit se conformer aux exigences suivantes :

1 Les pieux en matériaux granulaires par vibro-compactage peuvent être utilisés au sol de fondation dont la résistance au cisaillement scissomètrique renforcé est supérieure à 15 kPa ; les pieux en matériaux granulaires par tuyau foncé peuvent être utilisés au sol de fondation dont la résistance au cisaillement scissomètrique renforcé est supérieure à 20 kPa.

2 Pour les pieux en matériaux granulaires, on peut utiliser les matériaux de sable, de gravier sableux et de pierre cassée, etc., mais les matériaux de pieux ne doivent pas être utilisés de taille unique et la teneur en argile ne doit pas dépasser 5%.

3 Le diamètre, la longueur de pieu et l'intervalle des pieux en matériaux granulaires doivent être déterminés d'après les vérifications de stabilité et de tassement, la distance nette entre les pieux adjacents ne doit pas dépasser 4 fois le diamètre de pieu.

4 Lors de calcul de coefficient de stabilité globale résistant au cisaillement de remblai sur la fondation de sol composite constituée par les pieux en matériaux granulaires, pour la résistance au cisaillement sur la surface glissant intérieure de la fondation de sol composite, il est possible d'adopter la résistance au cisaillement de la fondation de sol composite τ_{ps}, et de calculer selon la formule (7.7.7-1).

$$\tau_{ps} = \eta\tau_p + (1-\eta)\tau_s \qquad (7.7.7\text{-}1)$$

Dans laquelle :
η— Rapport de remplacement de surface entre pieu-sol ;
τ_p— Résistance au cisaillement du corps de pieu (kPa) ;
τ_s— Résistance au cisaillement du sol de fondation (kPa).

5 Le tassement de fondation de sol dans la profondeur de la longueur de pieu en matériaux granulaires S_z doit être calculé selon la formule (7.7.7-2).

$$S_z = \mu_s S \qquad (7.7.7\text{-}2)$$

$$\mu_s = \frac{1}{1+\eta(n-1)} \qquad (7.7.7\text{-}3)$$

Dans laquelle :
μ_s— Coefficient de réduction de la contrainte de sol entre les pieux ;
n— Rapport de contraintes de pieu-sol, il convient d'être déterminé d'après les travaux d'essai ; en cas de manque de données, n peut être pris de 2 à 5 ; quand la qualité du sol de fond de pieu est bonne, et la qualité du sol entre les pieux est mauvaise, la valeur élevée est prise, dans le cas contraire, la valeur fable est prise ;

S— Tassement de fondation de sol originaire dans la profondeur de la longueur de pieu en matériaux granulaires.

7.7.8 La conception de traitement de fondation de sol par les pieux de sol renforcé doit se conformer aux exigences suivantes :

1. Le procédé de mélange en couche de profondeur peut être utilisé à la fondation de sol mou dont la résistance au cisaillement scissométrique renforcé ne sera pas inférieure à 10 kPa. Lors d'emploi de procédé de pieu pour la pulvérisation de poudre, la profondeur ne convient pas de dépasser 12 m ; lors d'emploi de procédé de pulvérisation de mortier, la profondeur ne convient pas de dépasser 20 m.

2. Le diamètre de pieu de sol renforcé, la longueur de pieu et l'intervalle des pieux doivent être déterminés d'après la vérification par calcul de stabilité et satisfaire l'exigence de tassement après la fin des travaux. La distance nette des pieux adjacents ne doit pas être supérieure à 4 fois le diamètre de pieu.

3. Lors de calcul de coefficient de stabilité globale résistant au cisaillement de remblai sur la fondation de sol composite constituée par les pieux de sol renforcés, pour la résistance au cisaillement sur la surface glissant intérieure de la fondation de sol composite, il est possible d'adopter la résistance au cisaillement de la fondation de sol composite τ_{ps}, et de calculer selon la formule (7.7.7-1).

4. Pour la résistance au cisaillement de pieu de sol renforcé, on a pris la résistance à 90 jours de l'âge du béton pour la résistance normative, elle peut être calculée selon la moitié de la résistance à la compression sans étreinte latérale q_u mesurée sur les échantillons non remaniés obtenus par forage dans la planche d'essai ; il est également possible d'obtenir par la résistance à la compression sans étreinte latérale mesurée sur les éprouvettes de sol renforcées préparées à 90 jours en laboratoire selon le dosage de conception, multipliée par le coefficient de réduction de 0,30.

5. Le tassement de fondation de sol composite renforcée par les pieux en terre doit être calculé respectivement par deux parties, l'une est le tassement de la zone renforcée de la fondation de sol composite S_1, l'autre est le tassement de la couche sous-jacente de la zone renforcée S_2. Pour le tassement de la zone renforcée S_1, il convient d'adopter la méthode de module de compression composite pour calculer ; pour le tassement de la couche sous-jacente S_2, il est possible de calculer selon les règles concernées des *Règles de Conception pour la Base d'Appui et Fondation de Sol de la Construction* (GB 50007) en vigueur.

6 Le module de compression composite E_{ps} doit être calculé selon la formule (7.7.8) :
$$E_{ps} = \eta E_p + (1 - \eta) E_s \qquad (7.7.8)$$

Dans laquelle :

E_p — Module de compression du corps de pieu (MPa) ;

E_s — Module de compression du corps de sol (MPa).

7.7.9 La conception de traitement de fondation de sol par le pieu en gravier-ciment-cendres de charbon (en abréviation anglaise CFG) doit se conformer aux exigences suivantes :

1 Le pieu CFG peut être utilisé pour la fondation du sol mou dont la résistance au cisaillement scissométrique renforcé ne sera pas inférieure à 20 kPa.

2 Pour l'agrégat grossier de pieu CFG, il est possible d'adopter la pierre cassée ou le gravier, lors de pompage de mélange de matériau, la grosseur maximale de gravier ne convient pas d'être supérieure à 25 mm, la grosseur maximale de pierre cassée ne convient d'être supérieure à 20 mm ; lors de coulage des mélanges par vibration de tuyau foncé, la grosseur maximale de l'agrégat grossier ne convient pas d'être supérieure à 50 mm. Il peut être incorporé dans le sable, le gravillon et d'autres agrégats fins. Pour le ciment, il convient d'utiliser le ciment portland artificiel de classe de 32.5. Pour la cendre de charbon, il convient d'utiliser la cendre de charbon de classe II ou III.

3 Le dosage de matériau pour le pieu CFG doit être déterminé selon le degré d'affaissement exigé par l'exécution des travaux et la résistance de conception du corps de pieu. La résistance à la compression sans étreinte latérale à 28 jours est prise pour la résistance de conception du corps de pieu.

4 La résistance du corps de pieu CFG convient d'être de 5 à 20 MPa, la résistance de conception doit satisfaire les exigences de tassement de remblai et de stabilité. Pour les pieux CFG destinés à être utilisés sous les ouvrages, la résistance de conception doit satisfaire l'exigence de la force portante.

5 Le diamètre, la longueur et l'intervalle de pieu CFG doivent être déterminés selon les exigences de la conception sur la force portante et la déformation, la condition de sol et la capacité d'équipement, etc. ; l'extrémité de pieu doit être installée sur la couche de sol dont l'intensité est élevée, la longueur maximale de pieu ne convient pas d'être supérieure à 30 m, la distance entre les pieux convient d'être pris de 4 à 5 fois le diamètre de pieu.

6 L'épaisseur de sous-couche de pieu CFG convient d'être prise de 0,3 à 0,5 m ; quand le diamètre de pieu est grand ou la distance entre les pieux est grande, pour l'épaisseur de

sous-couche, il convient de prendre la valeur élevée. Pour le matériau de sous-couche, il convient de prendre le sable moyen, le sable gros et le gravier sableux granulométrique ou la pierre cassée, etc., la grosseur maximale de grain ne convient pas d'être supérieure à 30 mm.

7 Le calcul de tassement de la fondation de sol composite de pieu CFG et la vérification de la stabilité de remblai doivent se conformer aux stipulations concernées de l'article 7.7.7 de présentes règles.

7.7.10 La conception de traitement par le damage dynamique et le remplacement de damage dynamique doit se conformer aux exigences suivantes :

1 Pour la fondation du sol en sol silteux saturé et en sol argileux souple saturé intercalé de sable silteux ou dans la fosse damée remplie par le matériau granulaire tel que les blocs de pierre, le gravier concassé et le caillou, etc. pour procéder au traitement par remplacement, il est possible d'adopter le traitement par méthode de damage dynamique.

2 La profondeur de traitement de remplacement par damage dynamique doit être définie par la condition du sol, à l'exception de couche de silt saturée épaisse, il convient de pénétrer la couche de sol mou pour atteindre la couche de sol relativement dur. La profondeur de remplacement ne convient pas de dépasser 7 m.

3 Pour la fondation de sol traitée par le damage dynamique ou par le remplacement avec damage dynamique, il faut procéder au damage d'essai en sélectionnant le secteur de route représentatif pour vérifier leur applicabilité et l'effet de traitement.

4 La profondeur de renforcement efficace par méthode de damage dynamique d doit être déteminée selon le damage d'essai ou les expériences locales, il est également possible de faire une estimation selon la formule (7.7.10).

$$d = \alpha \sqrt{mh} \qquad (7.7.10)$$

Dans laquelle :

m— Masse de marteau (t);

h— Distance de chute de marteau (m);

α— Coefficient de révision, il est lié avec les facteurs tels que la condition du sol, le niveau d'eau souterraine, la grandeur d'énergie de damage et la surface du fond de marteau, etc., le domaine de sa valeur est de 0,34 à 0,80, il doit être déterminé selon le résultat de damage d'essai.

5 Le nombre de fois de compactage sur les points de damage dynamique doit être déterminé

selon la courbe de la relation de nombre de compactage et de volume d'affaissement par le damage, obtenu au cours de damage d'essai sur place, le volume d'affaissement de damage par deux derniers coups doit satisfaire les exigences de tableau 7.7.10, et en plus, le terrain autour de fosse damée, ne doit pas produire le bombement excessif, et il ne faut pas produire la difficulté de tirage de marteau, quand la fosse damée est excessivement profonde.

Tableau 7.7.10 Volume d'affaissement de damage moyen par deux derniers coups selon la méthode de damage dynamique

Énergie de damage par coup unique E (kN·m)	Volume d'affaissement de damage par deux derniers coups (mm)
$E < 2\,000$	50
$2\,000 < E \leqslant 4\,000$	100
$E > 4\,000$	200

6 Le nombre de coups de damage sur les points de damage par remplacement de damage dynamique doit être déterminé selon le damage d'essai sur place. Le remplacement de fond de pieu doit pénétrer la couche de sol mou et atteindre la profondeur de remplacement de projet ; chaque fois le volume d'affaissement de damage ne doit pas produire la difficulté de tirage de marteau à cause de fosse damée excessivement profonde, les volumes d'affaissements de damage cumulés conviennent d'être de 1,5 à 2,0 fois la longueur de pieu de projet ; les volumes d'affaissements de damage moyens par les deux derniers coups doivent satisfaire les règles de la section 5 du présent article.

7 Les points de damage peuvent être disposés en carré ou en triangle équilatéral, l'intervalle convient d'être de 5 à 7 m.

8 L'intervalle des pieux de remplacement doit être sélectionné selon la grandeur de charge et la force portante de terre in situ, lors de disposition générale, il est possible de prendre 2 à 3 fois le diamètre de marteau, pour la fondation isolée ou la fondation sur semelle filante, il est possible de prendre 1,5 à 2 fois le diamètre de marteau. Le diamètre de calcul de pieu peut être pris de 1,1 à 1,2 fois le diamètre de marteau.

9 Au sommet de pieu de remplacement, il faut installer une sous-couche dont l'épaisseur ne doit pas être inférieure à 0,5 m. Le matériau de sous-couche peut être cohérent au matériau du corps de pieu, la grosseur ne convient pas d'être supérieure à 100 mm.

10 Le calcul de tassement et de stabilité de la fondation de sol composite selon la méthode de remplacement par le damage dynamique doit se conformer aux prescriptions de l'article 7.7.7 de présentes règles. Lors de calcul, la valeur est prise selon le rapport de contraintes

pieu-sol : pour la fondation en sol argileux, elle peut prendre la valeur de 2 à 4, pour la fondation en sol silteux et en sol sableux, elle peut prendre la valeur de 1,5 à 3.

7.7.11 La conception de la fondation de sol composite par pieux rigides doit se conformer aux exigences suivantes :

1 Les pieux rigides peuvent être utilisés au secteur de remblai élevé sur la fondation de sol mou profonde et épaisse dont la charge est relativement grande, l'exigence de déformation est relativement stricte, au secteur de raccordement des approches de pont et des passages avec le remblai, ainsi qu'au secteur de remblai d'élargissement.

2 Pour le sommet de pieu rigide, il convient d'installer le casque de pieu et de poser le tapis de renfort géosynthétique souple.

3 Pour l'aménagement en plan des pieux rigides, on peut adopter la rangée en carré ou en triangle équilatéral. Le diamètre de pieu rigide, la longueur et les intervalles des pieux doivent être déterminés d'après la vérification par calcul de stabilité et de tassement, la distance entre les pieux ne convient pas d'être supérieure à 5 fois le diamètre de pieu.

4 Pour la casque de pieu rigide, il est possible d'adopter le cylindre, le corps de table ou le corps de cône inverse, la dimension horizontale de casque de pieu convient d'être de 1,0 à 1,5 m, l'épaisseur convient d'être de 0,3 à 0,4 m.

5 Le calcul de tassement final de fondation de sol traitée par les pieux rigides peut ne pas prendre en compte l'influence de déformation de compression des sols entre les pieux sur le tassement, et il faut adopter la méthode de sommation de la compression unidirectionnelle par couche et calculer selon la formule (7.7.11).

$$S = \psi_P \sum_{j=1}^{m} \sum_{i=1}^{n_j} \frac{\sigma_{j,i} \Delta h_{j,i}}{E_{sj,i}} \qquad (7.7.11)$$

Dans laquelle :
S— Tassement final de base de pieu (m) ;
m— Nombre de sous-couches de la couche de sol à l'intérieur de couche de compression au dessous de plan horizontal d'extrémité de pieu ;
$E_{sj,i}$— Module de compression de secteur de la contrainte du poids propre à la contrainte du poids propre plus la contrainte additionnelle de la i ième sous-couche de la j ième couche au dessous de plan horizontal d'extrémité de pieu (MPa) ;
n_j— Nombre de sous-couches de calcul de la j ième couche de sol au dessous de plan horizontal d'extrémité de pieu ;
$\Delta h_{j,i}$— Épaisseur de la i ième sous-couche de la j ième couche au dessous de plan horizontal

d'extrémité de pieu (m);

$\sigma_{j,i}$ — Contrainte additionnelle verticale de la i ième sous-couche de la j ième couche au dessous de plan horizontal d'extrémité de pieu (kPa), il est possible de calculer selon l'Annexe R des *Règles de Conception pour la Fondation de sol et la Base d'Appui de Construction* (GB 50007) en vigueur;

ψ_P — Coefficient d'expérience de calcul pour le tassement de base de pieu, il doit être déterminé par comparaison sur la statistique des données des travaux mesurées sur place local.

6 Pour la stabilité de fondation de sol traitée par les pieux rigides, on emploie la méthode de surface de glissement à l'arc circulaire pour vérification, pour la résistance au cisaillement sur la surface de glissement, on prend la résistance au cisaillement composite de pieu-sol pour calculer selon la formule (7.7.7-1). Entre autre, pour la résistance au cisaillement du corps de pieu, on prend 1/2 de la résistance à la compression sans étreinte latérale à 28 jours.

7.7.12 La conception de profil transversal de remblai sur la fondation de sol mou doit prendre en compte les facteurs tels que le tassement de fondation de sol, la dépression, le retrait de largeur de la surface supérieure de remblai et le retrait de largeur de base ainsi que le radoucissement de talus, etc.

7.7.13 La conception de surveillance de tassement et de stabilité doit se conformer aux exigences suivantes:

1 Le remblai de remblaiement relativement élevé et le remblai des approches de ponts sur la fondation de sol mou doivent faire l'objet d'une conception de surveillance de tassement et de stabilité, leurs contenus de conception doivent comprendre les secteurs et les profils représentatifs de surveillance, les positions des points d'observation de tassement et de déplacement latéral, le choix de type des appareils de surveillance, la mise en disposition, la méthode et la fréquence de surveillance, etc. En cas de besoin, il faut procéder à la surveillance de déplacement dans la partie profonde de fondation de sol mou.

2 La vitesse de remplissage de remblai doit satisfaire les exigences suivantes:

1) Le temps de remplissage ne doit pas être inférieur au temps de consolidation nécessité par la croissance de la résistance au cisaillement de la fondation de sol;

2) Le tassement au centre de remblai ne doit pas être supérieur à 10 à 15 mm chaque jour et nuit, le déplacement de pieu de côté latéral ne doit pas être supérieur à 5 mm chaque jour et nuit.

7.7.14　Le remblai sur la fondation de sol mou doit s'associer avec la pratique des travaux, sélectionner le secteur représentatif pour anticiper la construction de la planche d'essai.

7.7.15　Le revêtement de la chaussée doit être effectué après le tassement stabilisé sous la condition de charge égale, le tassement prévu après la fin des travaux est inférieur à la valeur admissible de conception et en plus, le tassement supervisé pendant deux mois consécutifs ne dépasse pas chaque mois 5 mm, il est possible de se décharger et d'excaver les encaissements de route pour procéder au revêtement de la chaussée.

7.8　Plate-forme dans la zone d'argile rouge et de sol de limite de liquidité élevée

7.8.1　La conception de plate-forme d'argile rouge et de sol de limite de liquidité élevée doit suivre les principes suivants :

1　Lorsque le tracé passe par la zone d'argile rouge ou de sol de limite de liquidité élevée, il faut tirer au clair le domaine de répartition d'argile rouge ou de sol de limite de liquidité élevée, le type de genèse, les caractéristiques de la structure hiérarchique de la masse de sol, le zonage vertical et l'état d'humidité, les caractéristiques de distribution de fissures dans le sol, la loi de répartition des eaux souterraines et les propriétés physiques et mécaniques, ainsi que la capacité de dilatation et de contraction, etc.

2　L'argile rouge peut être, d'après la relation entre le rapport liquidité-plasticité et le rapport liquidité-plasticité de limite, ainsi que les caractéristiques d'immersion faite de nouveau, classifiée selon le tableau 7.8.1. Le rapport liquidité-plasticité et le rapport liquidité-plasticité de limite peuvent être calculés selon les formules (7.8.1-1) et (7.8.1-2).

$$I_r = \frac{w_L}{w_P} \tag{7.8.1-1}$$

$$I'_r = 1.4 + 0.0066 w_L \tag{7.8.1-2}$$

Dans laquelle :

　　I_r— Rapport liquidité-plasticité ;

I'_r — Rapport liquidité-plasticité de limite ;
w_L — Limite de liquidité (%) ;
w_P — Limite de plasticité (%).

Tableau 7.8.1 Classification d'argile rouge

Type	Relation entre I_r et I'_r	Caractéristique d'immersion par émersion
I	$I_r \geqslant I'_r$	Après le retrait, le gonflement par émersion, peut rétablir à la place originaire
II	$I_r < I'_r$	Après le retrait, le gonflement par émersion, ne peut pas rétablir à la place originaire

3 Quand l'argile rouge et le sol de limite de liquidité élevée revêtent une expansibilité, il faut procéder à la conception selon la plate-forme en sol gonflant.

4 Pour la conception de plate-forme en argile rouge et en sol de limite de liquidité élevée, il convient d'éviter le remblai élevé et le déblai profond. Si on ne peut pas éviter, il convient de procéder à la comparaison synthétique avec les plans des ouvrages d'art.

5 La conception de plate-forme en argile rouge et en sol de limite de liquidité élevée doit prendre en compte suffisamment le climat et l'environnement, l'influence de l'eau sur la performance de la plate-forme, il faut mener à bien la conception relative à la protection et au drainage de la structure de plate-forme et aux mesures de contrôle de l'humidité, assurer la construction continue et la fermeture en temps opportun.

7.8.2 L'argile rouge et le sol de limite de liquidité élevée ne doivent pas servir directement de matériau de remplissage pour la plate-forme, parmi lequel, l'argile rouge dont le coefficient de compression est supérieur à $0,5 \text{ MPa}^{-1}$ ne peut pas être utilisée au remplissage de remblai.

7.8.3 Quand l'argile rouge et le sol de limite de liquidité élevée sont pris pour le matériau de remplissage de plate-forme, il faut se conformer aux exigences suivantes :

1 La valeur *CBR*, le module de résilience, etc. de l'argile rouge et de sol de limite de liquidité élevée doivent satisfaire les exigences des sections 3.2 et 3.3 de présentes règles.

2 L'argile rouge et le sol de limite de liquidité élevée après le traitement par les mesures physiques peuvent être utilisés au matériau de remplissage de remblai sous le lit de la route, mais ne doivent pas être utilisés au remblai immergé.

3 Lors d'emploi de l'argile rouge et de sol de limite de liquidité élevée pour le matériau de remplissage de lit de route et de remblai bas, il faut incorporer les liants inorganiques pour

le traitement.

4 Lors de définition de teneur en eau optimale, de densité sèche maximale et de valeur CBR, il faut adopter l'essai de compactage lourd avec la méthode sol humide. Lors d'essai CBR, il faut régulariser le nombre de compactage en fonction de la teneur en eau.

7.8.4 La conception de plate-forme en remblai doit se conformer aux exigences suivantes :

1 Il faut mener à bien la conception structurale de plate-forme en remblai selon la condition climatique et hydrologique, la hauteur de plate-forme et les propriétés d'argile et de sol de limite de liquidité élevée ainsi que les mesures de traitement. L'argile rouge et le sol de limite de liquidité élevée ne conviennent pas d'être utilisés pour le remplissage de remblai raide.

2 Pour la hauteur de remblai construit avec l'argile traitée par les mesures physiques, il ne convient pas d'être supérieur à 10 m, au fond de remblai, il faut installer la sous-couche de drainage et d'isolation en gravier sableux ou en pierres cassées, l'épaisseur minimale de la sous-couche ne convient pas d'être inférieure à 0,5 m, sur sa partie supérieure, il convient d'installer une couche antifiltre géosynthétique.

3 La déclivité de pente du talus de remblai dont la hauteur n'est pas supérieure à 10 m convient d'être de 1:1.5 à 1:2. Quand la hauteur de talus est supérieure à 6 m, il convient d'installer la terrasse de talus dont la largeur ne convient pas d'être inférieure à 2 m. Quand la hauteur de talus dépasse 10 m, il faut déterminer la forme de profil transversal, la pente de talus et les mesures de protection et de confortement de plate-forme selon les prescriptions concernées de la section 3.6 de présentes règles et par l'analyse et le calcul de la stabilité de plate-forme.

4 Pour le talus de remblai traité par les liants inorganiques ou fermé par bordage avec l'argile non-rouge (sol de limite de liquidité élevée), il est possible de procéder à la conception selon la protection de plate-forme ordinaire.

5 Pour le remplissage sur le remblai, il convient de sélectionner la saison sèche pour effectuer la construction continue, lorsque la construction continue ne peut pas être effectuée, il faut faire en temps opportun, le traitement de fermeture sur la partie supérieure de plate-forme.

7.8.5 La conception de plate-forme en déblai doit se conformer aux exigences suivantes :

1 Quand la hauteur de talus de plate-forme en déblai dépasse 10 m, il faut procéder à la

vérification par calcul de la stabilité et prendre en compte ce que le retrait au séchage du corps de sol de la surface d'excavation en argile rouge de catégorie I immergée de nouveau conduit au développement de la fissure et que l'immersion est faite de nouveau de sorte que le changement de nature du sol produise une influence défavorable, lors d'analyse par calcul de stabilité de talus, il convient d'adopter les indices de résistance tels que l'essai de cisaillement de l'eau saturée et l'essai de cisaillement lente répétitif et etc.

2 La hauteur de talus en excavation ne convient pas de dépasser 20 m. La conception de talus de déblai doit suivre le principe de « radoucissement de déclivité de talus, élargissement de tarrasse et renforcement de pied du talus ». La déclivité de talus et la largeur de tarrasse peuvent être déterminés selon le tableau 7.8.5. Quand la hauteur de talus dépasse 6 m, pour la plate-forme en déblai, il convient d'adopter le profil en gradins; quand le relief le permet, il convient de radourcir davantage la pente de talus.

Tableau 7.8.5 Déclivité de talus de déblai

Hauteur de talus (m)	Déclivité de talus	Largeur de terrasse de talus (m)
<6	1:1,25 à 1:1,5	—
6 à 10	1:1,5 à 1:1,75	2,0
10 à 20	1:1,75 à 1:2	≥2,0

3 Pour le talus de déblai, il faut installer le système de drainage superficiel et souterrain perfectionné de plate-forme. Sur la surface de talus de déblai, il convient d'installer la tranchée d'infiltration de soutien, sous le fossé latéral de plate-forme, il faut installer la tranchée d'infiltration. Quand il y a des eaux souterraines concentrées qui sont affleurées sur la surface de talus, il convient d'installer des trous de drainage inclinée vers le haut.

4 En ce qui concerne la protection de la surface de talus de déblai, il convient d'adopter la protection par plantes en ossature, quand la stabilité de talus n'est pas suffisante, il faut ajouter par supplément les ouvrages de soutènement. Pour la protection en maçonnerie entièrement fermée, il faut installer, au dos de mur, une sous-couche de drainage dont l'épaisseur est de 0,15 à 0,30 m, en cas de maçonnerie, il faut installer les trous d'évacuation, pour l'intervalle des trous d'évacuation, il convient d'être de 2,5 à 3,0 m, et il faut encore installer une couche antifiltre.

5 Il convient de conserver la couverture végétale et la couche de couverture en dehors de sommet de talus de déblai. Et au sommet de talus, il faut installer la banquette de rétention d'eau ou la tranchée d'interception.

6 D'après la propriété d'ingénierie de l'argile rouge ou de sol de limite de liquidité élevée, pour l'argile rouge ou le sol de limite de liquidité élevée, il faut procéder au traitement par hors-profil et remplacement pour remplissage ou par incorporation de liant inorganique, à propos de matériau de remplacement pour remplissage, il convient de sélectionner les graviers sableux et les pierres cassées, etc. dont la perméabilité est bonne.

7 Lorsqu'il existe les colonnes stalacto-stalagmites et les stalagmites dans le domaine du lit de la route de secteur de déblai, elles doivent être éliminées ; si entre les colonnes et les stalagmites il existe le sol trop humide dont la teneur en eau naturelle dépasse 5% de sa limite de plasticité, il faut enlever le sol trop humide dans le domaine du lit de route et remplacer le sol par les moellons et les autres matériaux pour remplissage.

8 Après le remplissage sporadique et l'excavation dans le secteur de déblai jusqu'au fond du lit de route, il faut procéder à temps à l'exécution des travaux par remplacement pour remplissage dans le lit de la route. Lorsqu'il ne peut pas être exécuté en temps utile, il convient de faire une réservation de 0,3 m d'épaisseur de la couche de protection au dessus de la hauteur de surface de fond du lit de la route.

7.9 Plate-forme dans la zone de sol gonflant

7.9.1 La conception de la plate-forme dans la zone de sol gonflant doit suivre les principes suivants :

1 Il faut prendre de multiples moyens de prospection pour tirer au clair le domaine de répartition de sol gonflant, les niveaux de structure de sol, la composition minérale, le type de genèse, les propriétés physiques et mécaniques et les caractéristiques de gonflement et de retrait, ainsi que la profondeur de la zone d'activité du sol gonflant afin de déterminer le niveau de potentiel d'expansion du sol gonflant et le degré de préjudice sur les travaux routiers.

2 La conception de tracé doit sélectionner rationnellement les indices techniques principaux par analyse synthétique et la comparaison avec le plan du tracé selon la nature du sol gonflant et l'exigence technique de la classe de route, en prenant en compte généralement la caractéristique de climat local, la topographie et la géomorphologie, la géologie, l'hydrologie ainsi que les matériaux de construction routiers et les autres conditions.

3 Comme la plate-forme dans la zone du sol gonflant doit éviter le remblai élevé et le déblai long et profond, il convient d'adopter le remblai bas ou le déblai peu profond. En cas de

difficulté, il faut procéder à la comparaison et à la sélection avec le plan de l'ouvrage d'art ; quand on adopte la plate-forme pour passer, il doit prendre des mesures pour assurer la stabilité de plate-forme.

4   Quand le sol gonflant est utilisé pour le matériau de remplissage de plate-forme, il faut déterminer, par l'essai en bureau et par la comparaison technico-économique le plan de traitement du sol gonflant pour le remplissage de remblai, définir le dosage optimal et les indices de contrôle de résistance après le traitement.

5   La conception de plate-forme dans la zone du sol gonflant doit prendre l'étanchéité à l'eau, le contrôle de l'humidité et la prévention contre l'altération pour principaux, en associant la structure de la chaussée, en prenant des mesures efficaces pour réduire l'influence due au changement de l'humidité sur la plate-forme en sol gonflant de sorte que la plate-forme soit satisfaite aux exigences de déformation et de résistance. Pour la plate-forme en sol gonflant, il faut effectuer la construction continue, fermer à temps le lit de la route et la surface de talus.

7.9.2   Il faut procéder à la détermination préliminaire du sol gonflant selon les caractéristiques telles que la méthamorphologie, la couleur et la structure de masse du sol, la situation de nature de sol et les phénomènes géologiques de la nature, ainsi que le taux de gonflement libre du sol, etc. ; prendre la teneur en eau hygroscopique standard comme l'indice de classification de la détermination détaillée, quand la teneur en eau hygroscopique standard est supérieure à 2,5%, il doit être déterminé comme le sol gonflant. La classification de détermination et de potentiel d'expansion du sol gonflant doit se conformer aux prescriptions concernées des *Règles pour la Prospection géotechnique de la Route* (JTG C20) en vigueur.

7.9.3   La prévision de volume de déformation de la fondation du sol gonflant doit se conformer aux exigences suivantes :

1   Quand les fondations des ouvrages comme le mur de soutènement, etc., le fond de base de remblai sont de la fondation en sol gonflant, il est possible de procéder au calcul sur le volume de la déformation de fondation en sol gonflant de remblai bas selon les formules (7.9.3-1) ou (7.9.3-2).

2   Le volume de déformation de la fondation en sol gonflant basée sur l'essai de consolidation peut être calculé selon la formule (7.9.3-1) :

$$\rho = \sum_{i=1}^{n} \frac{C_s z_i}{(1 + e_0)_i} \lg\left(\frac{\sigma'_f}{\sigma'_{sc}}\right)_i \qquad (7.9.3\text{-}1)$$

Dans laquelle :

ρ — Volume de déformation de la fondation de sol (mm) ;

e_0 — Taux de porosité initiale ;

σ'_{sc} — Pression de gonflage révisée dans l'essai de volume (kPa) ;

σ'_f — Contrainte efficace finale (kPa) ;

C_s — Indice de gonflement ;

z_i — Épaisseur initiale de la i ième couche de sol (mm).

3 Le volume de déformation de la fondation en sol gonflant basée sur l'essai de retrait peut être calculée selon la formule (7.9.3-2) :

$$\rho = \sum_{i=1}^{n}\Delta z_i = \sum_{i=1}^{n}\frac{C_w\Delta w_i}{(1+e_0)_i}z_i \qquad (7.9.3\text{-}2)$$

$$C_w = \frac{\Delta e_i}{\Delta w_i} \qquad (7.9.3\text{-}3)$$

Dans lesquelles :

C_w — Indice de retrait volumétrique du sol gonflant non saturé ;

Δe_i — Variation de taux de porosité de la i ième couche de sol ;

Δw_i — Variation de teneur en eau de la i ième couche de sol.

7.9.4 La conception de la fondation en sol gonflant doit prendre le volume de déformation comme les indices de classification, il doit effectuer la classification selon le tableau 7.9.4 pour définir la mesure et la profondeur de traitement de la fondation en sol gonflant.

Tableau 7.9.4 Classification de fondation en sol gonflant

Niveau de classification de fondation en sol gonflant	Volume de déformation de fondation en sol gonflant ρ (mm)	Mesures de traitement sur la fondation de sol
I	$\rho \geqslant 200$	Pour l'ouvrage de petite dimension, il convient d'adopter la fondation profonde. Quand la hauteur de remblai est inférieure à 1,5 m, pour le sol non expansif destiné au remplacement de fondation ou le sol traité par le liant inorganique, pour leur profondeur, il ne convient pas d'être inférieur à 2,0 m
II	$100 \leqslant \rho < 200$	Pour l'ouvrage de petite dimension, il est possible d'adopter la fondation peu profonde. La profondeur enterrée ne convient pas d'être inférieure à 1,5 m, et il faut prendre des mesures de conservation d'humidité. Quand la hauteur de remblai est inférieure à 1,5 m, pour le sol non expansif destiné au remplacement de fondation ou le sol traité par le liant inorganique, pour leur profondeur, il ne convient pas d'être inférieur à 1,5 m

suite

Niveau de classification de fondation en sol gonflant	Volume de déformation de fondation en sol gonflant ρ (mm)	Mesures de traitement sur la fondation de sol
III	$40 \leqslant \rho < 100$	Pour l'ouvrage de petite dimension, il est possible d'adopter la fondation peu profonde. La profondeur enterrée ne convient pas d'être inférieure à 1,0 m, et il faut prendre des mesures de conservation d'humidité. Quand la hauteur de remblai est inférieure à 1,5 m, pour le sol non expansif destiné au remplacement de fondation ou le sol traité par le liant inorganique, pour leur profondeur, il ne convient pas d'être inférieur à 1,0 m
IV	$15 \leqslant \rho < 40$	Pour l'ouvrage de petite dimension, il est possible d'adopter la fondation peu profonde. Quand la hauteur de remblai est inférieure à 1,5 m, pour le sol non expansif destiné au remplacement de fondation ou le sol traité par le liant inorganique, pour leur profondeur, il ne convient pas d'être inférieur à 0,5 m
V	$\rho < 15$	Il est possible de ne pas traiter

7.9.5 Quand le sol gonflant est destiné au matériau de remplissage de plate-forme, il faut prendre le taux total de gonflement-retrait pour l'indice de classification, procéder à la classification de matériau de remplissage de sol gonflant selon la tableau 7.9.5 et déterminer le champs d'application des sols gonflant de différentes catégories et les mesures de traitement.

Tableau 7.9.5 Classification de matériau de remplissage de sol gonflant

Catégorie de matériau de remplissage	Taux total de gonflement-retrait sous la pression de charge (%)	Champs d'application
Sol non gonflant	$e_{ps} < 0,7$	Il peut être directement utilisé
Sol faiblement gonflant	$0,7 \leqslant e_{ps} < 2,5$	Après les mesures prises de traitement physiques telles que le bordage, le supplément de renfort et la disposition de sous-couche, etc., il peut être utilisé pour le matériau de remplissage de domaine de remblai, après le traitement par le liant inorganique, il est possible d'être utilisé au matériau de remplissage de lit de la route
Sol moyennement gonflant	$2,5 \leqslant e_{ps} < 5,0$	Après le traitement par le liant inorganique, il est possible d'être utilisé au matériau de remplissage de plate-forme
Sol fortement gonflant	$e_{ps} \geqslant 5,0$	Il ne doit pas être utilisé pour le matériau de remplissage de plate-forme

Note : 1. Lorsque la hauteur de remblai est supérieure ou égale à 3,0 m, il faut adopter l'essai de taux de gonflement sous la pression de 50 kPa pour calculer le taux total de gonflement-retrait.

2. Quand la hauteur de remblai est inférieure à 3,0 m, il faut adopter l'essai de taux de gonflement sous la pression de 25 kPa pour calculer le taux total de gonflement-retrait.

7.9.6 La conception de plate-forme en remblai en sol gonflant doit se conformer aux exigences suivantes :

1. La conception de remblai en sol gonflant doit, selon la hauteur de remblai, le type de matériau de remplissage de sol gonflant et leurs mesures de traitement, mener à bien la conception de la prévention des infiltrations, de drainage et de conservation d'humidité afin d'assurer la stabilité de la performance de plate-forme.

2. Le matériau de remplissage de lit de la route et de remblai dont la hauteur est inférieure à 1,5 m doit se conformer aux prescriptions de la section 3.2 de présentes règles. Quand les sols faiblement gonflant et moyennement gonflant sont pris pour le matériau de remplissage, il faut procéder au traitement avec incorporation de liant inorganique, après le traitement, le taux total de gonflement-retrait ne doit pas dépasser 0,7%.

3. En ce qui concerne le remblai en sol gonflant traité par les mesures physiques, sur le fond de base de la plate-forme, il convient de disposer la sous-couche de gravier sableux, de pierres cassées ou de sol gonflant traité par le liant inorganique, l'épaisseur de sous-couche ne convient pas d'être inférieure 0,5 m ; pour le bordage et la couche de fermeture, il est possible d'utiliser le sol non gonflant ou le sol gonflant traité par le liant inorganique, l'épaisseur de bordage ne convient pas d'être inférieure à 2,5 m ; quand les matériaux perméables tels que les graviers sableux, les pierres cassées, etc. sont employés pour la couche de fermeture, sous la partie de leur base, il faut disposer une couche de prévention contre les infiltrations, pour la couche de prévention des infiltrations, il est possible d'employer la géomembrane composite ou les autres matériaux.

4. Quand les matériaux perméables tels que les graviers sableux, les pierres cassées, etc. sont utilisés pour remplissage de plate-forme sur la fondation de sol gonflant, sous la partie de base de la plate-forme, il faut disposer la couche de prévention des infiltrations, pour les matériaux de la couche de prévention des infiltrations, il est possible d'employer le sol non gonflant imperméable, le sol traité par le liant inorganique ou la géomembrane composite.

5. Lors de remplissage de remblai en sol gonflant traité par les mesures physiques, il convient d'adopter l'essai de compactage lourd par méthode du sol humide pour déterminer la teneur en eau optimale et la densité sèche maximale. Quand on emploie le liant inorganique pour traiter le sol gonflant, il est possible de prendre la teneur en eau optimale par essai de compactage lourd avec la méthode sèche +2% pour le critère de contrôle.

6. Les déclivités de talus de remblai en sol faiblement gonflant ou moyennement gonflant doivent

être déterminées synthétiquement selon la hauteur de talus de remblai, la nature de matériau de remplissage après le remodelage, la caractéristique de climat régionale et en se référant aux expériences mûres de la plate-forme existante. Pour la disposition de la déclivité de talus de remblai dont la hauteur ne sera pas supérieure à 10 m et de la terrasse de talus, il est possible de déterminer selon le tableau 7.9.6-1.

Tableau 7.9.6-1 Déclivité de talus de remblai et la largeur de terrasse de talus en sol gonflant

Hauteur de talus (m)	Déclivité de talus		Largeur de terrasse de talus (m)	
	Niveau de gonflement-retrait		Niveau de gonflement-retrait	
	Gonflement faible	Gonflement moyen	Gonflement faible	Gonflement moyen
<6	1:1,5	1:1,5 à 1:1,75	Il est possible de ne pas disposer	
6 à 10	1:1,75	1:1,75 à 1:2,0	2,0	≥2,0

7 Le type de protection de talus de remblai en sol gonflant peut être déterminé selon le tableau 7.9.6-2.

Tableau 7.9.6-2 Type de protection de talus de remblai en sol gonflant

Hauteur de talus (m)	Sol faiblement gonflant	Sol moyennement gonflant
≤6	Plantes	Plantes en ossature
>6	Protection par couverture végétale, plantes de l'ossature	Rigole d'infiltration de support plus les plantes de l'ossature voûtée

7.9.7 La conception de plate-forme en déblai de sol gonflant doit se conformer aux exigences suivantes :

1 La déclivité stabilisée de talus de déblai en sol gonflant doit être déterminée synthétiquement selon la nature de sol, la relation de combinaison de couche souple avec les fissures, la caractéristique climatique et la condition hydrogéologique, ainsi que les stabilités de versant naturel et de talus artificiel.

2 La conception de talus doit suivre les principes de « radoucir la déclivité de talus, élargir la terrasse de talus et renforcer le pied de talus », et déterminer la déclivité et la largeur de terrasse de talus selon le tableau 7.9.7-1. Pour le talus dont la hauteur dépasse 10 m, il faut procéder à la conception en associant l'analyse et le calcul de la stabilité, et alors la stabilité de talus doit être conforme aux prescriptions de tableau 3.7.7, en cas de besoin, il faut faire une comparaison avec le plan de tunnel.

Tableau 7.9.7-1   Déclivité de talus en sol gonflant et largeur de terrasse

Type de sol gonflant	Hauteur de talus (m)	Déclivité de talus	Largeur de terrasse de talus (m)	Largeur de berme de chute de pierres (m)
Sol faiblement gonflant	<6	1:1,5	—	1,0
	6 à 10	1:1,5 à 1:2,0	2,0	1,5 à 2,0
Sol moyennement gonflant	<6	1:1,5 à 1:1,75	—	1,0 à 2,0
	6 à 10	1:1,75 à 1:2,0	2,0	2,0
Sol fortement gonflant	<6	1:1,75 à 1:2,0	—	2,0
	6 à 10	1:2,0 à 1:2,5	≥2,0	≥2,0

3   Pour le remplissage sporadique et le sol gonflant dans le domaine de lit de la route du secteur de route en déblai, il faut procéder à l'excavation hors profil et au traitement par remplacement, pour le matériau de remplissage, à propos de matériau de remplacement, il est possible d'adopter le sol non gonflant, le sol gonflant traité par le liant inorganique, stipulés par la section 3.2 de présentes règles, etc., lors de remplacement de matériau perméable, à la partie de fond de base, il faut disposer la couche de prévention des infiltrations. En ce qui concerne le déblai en sol fortement gonflant, pour la profondeur de remplacement de lit de la route, il convient d'approfondir jusqu'à 1,0 à 1,5m.

4   Le type de protection et de confortement de talus du déblai peut être déterminé selon la nature du sol gonflant, la condition de l'environnement et la hauteur de talus et selon les tableaux 7.9.7-2 et 7.9.7-3, après l'excavation de talus, il faut le protéger à temps par fermeture.

5   Lors de protection de talus par les plantes, il ne faut pas adopter les essences feuillues ; en cas de protection par la maçonnerie, au dos de mur, il faut disposer une couche tampon dont l'épaisseur ne doit pas être inférieure à 0,5 m. La profondeur enterrée de la fondation de structure de soutènement doit être supérieure à la profondeur affectée par le climat, l'épaisseur de la couche antifiltre ne doit pas être inférieure à 0,5 m.

Tableau 7.9.7-2   Mesures de protection de talus de déblai en sol gonflant

Hauteur de talus (m)	Sol faiblement gonflant	Sol moyennement gonflant
≤6	Plantes	Plantes de l'ossature
>6	Plantes d'ossature, protection par plantes, protection de talus en maçonnerie de moellons	Plantes d'ossature voûtée, rigole d'infiltration de support + plantes d'ossature voûtée

Tableau 7.9.7-3　Mesures de soutènement du talus de déblai en sol gonflant

Hauteur de talus (m)	Sol faiblement gonflant	Sol moyennement gonflant	Sol fortement gonflant
≤6	Non disposé	Mur du pied de talus	Mur de protection, mur de soutènement
>6	Mur de protection, mur de soutènement	Mur de soutènement, pieu résistant au glissement	Mur de soutènement de semelle fondée sur pieux, pieu résistant au glissement, ancrage de talus

6　Lorsqu'il n'existe pas de surface structurale défavorable dans la couche de sol gonflant du talus de déblai et dans la couche sous-jacente de roche et de sol, pour la protection de talus, il est possible de faire le traitement de remplacement par la couverture en sol argileux non gonflant ou de faire la disposition par la structure souple de soutènement. L'épaisseur de remplacement par couverture sur le talus ne convient pas d'être inférieure à 2,5 m, et il doit satisfaire les exigences d'exécution des travaux de compactage mécanique ; entre la couche de remplacement par couverture et le sol gonflant sous-jacent, il faut installer une sous-couche de drainage et la rigole d'infiltration. Lorsqu'il existe la surface structurale défavorable dans la couche de roche et de sol, il faut disposer les ouvrages de soutènement nécessaires selon l'état de stabilité de talus.

7.9.8　La conception de drainage de plate-forme en sol gonflant doit suivre le principe de « Prendre la protection pour principale, en associant la protection et le drainage », et doit se conformer aux exigences suivantes :

1　Dans le secteur de route où il y a le remplissage sporadique et le remblai bas, quand la topographie à l'intérieur de l'emprise de route est plus basse que le terrain en dehors de l'emprise de route, il faut disposer le fossé d'interception.

2　Dans le secteur de route de remblai bas dont le niveau d'eau souterrain est relativement élevé, il faut installer sous le fond de remblai, la couche d'isolation pour la prévention d'infiltrations et la sous-couche de drainage. En cas de besoin, il est possible d'installer les rigoles d'infiltration souterraines sur les deux côtés de plate-forme.

3　Dans le secteur de route en déblai dont le sol est humide ou les eaux souterraines sont développées, sur le talus, il convient d'installer les rigoles d'infiltration de support ou les trous de drainage inclinés vers le haut, sous le fossé latéral, il faut disposer les rigoles d'infiltration longitudinales, à l'endroit de l'interface remblai-déblai, il faut installer les rigoles d'infiltration transversales.

4 Pour le sol gonflant dans la sphère de 3 à 5 m en dehors de sommet de talus, il faut prendre des mesures de traitement pour la prévention des infiltrations et la fermeture telles que par le remplacement de sol non gonflant pour remplissage et par la pose de géomembrane imperméable, etc.

7.10 Plate-forme dans la zone de lœss

7.10.1 La conception de plate-forme dans la zone de lœss doit suivre les principes suivants :

1 Il faut tirer au clair le domaine de répartition de lœss, l'épaisseur et la loi de l'évolution, le type de genèse de lœss le long du tracé et les caractéristiques des strates, les unités géomorphologiques et les situations des eaux superficielles et souterraines ainsi que les propriétés physiques et mécaniques de différentes strates et leur collapsibilité.

2 Dans la région de plateau et colline lœssique, la plate-forme doit éviter les secteurs des bords et des pentes de plateau et de colline où il y a la pente glissante, l'effondrement, les dolines en groupe, les ravins développés et l'affleurement des eaux souterraines. En cas de passage obligatoire, il faut avoir un appui suffisant et des mesures d'ingénierie faisables.

3 Quand le tracé passe par la tête d'un ravin, il faut analyser la genèse du ravin et la tendance de développement. Lorsque le ravin est en train de se développer et met en danger la stabilité de la plate-forme, il faut prendre des mesures de drainage et de protection.

4 Pour la doline de lœss à proximité du tracé, il faut mener une enquête sur sa position, sa forme, et sa tendance de développement, ainsi que la provenance et la quantité d'eau formant la doline, évaluer le degré des préjudices de la doline sur la plate-forme.

5 Pour la plate-forme située dans le secteur de lœss collapsible, il convient de la placer dans le secteur dont la classe collapsible est faible, la couche de sol collapsible est relativement mince et la condition de drainage est relativement bonne.

6 Pour la conception de drainage de plate-forme dans la zone de lœss, il faut suivre le principe de traitement par l'interception et la dispersion, à savoir disposer les installations de drainage synthétiques et l'ingénierie de protection destinées à la prévention des affouillements, à l'antifuite et à la facilité de la conservation des sols et des eau, et éviter les interférences des installations d'irrigation de champs agricole et de la plate-forme.

7.10.2 La conception de plate-forme en remblai doit se conformer aux exigences suivantes :

1 Lorsque le lœss est destiné au remplissage de remblai, sa résistance minimum et son module de résilience de surface du sommet de lit de la route doivent être conformes aux prescriptions de la section 3.2 de présentes règles. Lorsqu'il ne répond pas aux exigences, il faut prendre des mesures de traitement par incorporation de liant inorganique, etc.

2 La conception de remblai en lœss doit déterminer la forme et la déclivité de talus de remblai selon la classe de route, la hauteur de talus et la nature de sol de fondation en associant la vérification de la stabilité. Quand la fondation de sol est bonne et la hauteur de talus de remblai n'est pas supérieure à 30 m, la forme de profil de remblai et la déclivité de talus peuvent être sélectionnées selon le tableau 7.10.2. Dans la région où les précipitations moyennes annuelles sont supérieures à 500 mm, sur la terrasse de talus, il convient de disposer la rigole d'interception et de faire le traitement de confortement par anti-infiltration.

Tableau 7.10.2 Forme de profil de remblai et la déclivité de talus

Forme de profil	Déclivité par sectionnement de talus au dessous de plate-forme		
	$0 < H \leqslant 10$ m	10 m $< H \leqslant 20$ m	20 m $< H \leqslant 30$ m
En ligne de pliage	1:1,5	1:1,75	1:2,0
En gradins	1:1,5	1:1,75	1:1,75

3 Quand la hauteur de talus de remblai est supérieure à 30 m, il faut faire une comparaison technico-économique avec le plan de pont. Une fois que le plan de remblai est adopté, il faut procéder à la conception sur les sites de construction indépendants selon les stipulations de la section 3.6 de présentes règles.

4 Pour la vérification de stabilité de talus, il convient d'adopter la méthode de l'arc circulaire, son coefficient de stabilité doit se conformer aux prescriptions de la section 3.6 de présentes règles. Pour la valeur d'indice de la résistance au cisaillement de sol de remplissage, il faut préparer l'échantillon selon le taux de compactage de projet et adopter l'essai de cisaillement rapide pour la déterminer.

5 Pour le remblai dont la hauteur est supérieure à 20 m, il faut pré-réserver la valeur d'élargissement de la partie supérieure de la plate-forme selon la quantité de tassement après le fin des travaux ; le volume de tassement après la fin des travaux peut être estimée selon 0.7% à 1.5% de la hauteur de remblai.

6 Quand la hauteur de talus est supérieure à 20 m, il est possible de faire le renforcement et

compléter le compactage.

7 Pour le sol de lœss saturé et la fondation de nouveau sol de loess dont la force portante de fondation est faible, il est possible de procéder au traitement de la fondation du sol selon les exigences concernées de la section 7.7 de présentes règles.

7.10.3 La conception de plate-forme en déblai doit se conformer aux exigences suivantes :

1 La forme de talus de déblai en lœss doit être déterminée selon le type de lœss et son uniformité, la hauteur de talus et d'après le tableau 7.10.3-1. Pour le talus de l'autoroute et de la route de première classe, il convient d'adopter la forme de gradin, la largeur de petite terrasse de talus convient d'être de 2,0 à 2,5 m ; la grande terrasse de talus convient d'être disposée au centre de talus, pour la largeur de terrasse, il faut la déterminer par calcul selon la stabilité, il convient d'être de 4 à 6 m. Dans la zone où la précipitation moyenne annuelle est supérieure à 250 mm, sur la terrasse, il faut disposer le fossé de drainage et il doit être protégé.

Tableau 7.10.3-1 Forme de talus de déblai et condition d'application

Forme de talus	Condition d'application
Forme de ligne droite (une pente unique jusqu'au sommet)	(1) Couche de sol homogène, pour Q_4, Q_3, la hauteur de talus en lœss $H \leqslant 15$ m, pour Q_2, Q_1, la hauteur de talus en lœss $H \leqslant 20$ m ; (2) Couche de sol non homogène, la hauteur de talus $H \leqslant 10$ m
Forme de ligne de pliage (la monte en haut est radoucie, la descente en bas est raide)	Couche de sol non homogène, la hauteur de talus $H \leqslant 15$ m
Forme en gradin	(1) Couche de sol homogène, pour Q_4, Q_3 la hauteur de talus en lœss 15 m $< H \leqslant 30$ m, pour Q_2, Q_1 la hauteur de talus 20 m $< H \leqslant 30$ m ; (2) Couche de sol non homogène, la hauteur de talus 15 m $< H \leqslant 30$ m

2 Quand la hauteur de talus de déblai ne dépasse pas 30 m, la déclivité de talus doit être déterminée selon l'unité méthamorphologique de lœss, la genèse de l'âge ; le joint tectonique, la répartition des eaux souterraines, la précipitation, la hauteur de talus, la méthode d'exécution des travaux, et en associant la déclivité de talus stabilisée naturelle ou artificielle et d'après le tableau 7.10.3-2.

3 Quand la hauteur de talus de déblai en lœss dépasse 30 m, il faut faire une comparaison avec le plan de tunnel. Quand le plan de déblai est adopté, pour le talus élevé de déblai, il faut procéder à la conception sur les sites de construction indépendants selon les exigences de la section 3.7 de présentes règles.

4 Pour le talus de déblai profond disposé de grande terrasse, à part qu'il faut procéder à la vérification de la stabilité globale sur le talus élevé de déblai, il faut faire encore une vérification locale sur les talus sectionnés en haut et en bas adjacents de la grande terrasse.

5 Le type de protection de talus doit être déterminé selon la nature de sol, la précipitation, la hauteur de talus et la déclivité de talus, etc., le talus de déblai convient d'être protégé par les plantes de l'ossature. Pour le talus dont la stabilité est mauvaise, il faut disposer l'ouvrage de soutènement nécessaire, la conception d'ingénierie de protection de talus doit se conformer aux exigences de chapitre 5 de présentes règles.

6 Dans le secteur de déblai où les eaux souterraines sont développées, il faut prendre des mesures par interception et drainage des eaux souterraines et prévention des fuites de l'eau de surface, etc. et de disposer l'ingénierie de protection nécessaire.

Tableau 7.10.3-2 Déclivité de talus de déblai dans la zone de lœss

Zonage	Classification		Hauteur de talus (m)			
			≤6	6 à 12	12 à 20	20 à 30
Zone Est-sud I	Nouveau lœss Q_3、Q_4	Molard	1:0,5	1:0,5 à 1:0,75	1:0,75 à 1:1,0	—
		Diluvium	1:0,2 à 1:0,3	1:0,3 à 1:0,5	1:0,5 à 1:0,75	1:0,75 à 1:1,0
	Nouveau lœss Q_3		1:0,3 à 1:0,5	1:0,4 à 1:0,6	1:0,6 à 1:0,75	1:0,75 à 1:1,0
	lœss vieux Q_2		1:0,1 à 1:0,3	1:0,2 à 1:0,4	1:0,3 à 1:0,5	1:0,5 à 1:0,75
Zone Centre II	Nouveau lœss Q_3、Q_4	Molard	1:0,5	1:0,5 à 1:0,75	1:0,75 à 1:1,0	—
		Diluvium, alluvions	1:0,2 à 1:0,3	1:0,3 à 1:0,5	1:0,5 à 1:0,75	1:0,75 à 1:1,0
	Nouveau lœss Q_3		1:0,3 à 1:0,4	1:0,4 à 1:0,5	1:0,5 à 1:0,75	1:0,75 à 1:1,0
	Lœss vieux Q_2		1:0,1 à 1:0,3	1:0,2 à 1:0,4	1:0,3 à 1:0,5	1:0,5 à 1:0,75
	Lœss rouge Q_1		1:0,1 à 1:0,2	1:0,2 à 1:0,3	1:0,3 à 1:0,4	1:0,4 à 1:0,6
Zone Ouest III	Nouveau lœss Q_3、Q_4	Molard	1:0,5 à 1:0,75	1:0,75 à 1:1,0	1:1,0 à 1:1,25	—
		Diluvium, alluvions	1:0,2 à 1:0,4	1:0,4 à 1:0,6	1:0,6 à 1:0,75	1:0,75 à 1:1,0
	Nouveau lœss Q_3		1:0,4 à 1:0,5	1:0,5 à 1:0,75	1:0,75 à 1:1,0	1:1,0 à 1:1,25
	Lœss vieux Q_2		1:0,1 à 1:0,3	1:0,2 à 1:0,4	1:0,3 à 1:0,5	1:0,5 à 1:0,75
Zone Nord IV	Nouveau lœss Q_3、Q_4	Molard	1:0,5 à 1:0,75	1:0,75 à 1:1,0	1:1,0 à 1:1,25	—
		Diluvium, alluvions	1:0,2 à 1:0,4	1:0,4 à 1:0,6	1:0,6 à 1:0,75	1:0,75 à 1:1,0
	Nouveau lœss Q_3		1:0,3 à 1:0,5	1:0,5 à 1:0,6	1:0,6 à 1:0,75	1:0,75 à 1:1,0
	Lœss vieux Q_2		1:0,1 à 1:0,3	1:0,2 à 1:0,4	1:0,3 à 1:0,5	1:0,5 à 1:0,75
	Lœss rouge Q_1		1:0,1 à 1:0,2	1:0,2 à 1:0,3	1:0,3 à 1:0,4	1:0,4 à 1:0,6

Note : Dans le tableau, la valeur de talus désigne une valeur moyenne après la disposition de terrasses.

7.10.4 La conception de fondation du sol lœssique collapsible doit déterminer le type collapsible de fondation du sol, calculer la quantité collapsible de la fondation du sol, définir la classe collapsible de fondation du sol, et elle doit se conformer aux exigences suivantes :

1   Le type collapsible des sites de la zone de lœss doit être déterminé selon la quantité collapsible de poids propre par la mesure réelle ou la quantité collapsible de poids propre par le calcul des essais de compression cumulés en bureau. Lorsque la quantité collapsible de poids propre par la mesure réelle ou par le calcul n'est pas supérieure à 70 mm, il faut la déterminer comme le site lœssique collapsible non par le poids propre ; quand la quantité collapsible de poids propre par la mesure réelle ou par le calcul est supérieure à 70 mm, il faut la déterminer comme le site lœssique collapsible par le poids propre.

2   La quantité collapsible de poids propre du site lœssique collapsible doit être calculée selon la formule (7.10.4-1) :

$$\Delta_{zs} = \beta_0 \sum_{i=1}^{n} \delta_{zsi} h_i \qquad (7.10.4\text{-}1)$$

Dans laquelle :

Δ_{zs} — Quantité collapsible de poids propre du site lœssique collapsible (mm) ;

δ_{zsi} — Coefficient collapsible de poids propre de la i ième couche de sol ;

h_i — Épaisseur de i ième couche de sol (mm) ;

β_0 — Coefficient de correction en fonction du sol d'une région à l'autre ; en cas de manque de données de mesure réelle, dans la zone Longxi, il est pris à 1,50, dans la zone de Longdong-Nord de Shaanxi-Ouest de Shanxi, il est pris à 1,20, dans la zone Guanzhong, il est pris à 0,90, dans les autres zones, ils peuvent être pris à 0,50.

3   La quantité collapsible de fondation du sol lœssique doit être calculée selon la formule (7.10.4-2) :

$$\Delta_s = \sum_{i=1}^{n} \beta \delta_{si} h_i \qquad (7.10.4\text{-}2)$$

Dans laquelle :

Δ_s — Quantité totale collapsible de la fondation du sol (mm) ;

δ_{si} — Coefficient de collapsibilité de la i ième couche de sol ;

β — Coefficient de correction compte tenu des facteurs tels que la possibilité de sol de fondation immergé par l'eau et l'extrusion latérale, etc. ; en cas de manque de données de mesure réelle, dans l'intérieur de 0 à 5 m de profondeur sous la fondation de sol, il est pris $\beta = 1,5$, dans l'intérieur de 5 à 10 m de profondeur sous la fondation de sol, il est pris $\beta = 1,0$.

4   Le niveau de collapsibilité de fondation de sol lœssique doit être déterminé selon les facteurs tels que la quantité totale collapsible cumulée de différentes couche de la

fondation de sol et la grandeur de quantité collapsible de poids propre calculée, etc. et d'après le tableau 7.10.4.

Tableau 7.10.4 Niveau de collapsibilité de fondation de sol lœssique

Type de collapsibilité		Site collapsible de non poids propre	Site collapsible de poid propre	
Quantité collapsible de poids propre de calcul Δ_{zs} (mm)		$\Delta_{zs} \leq 70$	$70 < \Delta_{zs} \leq 350$	$\Delta_{zs} > 350$
Quantité totale collapsible Δ_s (mm)	$\Delta_s \leq 300$	I (légère)	II (moyenne)	—
	$300 < \Delta_s \leq 700$	II (moyenne)	II (moyenne) ou III (grave)	III (grave)
	$\Delta_s > 700$	II (moyenne)	III (grave)	IV (très grave)

Note : Quand la quantité totale de collapsibilité $\Delta_s > 600$ mm, la quantité collapsible de poids propre de calcul $\Delta_s > 300$ mm, il est possible de déterminer en niveau III, pour les autres cas, il peut être déterminé en niveau II.

7.10.5 La conception de traitement de fondation de sol loessique collapsible doit se conformer aux exigences suivantes :

1 Lorsque l'autoroute et la route de première classe passe par le secteur lœssique où le lœss collapsible et le lœss dont la compressibilité est relativement élevée, il est possible de déterminer la profondeur minimum de traitement de la fondation de sol lœssique collapsible selon la hauteur de remblai, la possibilité d'immersion de l'eau, le degré de préjudice après la collapsibilité et le degré de difficulté de la remise en état d'après le tableau 7.10.5-1.

Tableau 7.10.5-1 Profondeur minimum de traitement de la fondation de sol lœssique collapsible

Hauteur de remblai	Niveau et caractéristique de collapsibilité							
	Écoulement d'eau fréquent (ou la possibilité d'immersion grande)				Écoulement d'eau saisonnier (ou la possibilité d'immersion faible)			
	I	II	III	IV	I	II	III	IV
Remblai élevé (>4 m)	2 à 3	3 à 5	4 à 6	6	0,8 à 1	1 à 2	2 à 3	5
Remplissage sporadique, la plate-forme en déblai, le remblai bas (≤4 m)	0,8 à 1	1 à 1,5	1,5 à 2	3	0,5 à 1,0	0,8 à 1,2	1,2 à 2,0	2

Note : 1. Pour la plate-forme adjacent à la culée de pont et la plate-forme avec le mur de soutènement élevé (la hauteur de mur est supérieure à 6 m), il convient d'éliminer la quantité totale collapsible ou de pénétrer toute les couches de sol collapsible.

2. La profondeur de traitement minimum de la fondation de sol lœssique collapsible doit être calculée à partir de la partie supérieure du lit de la route.

2 La conception de traitement de la fondation de sol lœssique collapsible doit déterminer les mesures de traitement selon la classe de route, le niveau de collapsibilité, l'exigence de

traitement de profondeur, la condition d'exécution des travaux, et la provenance de matériaux ainsi que les influences sur les environnements et après la comparaison technico-économique d'après le tableau 7.10.5-2.

Tableau 7.10.5-2 Mesures de traitement couramment utilisées de la fondation de sol lœssique collapsible

Mesures de traitement	Champs d'application	Profondeur renforcée efficace (m)
Méthode de sous-couche de remplissage par remplacement	Traitement sur toute plaquelle ou local, au dessus de niveau d'eau souterraine	1 à 3 m
Compactage au choc	Sol lœssique collapsible de non poids propre de niveaux I à II dont le degré de saturation est de $S_r \leqslant 60\%$, ou de poids propre de niveau I	0,5 à 1 m, maximum 1,5 m
Compactage lourd superficiel		1 à 3 m
Méthode de damage dynamique	Sol lœssique collapsible dont le degré de saturation est de $S_r \leqslant 60\%$, au dessus de niveau d'eau souterraine	3 à 6 m, au maximum 8 m
Méthode de compaction (pieu de compaction en sol-chaux et en pierres cassées)	Sol lœssique collapsible dont le degré de saturation est de $S_r \leqslant 65\%$, au dessus de niveau d'eau souterraine	5 à 12 m, au maximum 15 m
Fondation sur pieux	Elle est destinée à traiter les fondations de construction telles que les ouvrages d'art, les murs de soutènement, etc.	$\leqslant 30$ m

3 Lorsqu'il est possible que l'irrigation du champ agricole produise la fondation de sol lœssique collapsible, on peut faire le traitement antifuite et le confortement sur la couche superficielle en dehors de 5 à 10 m de pieds de talus des deux côtés de remblai ou installer le mur latéral antifuite.

4 La largeur de traitement de la fondation de sol lœssique collapsible doit se conformer aux règles suivantes :

1) Pour le site de sol lœssique collapsible de non poids propre dans le secteur de route de mur de soutènement, il doit se limiter au moins 1 m au côté extérieur de la partie inférieure de la fondation ; pour le site de sol lœssique collapsible de poids propre, il ne doit pas être inférieur à 2 m.

2) Le secteur de remblai doit se limiter au moins 1 m au côté extérieur de fossé de drainage de pied talus, pour le secteur de déblai, il doit couvrir toute la surface d'excavation de plate-forme.

5 Pour les dolines lœssiques portant préjudice à la stabilité de plate-forme, il faut procéder au traitement. La méthode de traitement de dolines lœssiques doit être déterminée selon la profondeur enterrée et la grandeur de doline, il est possible de prendre des mesures de

traitement telles que par l'excavation, le remplissage, le damage et le remplissage de sable et de mortier, etc., la largeur de traitement éventuel dépend de la classe de route. Pour les eaux de surface qui écoulent vers la doline, il faut prendre des mesures d'interception, d'adduction et de drainage ; pour les fissures et la dépression de l'eau stagnante, il faut aplatir et compacter le terrain.

7.10.6 Pour le remblai élevé lœssique, le déblai profond et la fondation de sol lœssique collapsible, il faut procéder à la surveillance de l'exécution des travaux, la conception de surveillance doit se conformer aux exigences des articles 3.6.14 et 3.7.11.

7.11 Plate-forme dans la zone de sol salin

7.11.1 La conception de la plate-forme en sol salin doit suivre les principes suivants :

1 Il faut faire une enquête sur les données de précipitation, de l'évaporation, de la température, de la topographie, de la métamorphologie, et de la géotechnique ainsi que de l'hydrogéologie, etc., le long de la ligne, tirer au clair le type salin, la teneur en sel et la sphère de répartition de sol salin, évaluer la force portante, l'expansibilité du sel, la collapsibilité de dégel et la convergence en surface de sol salin.

2 La position de plate-forme doit être sélectionnée au secteur où le terrain est relativement élevé, le niveau d'eau souterrain est relativement bas, la condition de drainage est bonne, la teneur en sel dans le sol est faible, le degré de minéralisation de l'eau souterraine est faible et la sphère de répartition de sol salin est petite et elle doit se passer par le remblai.

3 Pour la conception de plate-forme en nouvelle construction, il faut mener à bien la conception synthétique de traitement de fondation du sol salin, de contrôle de matériau de remplissage, de structure de la plate-forme et des mesures de protection et de drainage selon la condition d'accumulation de sel locale, la propriété du sol, les états actuels des eaux superficielles et souterraines, de sorte que la résistance et la stabilité de plate-forme répondent aux exigences.

4 Pour la conception de plate-forme en reconstruction, il faut procéder à la comparaison technico-économique avec les plans de traitement et d'utilisation de la plate-forme existante et de reconstruction, et déterminer rationnellement le plan de reconstruction de la plate-forme.

7.11.2 Le sol salin peut être classifié selon la nature saline et le degré de salinisation et d'après les tableaux 7.11.2-1 et 7.11.2-2.

Tableau 7.11.2-1 Classification des sol salin selon la nature saline

Désignation de sol salin	Rapport des teneurs en ions	
	Cl^-/SO_4^{2-}	$(CO_3^{2-}+HCO_3^-)/(Cl^-+SO_4^{2-})$
Sol salin de chlore	>2	—
Sol salin de chlorure	1 à 2	—
Sol salin sulfureux	0,3 à 1,0	—
Sol salin de sulfate	<0,3	—
Sol salin de carbonate	—	>0,3

Note : La teneur en ions est calculée selon le nombre de millimoles dans 1 kg de sol (mmol/kg).

Tableau 7.11.2-2 Classification de sol salin selon le degré de salinisation

Type de sol salin	Salinité moyenne dans la couche de sol à grain fin (en % en masse)		Salinité moyenne de sol passant au tamis de 1 mm de sol à grain gros (en % en masse)	
	Sol salin de chlore et sol salin de chlorure	sol salin de sulfate et sol salin sulfureux	Sol salin de chlore et sol salin de chlorure	sol salin de sulfate et sol salin sulfureux
Sol faiblement salin	0,3 à 1,0	0,3 à 0,5	2,0 à 5,0	0,5 à 1,5
Sol moyennement salin	1,0 à 5,0	0,5 à 2,0	5,0 à 8,0	1,5 à 3,0
Sol fortement salin	5,0 à 8,0	2,0 à 5,0	8,0 à 10,0	3,0 à 6,0
Sol excessivement salin	>8,0	>5,0	>10,0	>6,0

Note : La teneur en ions est calculée selon la quantité totale saline dans 100 g de sol sec.

7.11.3 Pour la fondation de sol salin, il faut procéder à l'évaluation sur l'expansibilité du sel et la collapsibilité de dégel et il doit se conformer aux exigences suivantes :

1 L'expansibilité du sel doit prendre le taux d'expansion de sel du corps de sol de la sphère de 1,0 m au dessous de la surface de terre pour l'indice d'évaluation. Quand la période de temps de surveillance de taux d'expansion de sel n'est pas suffisante, l'indice d'évaluation prendre la teneur de sulfate de sodium. Les taux d'expansion de sel ou les teneurs de sulfate de sodium des plates-formes des routes de différentes classes doivent se conformer aux règles de tableau 7.11.3-1.

Tableau 7.11.3-1 Taux d'expansion admissible du sel de fondation de sol salin

Classe de route	Hauteur de plate-forme h (m)	Taux d'expansion du sel η (%)	Teneur en sulfate de sodium Z (%)
Autoroute et route de première classe	≤2	≤1	≤0,5
	>2	≤2	≤1,2
Routes de deuxième et inférieures à la deuxième classe	≤2	≤2	≤1,2
	>2	≤4	≤2,0

2 Dans le secteur de route où la profondeur enterrée du niveau d'eau souterraine est inférieure à 3,0 m ou il existe souvent de l'eau superficielle qui immerge le sol salin, il faut calculer la quantité de collapsibilité de dégel selon la formule (7.11.3), et procéder à l'évaluation de collapsibilité de dégel de fondation de sol. Les quantités de collapsibilité de dégel des fondations de sol des routes de différentes classes doivent se conformer aux règles de tableau 7.11.3-2.

$$\Delta S = \sum_{i}^{n} \delta_i h_i \qquad (7.11.3)$$

Dans laquelle :

ΔS— Quantité de collapsibilité de dégel de la fondation du sol (mm) ;

δ_i— Coefficient de collapsibilité de dégel de la i ième couche de sol dans la fondation du sol (%) ;

h_i— Épaisseur de la i ième couche de sol dans la fondation de sol (mm) ;

n— Nombre de couches de sol à calculer sous la profondeur d'influence de collapsibilité de dégel.

Tableau 7.11.3-2 Indice de collapsibilité de dégel de la fondation de sol salin

Classe de route	Autoroute et route de première classe	Route de deuxième classe	Routes de troisième et de quatrième classe
Quantité de collapsibilité de dégel ΔS (mm)	<70	<150	<400

7.11.4 La conception de traitement de la fondation du sol salin doit se conformer aux exigences suivantes :

1 Pour le secteur de route dont le taux d'expansion du sel et la quantité de collapsibilité de dégel de la fondation du sol salin sont conformes aux exigences stipulée, il faut procéder au traitement par nettoyage de l'efflorescence, de la croûte de sel convergée en surface de la fondation du sol salin et de la végétation tolérante au sel, etc., et au remplacement de gravier sableux pour remplissage, la profondeur de nettoyage convient d'être de 0,3 à 0,5 m.

2 Pour le secteur de route en sol salin dont le taux d'expansion du sel n'est pas conforme aux stipulations, il est possible d'adopter les mesures de traitement par l'agrandissement de la profondeur de nettoyage, le remplacement du sol non expansible du sel pour remplissage et l'élévation adéquate de la hauteur de plate-forme, etc.

3 Pour le secteur de route en sol salin dont la quantité de collapsibilité de dégel ne satisfait pas aux stipulations, il est possible de prendre des mesures de traitement par le nettoyage de surface, le compactage au choc, par le dégel préalable avec l'immersion d'eau, par le

remplacement de fondation de sol et par le compactage dynamique et de mener à bien la conception de drainage de plate-forme.

4   Pour la fondation de sol faible salinisée, il est possible de prendre des mesures de traitement par le remplacement pour remplissage, la couche en pierres cassées stabilisée au ciment, le remplacement par compaction dynamique et les pieux en graviers (en pierres cassées), etc. Après le traitement de la fondation de sol, le tassement après la fin des travaux doit se conformer aux exigences de la section 7.7 de présentes règles.

7.11.5   Pour la plate-forme dans la zone en sol salin, il convient d'adopter le remblai. En cas de condition limitée, quand la plate-forme en déblai ou en remplissage sporadique est adoptée, il faut procéder au traitement par l'excavation hors profil et par remplacement pour remplissage de matériau d'une bonne insensibilité à l'eau non salin et installer la couche d'isolation, etc. sur le sol salin dans le domaine de lit de la route.

7.11.6   La hauteur de remblai en sol salin doit être déterminée synthétiquement selon le type du sol salin, la hauteur de montée de l'eau capillaire, la profondeur de l'expansion de gel et la profondeur de l'expansion du sel ainsi que l'emploi de forme d'isolation, etc. Lorsqu'on n'installe pas la couche d'isolation, la hauteur minimum de remblai ne doit pas être inférieure aux stipulations de tableau 7.11.6.

Tableau 7.11.6   Hauteur minimum de remblai de la zone de sol salin lors de non installation de couche d'isolation

Type de sol	Supérieur à la surface de terrain (m)		Supérieur au niveau d'eau souterraine ou au niveau d'eau stagnante permanente (m)	
	Sol faiblement, moyennement salin	Sol fortement, excessivement salin	Sol faiblement, moyennement salin	Sol fortement, excessivement salin
Sol graveleux	0,4	0,6	1,0	1,1
Sol sableux	0,6	1,0	1,3	1,4
Sol argileux	1,0	1,3	1,8	2,0
Sol silteux	1,3	1,5	2,1	2,3

Note : 1. Pour l'autoroute et la route de première classe, les valeurs numériques listées dans le tableau doivent être multipliées par 1,5 à 2,0, pour la route de deuxième classe, elles doivent être multipliées par 1,0 à 1,5.
2. Pour le sol salin de chlore et le sol salin de chlorure, les valeurs faibles peuvent être prises.

7.11.7   Pour le matériau de remplissage de la plate-forme, il convient d'adopter les matériaux tels que le gravier sableux, le sable éolien, etc. lorsque le sol salin est utilisé pour le remplissage de plate-forme, la disponibilité doit être déterminée selon la classe de route, les parties de remplissage, le type de sol et la caractéristique du climat local ainsi que la condition hydrogéologique, etc. et d'après le tableau 7.11.7.

Tableau 7.11.7 Disponibilité de sol salin pour le matériau de remplissage de plate-forme

Type de sol	Type de sels	Degré de salinisation	Autoroute, route de première classe			Route de deuxième classe			Routes de troisième et de quatrième classe	
			Lit de route	Remblai supérieur	Remblai inférieur	Lit de route	Remblai supérieur	Remblai inférieur	Lit de route	Remblai supérieur
Sol à grain fin	Sol salin de chlore	Sol faible. salin	×	○	○	○	○	○	○	○
		Sol moyen. salin	×	×	○	×	▲²	○	×	○
		Sol forte. salin	×	×	×	×	×	▲³	×	▲³
		Sol excessive. salin	×	×	×	×	×	▲³	×	×
	Sol salin de sulfate	Sol faible. salin	×	×	○	×	○	○	▲²	○
		Sol moyen. salin	×	×	×	×	×	○	×	▲²
		Sol forte. salin	×	×	×	×	×	×	×	×
		Sol excessive. salin	×	×	×	×	×	×	×	×
Sol à grain gros	Sol salin de chlore	Sol faible. salin	▲¹	○	○	○	○	○	○	○
		Sol moyen. salin	×	▲¹▲²	○	▲¹	○	○	○	○
		Sol forte. salin	×	×	○	×	▲³	○	×	○
		Sol excessive. salin	×	×	×	×	×	▲³	×	▲³
	Sol salin de sulfate	Sol faible. salin	▲¹▲²	○	○	▲¹	○	○	○	○
		Sol moyen. salin	×	×	○	×	○	○	▲¹	○
		Sol forte. salin	×	×	×	×	×	▲¹	×	▲³
		Sol excessive. salin	×	×	×	×	×	×	×	×

Note : 1. Dans le tableau, ○ - utilisable ; × - non utilisable.

2. ▲¹- À l'exception de sol sableux (gravier) à grain fin, le sol à grain grossier est utilisable.

3. ▲²-Il est utilisable pour le secteur de route où il n'y a pas d'eau stagnante permanente sur la surface de terrain, le niveau d'eau souterraine est inférieur à 3 m.

4. ▲³- Pour la zone excessivement sèche, il est possible d'en être utilisable après la démonstration.

7.11.8 La déclivité de talus de remblai en sol salin doit être déterminée selon la nature du sol de matériau de remplissage et le degré de salinisation et d'après le tableau 7.11.8.

Tableau 7.11.8 Déclivité de talus de remblai de la zone en sol salin

Type du sol	Degré de sanilisation de matériau de remplissage	
	Sol faible. et moyen. salin	Sol fort. salin
Sol graveleux	1:1,5	1:1,5
Sol sableux	1:1,5	1:1,5 à 1:1,75
Sol silteux	1:1,5 à 1:1,75	1:1,75 à 1:2,0
Sol argileux	1:1,5 à 1:1,75	1:1,75 à 1:2,0

7.11.9 Dans le secteur de route où la profondeur enterrée est relativement peu profond, la montée de l'eau capillaire est relativement relativement élevée ou il est sujet à être influencé par l'eau superficielle, il faut installer à l'intérieur de remblai, une couche d'isolation. La conception de couche d'isolation doit se conformer aux exigences suivantes :

1 Le niveau de disposition de la couche d'isolation doit être supérieur plus de 0,2 m à la surface de terrain ou au niveau d'eau stagnante permanente, et doit satisfaire les exigences de profondeur de gel maximale. Pour la couche d'isolation de plates-formes en nouvelle construction de l'autoroute et de la route de première classe, il convient de disposer sous le lit de la route.

2 La pente transversal de bombement de la chaussée de couche d'isolation ne doit pas être inférieure à 2%, la pente transversale maximale ne doit pas dépasser 5%.

3 Le matériau de la couche d'isolation peut adopter le gravier (pierre cassée) dont la perméabilité est bonne et le géotextile composite imperméable. L'épaisseur de couche en gravier (pierre cassée) convient d'être de 0,3 à 0,5 m, la grosseur de grain maximale doit être inférieure à 50 mm, la teneur en particules de silt et d'argile doit être inférieure à 5%.

7.11.10 Pour la conception de drainage de plate-forme en sol salin, il faut adopter les mesures synthétiques qui consistent à associer la protection, le drainage et le dragage pour prévenir et traiter les pathologies de la plate-forme et il faut se conformer aux exigences suivantes :

1 Dans le secteur de route où les eaux superficielles sont abondantes, la condition hygrogéologique est relativement mauvaise, sur les deux côtés de plate-forme, il convient de disposer la risberme. La largeur de risberme ne convient pas d'être inférieure à 2 m, la pente transversale ne doit pas être inférieure à celle de l'accotement.

2 Pour le secteur de route où le niveau d'eau souterraine est relativement élevé, ou à côté de la route, il y a les canaux de drainage et d'irrigation de champs agricole, il est possible de disposer, sur un ou deux côtés de la plate-forme, les fossés de drainage (ou d'interception) afin de baisser le niveau d'eau souterraine ou d'intercepter et de bloquer les eaux de drainage et d'irrigation de champs agricole, la distance de fossés de drainage (ou d'interception) au pied de talus de la plate-forme ne doit pas être inférieure à 2,0 m. Quand la condition le permet, il est possible de disposer le fossé de décharge alcalin, la distance de fossé de décharge alcalin au pied de talus de remblai ne doit pas être inférieure à 5,0 m, le fond de fossé doit être inférieur au moins de 1,0 m à la surface de terrain.

3 Pour le secteur de route dont le drainage des eaux superficielles est difficile, dans le cas d'occupation de terrain admissible, il est possible de disposer le bassin d'évaporation, la

distance du bord de bassin d'évaporation au pied de talus de la plate-forme convient d'être supérieure à 10 m.

7.11.11 La conception de plate-forme dans le secteur de lac salé à sec doit se conformer aux exigences suivantes :

1 Pour la conception de plate-forme dans le secteur de lac salé à sec, il faut tirer au clair les situations telles que la condition de genèse de lac salé, le processus d'assèchement, la caractéristique de sel, le type de sel gemme, les propriétés chimiques et physiques et d'ingénierie ainsi que le niveau de l'eau halogène souterraine, etc.

2 Pour le remplissage de remblai dans le secteur de lac salé à sec, il est possible de prendre le sel gemme pour le matériau de remplissage. Pour les routes de troisième et de quatrième classe, on peut adopter le remblai bas, la hauteur de remblai ne convient pas d'être inférieure à 0,3 m. Pour la largeur de plate-forme, il convient d'élargir 0,2 m de chaque côté sur la base de profil type, la déclivité de talus de remblai convient d'être adoptée de 1:1,75 à 1:3.

3 Quand il y a la saumure saturée sous la surface du lac salé, il convient d'adopter le profil transversal de plate-forme disposée de fossé de drainage et de risberme. La largeur de risberme doit être supérieure à 2 m.

4 Dans le secteur défavorable où il existe des grottes, des bassins, et des ravins karstiques, il faut remplacer pour remplissage les matériaux de gravier sableux, de sable éolien, de moellon et caillou ou de couvercle de sel, etc.

7.12 Plate-forme dans la zone de pergélisol

7.12.1 La conception de plate-forme dans la zone de pergélisol doit respecter les principes suivants :

1 Lorsque le tracé passe par la zone de pergélisol, il faut tirer au clair la répartition, le type de pergélisol, la limite supérieure de la couche de terre gelée, la température moyenne annuelle du sol, la ligne de démarcation de la région de pergélisol en forme de l'île avec la région de sol gelé saisonnier, la limite inférieure de sol gelé et les domaines et les grandeurs de marécages de sol gelés, de monticule de glace, de cône de glace et du lac (étang) thermokarstique, la cause de production et la tendance de développement. La classification d'ingénierie routière de pergélisol est à voir l'Annexe J.

2 Pour la plate-forme de la zone de pergélisol, il convient d'adopter le remblai. Pour les secteurs de marécages de sol gelés (terre humide en paludification) et de lac (étang) thermokarstique, il convient d'adopter le remblai ou le pont. La hauteur de remblai ne doit pas être inférieure à la somme de niveau d'eau stagnante de marais dans la saison chaude, plus la hauteur de remous de vague, la hauteur de montée capillaire, la hauteur d'expansion de gel nocif et la hauteur de sécurité de 0,5 m, et elle doit satisfaire les exigences de l'épaisseur d'isolation thermique.

3 Pour le matériau de remplissage de plate-forme, il convient d'adopter le sol caillouteux ou le sol en pierres cassées, les moellons et blocs, il ne faut pas utiliser le sol à grain fin et le sol riche en humus ainsi que le sol gelé dont l'indice de plasticité est supérieur à 12, la limite de liquidité est supérieure à 32%. À propos de matériau de remplissage de berme d'isolation thermique, il faut prendre le matériau sur place et il convient d'adopter le même matériau de remplissage que la plate-forme elle-même, il est possible d'employer également la tourbe, le gazon, l'herbe de tête de tour ou le sol à grain fin.

4 La conception de plate-forme doit adopter le principe de conception relatif à la protection de sol gelé, au contrôle de la vitesse de dégel ou au dégel admissible selon le type de sol gelé et la température du sol moyenne annuelle.

5 En ce qui concerne la plate-forme dans le secteur de sol gelé contenant moins de glace ou plus de glace, on peut la prendre comme la plate-forme ordinaire pour la conception ; pour les plates-formes de secteurs du sol gelé riche en glace, ou saturé en glace, ayant la couche de glace contenant le sol, la monticule de glace, et le cône de glace ainsi que le lac (étang) thermokarstique, etc., il faut procéder à la conception spéciale.

7.12.2 La conception de remblai de pergélisol doit se conformer aux exigences suivantes :

1 Lors d'emploi de principe de conception pour la protection de pergélisol, la hauteur minimale de remblai doit être déterminée selon les différentes régions, les divers types de matériaux de remplissage et les différents zonages de températures de sol, etc. afin d'assurer que la limite supérieure de pergélisol ne sera pas baissée.

2 Lors d'emploi de principes de conception relatifs au contrôle de vitesse de dégel et au dégel admissible, pour la hauteur de remblai, il ne convient pas d'être inférieur à 1,5 m, il ne convient non plus d'être trop élevé, afin d'éviter le remblai de produire la déformation irrégulière et la fissuration.

3 Dans le secteur où l'épaisseur de couche de pergélisol est inférieure ou égale à 2 m ou la

limite inférieure de couche de pergélisol est inférieure ou égale à 4 m, pour la conception de plate-forme, il convient d'adopter le principe de conception de dégel admissible.

4 Dans le secteur où l'épaisseur de couche de pergélisol est supérieure à 2 m ou la limite inférieure de couche de pergélisol est supérieure à 4 m, pour la conception de plate-forme, il faut adopter le principe de conception relative à la protection de pergélisol ou au contrôle de vitesse de dégel.

5 Lorsque la hauteur de remblai ne peut pas satisfaire la hauteur minimale en assurant que la limite supérieure de protection de pergélisol ne change pas, il est possible de prendre des mesures d'ingénierie de régulation et de contrôle de la température telles que l'emploi de la couche en matériau d'isolation thermique industrielle, de la sonde thermique, des moellons et blocs ainsi que des tuyaux d'aération, etc.

6 Pour le secteur de transition de remblai-déblai ou de remblai bas, il faut faire un remplacement pour remplissage sur la fondation de sol, l'épaisseur et le matériau de remplacement sont déterminés par le calcul thermique.

7 Quand le fond de base de remblai est constitué par la couche en sol à grain fin saturé en glace ou en sol contenant de la glace et en plus, la couche de glace souterraine est relativement plus épaisse, sous le fond de base, il faut disposer une couche thermique, au pied de talus, il faut disposer la risberme thermique, pour la couche thermique, il est possible d'adopter la mousse locale, le gazon, l'herbe de tête de tour, la tourbe, l'argile et les autres matériaux.

8 La plate-forme de la zone de pergélisol instable doit être traitée synthétiquement par adoption de refroidissement de la fondation de sol, la disposition de la couche d'isolation thermique et etc. selon les situations de la répartition du sol gelé, des matériaux de remplissage, des remblais et déblais de la plate-forme ainsi que des températures du sol, la disposition de la couche d'isolation thermique doit être déterminée selon la calcul thermique.

9 Quand les épaisseurs de couche de sol gelé riche en glace, de couche de sol gelé saturée en glace et de couche de sol contenant de la glace sont relativement minces, et l'enterrement est relativement peu profond, après la comparaison technico-économique, il est possible de prendre des mesures d'élimination des couches de sol gelé.

10 Pour la plate-forme en sol gelé contenant de quantité élevée de glace du secteur de pergélisol instable, il convient de prendre des mesures d'ingénierie de régulation et de contrôle de température par la disposition des matériaux d'isolation thermique industriels,

des sondes thermiques, des moellons (blocs) ainsi que des tuyaux d'aération, etc. Quand les mesures de régulation de température ne peuvent pas assurer la stabilité de plate-forme, il convient d'adopter le plan de pont.

11   La conception de la hauteur de remblai doit calculer la valeur de tassement due au dégel de la fondation du sol et la valeur de tassement par la compression et déterminer la pré-réservation des valeurs de rehaussement et d'élargissement de la plate-forme selon la valeur de tassement d'après la fin des travaux. Quand le remblai est relativement élevé, il est possible de mettre en pose la géogrille ou la géocellule.

7.12.3   La conception de déblai dans la zone de pergélisol doit se conformer aux exigences suivantes :

1   Le sol gelé dans la sphère de la profondeur du lit de la route doit être remplacé partiellement ou totalement par le remplissage de matériau d'isolation thermique, l'épaisseur de remplacement pour remplissage doit être déterminée par calcul thermique.

2   Quand on prend les graviers caillouteux comme le matériau de remplacement pour le remplissage, il faut disposer sous la surface de terrain, la couche de géomembrane composite imperméable, la pente transversale de surface du sommet de couche imperméable ne doit pas être inférieure à 4%.

3   La déclivité de talus du déblai doit être déterminée selon les situations de répartition de couches de sol gelé, la direction de la pente, la teneur en glace et la température du sol, etc., la déclivité de talus ne convient pas d'être supérieure à 1:1,75. Pour le talus de déblai, il convient d'employer le sol argileux pour compactage et de poser sur le terrain, le gazon ou la couche de protection par les plantes.

4   Sur le sommet de déblai, il faut adopter la forme de profil en angle d'enveloppement, pour la hauteur de l'angle d'enveloppement, il convient d'être supérieur de 0,8 m au terrain originaire, la largeur ne doit pas être inférieure à 1,0 m, pour la déclivité de talus à côté extérieur, il convient d'être de 1:1,75, la déclivité de talus à côté intérieur doit être cohérent au talus de déblai.

5   Pour les secteurs où la profondeur de déblai en sol gelé d'une teneur en glace faible est supérieure à 8 m, la profondeur de déblai en sol gelé d'une teneur en glace élevée supérieure à 5 m et la géologie de sol gelé est défavorable, il faut procéder à la prospection et à l'étude sur chaque site de construction.

7.12.4   La conception de plate-forme dans le secteur de sol gelé de basse température et de teneur élevée en glace, il faut se conformer aux exigences suivantes :

1   Pour la conception de la plate-forme dans le secteur de sol gelé d'une basse température et d'une teneur en glace élevée, il convient d'adopter le principe de conception de protection du sol gelé. La hauteur de conception de plate-forme doit être supérieure à la hauteur critique de la plate-forme. À cause de limitation de la conception du tracé ou de la topographie, quand la hauteur de conception de plate-forme ne peut pas être atteinte à la hauteur critique de plate-forme, il faut disposer le matériau d'isolation thermique industrielle dans la plate-forme.

2   L'épaisseur de matériau d'isolation thermique disposé dans la plate-forme doit être déterminée selon l'équivalent de la résistance thermique et d'après la formule (7.12.4), mais il ne convient pas d'être inférieur à 60 mm, la largeur convient d'être cohérente à la couche de surface de la chaussée. Sa profondeur enterrée doit être définie par la résistance et la classe de route, il convient d'être enterré à la profondeur de 0,30 à 0,35 m au dessous du sommet de la plate-forme.

$$d_x = K \frac{d_s \lambda_e}{\lambda_s} \quad (7.12.4)$$

Dans laquelle :

d_x, d_s — Épaisseur de la plaque en matériau d'isolation thermique par rapport au corps de sol équivalent (mm) ;

λ_e, λ_s — Coefficient de conductivité thermique de plaque en matériau d'isolation thermique et de corps de sol équivalent ;

K — Coefficient de sécurité ; lors d'utilisation de matériau d'isolation thermique dans la plate-forme, K est pris de 1,5 à 2,0 ; quand le matériau d'isolation thermique est utilisé dans le talus de plate-forme, K est pris de 1,2 à 1,5.

3   Le matériau d'isolation thermique disposé dans la plate-forme doit revêtir la bonne propriété de résistance thermique et la résistance suffisante, pour le coefficient de conductivité thermique, il convient d'être inférieur à 0.029 W/(m·K), pour le taux d'absorption de l'eau, il convient d'être inférieur à 0,5%, pour la résistance à la compression, il convient d'être supérieur à 600 kPa.

7.12.5   La conception de plate-forme dans le secteur de sol gelé d'une haute température et d'une teneur en glace élevée doit se conformer aux exigences suivantes :

1   Pour la conception de plate-forme dans le secteur de sol gelé d'une haute température et d'une teneur en glace élevée, il convient d'adopter le principe de contrôle de la vitesse de dégel. Quand la hauteur de plate-forme est supérieure à 3,0 m, il est possible d'adopter la

plate-forme en moellons (blocs de pierre) et dans laquelle, il peut compléter la sonde thermique ou le tuyau d'aération et il est également possible d'adopter la plate-forme composite de matériau d'isolation thermique avec la sonde thermique, en cas de besoin, de construire le pont pour passage.

2 Lorsque le tracé passe par le marais où les eaux souterraines sont développées, les eaux de ruissèlement de surface sont relativement développées ou le marais de sol gelé, il convient d'adopter la plate-forme en moellons (blocs de pierre). L'épaisseur de moellons (blocs de pierre) sera déterminée selon la quantité contenant de la glace de pergélisol, il convient d'être de 1,2 à 1,8 m, disposé en deux niveaux, le niveau supérieur convient d'être de 0,4 m, avec la spécification de 50 à 100 mm ; l'épaisseur de niveau inférieur peut être de 0,8 à 1,4 m, avec la spécification de 150 à 200 mm ; la résistance à la compression uniaxiale de matériau rocheux doit être supérieure à 30 MPa. Sous la couche de moellons (blocs de pierre), il convient de disposer la couche de gravier sableux, l'épaisseur convient d'être de 0,3 à 0,5 m.

3 Lors d'ajout par supplément de sonde thermique dans la plate-forme, il faut déterminer la disposition de sondes thermiques sur un ou deux côtés latéraux selon la condition de pergélisol local et la direction du tracé. Les sondes thermiques doivent être implantés à 0,10 m (du bord de plate-forme) en dehors de l'emprise de la route, pour les intervalles de disposition longitudinale des sondes thermiques, il convient d'être de 1,5 à 2,5 fois le rayon efficace de sonde thermique, avec la profondeur enterrée de 1,0 à 2,5 m au dessous de la limite supérieure de pergélisol. Le rayon efficace est déterminé par calcul thermique. Quand la largeur de plate-forme est inférieure à 10 m, la sonde thermique convient d'être disposée verticalement ; quand la largeur de plate-forme est de 10 à 12 m, il est possible d'être implanté obliquement, mais l'angle d'inclinaison ne doit pas être supérieur à 15° ; quand la largeur de plate-forme est supérieure à 12 m, le sonde thermique doit être implanté obliquement ou la sonde thermique en forme « L » est appliqué.

4 Lorsque la direction de vent naturel est quasiment perpendiculaire avec la direction du tracé, il est possible d'adopter la plate-forme de tuyaux d'aération. Pour les tuyaux d'aération, il convient d'adopter les tuyaux en béton armé préfabriqués, le diamètre interne de tuyau convient d'être de 0,3 à 0,4 m ; pour l'intervalle de disposition des tuyaux, il doit être inférieur au rayon de refroidissement et à deux fois le diamètre externe de tuyau, la profondeur enterrée doit être supérieure à 3 à 5 fois le diamètre de tuyau, il convient d'être disposé à l'endroit de 0,5 à 0,7 m au dessus de la surface de terrain, la longueur de prolongement de tuyau d'aération en dehors de talus de remblai doit être supérieure à 0,30 m. Le rayon de refroidissement est déterminé par calcul thermique.

5　Lorsque les sondes thermiques ajoutées par supplément dans la plate-forme ne peuvent pas contrôler efficacement le dégel de sol gelé, il est possible d'augmenter par suplément le matériau d'isolation thermique dans la plate-forme de sondes thermiques.

7.12.6　La conception de plate-forme dans les secteurs de la monticule de glace, de cône de glace et du lac (étang) thermokarstique doit se conformer aux exigences suivantes :

1　Pour le remblai situé dans la partie inférieure de cône de glace, de monticule d'expansion de glace, il faut disposer le fossé de drainage sur sa partie supérieure. Quand il y a le courant d'eau souterraine relativement important dans la zone de dégel persistant, il faut installer la rigole d'infiltration d'isolation thermique pour diriger le courant d'eau souterraine vers l'extérieur de remblai, en cas de besoin, construire le pont pour passage.

2　Pour le plan de remblai de secteur situé sur la partie supérieure de cône de glace et de monticule d'expansion de glace, il doit être utilisé avec précaution. En cas de passage obligatoire, il faut disposer les installations d'interception et de drainage des eaux souterraines telles que le fossé de drainage, le fossé de congélation, la rigole d'infiltration d'insolation thermique, etc. Si la quantité de glaces accumulée est bien importante ou il y a de l'eau souterraine abondante et en plus, l'interception et le drainage sont difficiles, il convient de construire le pont pour passage.

3　Quand la plate-forme passe par le lac (étang) thermokarstique, il est possible de prendre des mesures telles que le drainage et l'élimination de la vase, le remplacement de graviers sableux pour remplissage, l'extrusion de vase par lancement des moellons, etc. En cas de besoin, de construire le pont pour le passage.

4　En ce qui concerne le remblai dans le secteur de marécage, il faut procéder à la conception selon le principe de protection de pergélisol et d'admission de dégel selon la caractéristique de marais, la profondeur de l'eau stagnante, le type de pergélisol et la température du sol gelé ainsi que la limite inférieure de sol gelé, et il doit prendre des mesures synthétiques de drainage, de pré-réservation de tassement et d'élimination des pathologies de gel. En cas de besoin, construire le pont pour passage.

7.12.7　La conception de drainage de plate-forme doit se conformer aux exigences suivantes :

1　La plate-forme dans la zone de pergélisol doit prendre des mesures de drainage des eaux superficielles, pour le fossé de drainage et la rigole d'interception, il faut d'adopter le profil en forme large et peu profond et il convient d'être loin de pied de talus de la plate-forme. Dans le secteur de drainage difficile, il faut augmenter par supplément les ouvrages d'art de franchissement.

2   Dans le secteur de sol gelé dont la teneur en glace est élevée, il faut éviter la disposition de fossé de drainage et de rigole d'interception, il convient d'adopter la banquette de rétention et de prendre des mesures d'isolation thermique et imperméable, en cas de besoin, il faut prendre des mesures de confortement.

3   Dans les secteurs de sol gelé riche en glace et saturé en glace, la distance du bord de côté intérieur de banquette de rétention au pied de talus de risberme d'isolation thermique ou du sommet de déblai ou du pied de talus de remblai (sans risberme d'isolation thermique) ne doit pas être inférieure à 5 m, dans le secteur de couche de glace contenant du sol, elle ne doit pas être inférieure à 10 m.

4   Il faut prendre des mesures telles que le fossé de congélation, la fosse d'accumulation des glaces, la digue de rétention des glaces, le mur de rétention des glaces, la rigole d'isolation thermique et imperméable, etc., drainer les eaux souterraines nuisibles à la plate-forme. Pour la rigole d'infiltration et le puits de visite, il faut tous prendre des mesures d'isolation thermique.

7.12.8   La conception de l'emprunt et de la mise dépôt définitif de la plate-forme doit se conformer aux exigences suivantes :

1   L'emprunt (champs d'emprunt) doit être loin de plate-forme, l'emprunt sera concentré par sectionnement et il doit se conformer aux exigences de protection de l'environnement.

2   L'emprunt (champs d'emprunt) doit être sélectionné sur le côté supérieur de remblai dans le secteur où la couverture végétale est clairsemée en sol moins de glace, riche en glace, sur le versant de montagne ou dans la zone de dégel, sur la plage de rivière ou dans la vallée, pour la profondeur de l'emprunt, il ne convient pas d'être supérieur à 3/4 de la limite supérieur de pergélisol, après l'emprunt, il faut procéder au nivellement du sol et au rétablissement de couverture végétale.

3   Dans les secteurs de sol gelé saturé en glace, riche en glace et de couche de glace contenant le sol, il ne faut pas faire l'emprunt. Le sol gelé contenant en glace riche de l'excavation de déblai ne doit pas être utilisé directement pour la plate-forme en déblai ou le matériau de risberme d'isolation thermique.

4   Le dépôt de la terre doit être loin de la plate-forme, après l'emprunt, il faut aplanir le

terrain ou rétablir la couverture végétale. Pour les déchets de construction à base de ciment ou de bitume, il faut procéder au traitement de couverture et il doit se conformer aux exigences de la protection de l'environnement.

7.12.9   Pour les plates-formes de route de deuxième et supérieure à la deuxième classe dans la zone de pergélisol, il faut procéder à la surveillance de température du sol et de la déformation de plate-forme, le profil de surveillance doit être mise en disposition selon la topographie, la géomorphologie le long de ligne de la route, la condition de sol gelé, la lithologie géologique et la structure de plate-forme, etc., pour les secteurs de route dont les structures de plate-forme sont différentes selon les diverses unités géomorphologiques, les profils de surveillance ne conviennent pas d'être inférieurs à deux. En cas de besoin, il est possible de mettre en disposition les postes méthéorologiques pour superviser les éléments climatiques le long de la route.

7.13   Plate-forme dans la zone de vents sableux

7.13.1   La conception de plate-forme dans la zone de vent sableux doit suivre les principes suivants :

1   Lorsque le tracé passe par la zone de vent sableux, il faut enquêter sur et collecter les données concernant le climat local, la topographie et la métamorphologie, la géotechnique et l'hydrogéologie, la catastrophe de vent sableux, les matériaux de construction et de protection routière ainsi que l'environnement écologique, etc. pour déterminer le type de désert local et la partition de zonage naturel.

2   Il faut sélectionner rationnellement la position de la plate-forme, la forme de profil transversal et le système synthétique de prévention contre le sable du côté latéral de la route selon le type de sable, la partition de zonage naturel et le degré de catastrophe de vent sableux.

3   Il faut procéder au remplissage de plate-forme et à la conception de prévention contre le sable tout en respectant le principe de l'adaptation à la condition locale, de prise de matériau sur place et de traitement synthétique et en profitant pleinement de matériau de sable éolien, selon la condition géologique et climatique le long du tracé, la situation de matériau construction routière, etc.

4   Pour la plate-forme dans la zone de désert mouvant et aride, il est possible de ne pas disposer les installations de drainage telles que le fossé latéral, etc. ; pour le secteur de route où la précipitation est relativement nombreuse ou il y a le besoin en irrigation, il faut prendre en compte la conception de drainage, et il convient de disposer le fossé latéral en forme large et peu profond et le ponceau à grande ouverture.

7.13.2 La conception de plate-forme en remblai doit se conformer aux exigences suivantes :

1 Pour la plate-forme, il convient d'adopter le remblai bas, la hauteur de remblai convient d'être supérieure de 0,5 à 1 m à la hauteur moyenne des dunes de sable dans les environs de 50 m. Dans les secteurs branchant la grande et haute arête longitudinale de sable ou la chaîne de dune de sable composite, pour la hauteur de remblai, il convient que le remblai soit légèrement plus élevé que le déblai ou de prendre l'équilibre de remblai-déblai pour principe.

2 Pour le remblai, il convient d'adopter le profil transversal caréné ou de talus radouci, pour l'autoroute et la route de première classe, il convient d'adopter la forme de plate-forme à talus radouci et de type de séparation sans disposition de glissière. Pour l'angle d'intersection entre l'accotement et le talus, il convient d'être disposé en forme de l'arc circulaire.

3 La déclivité de talus de remblai doit être sélectionnée selon le matériau de remplissage, la hauteur de remblaiement, la direction de vent, le relief du côté latéral de route et la situation de protection et d'après le tableau 7.13.2. Pour l'autoroute et la route de première classe dans la zone de sable semi-humide et semi-aride, il convient d'être plus radoucie ou égale à 1:3.

Tableau 7.13.2   Déclivité de talus de plate-forme en remblai

Hauteur de plate-forme (m)		Déclivité de talus ($1:n$)	
		Autoroute et route de première classe	Routes de deuxième et de troisième classe
Terrain plat sablonneux		1:3 à 1:6	1:3 à 1:6
Différentes hauteurs de fondation en sable	$h \leqslant 0,5$	1:3 à 1:6	1:3 à 1:6
	$0,5 < h \leqslant 2$	1:3 à 1:5	1:3 à 1:4
	$2 < h \leqslant 5$	1:2,5 à 1:4	1:2 à 1:3
	$5 < h$	1:2,5	1:2

4 La résistance et le taux de compactage de plate-forme doivent se conformer aux règles des sections 3.2 et 3.3. Quand le pur sable éolien est utilisé pour le remplissage de plate-forme, il est possible de prendre des mesures de fixation de sable par la pose de géotextile, etc.

7.13.3 La conception de plate-forme en déblai doit se conformer aux exigences suivants :

1 La conception de plate-forme en déblai doit éviter le déblai dont la longueur est supérieure

à 200 m. Pour le déblai, il faut disposer la terrasse d'accumulation de sable, et adopter la déclivité de talus de radoucissement ou le profil transversal de plate-forme type ouvert caréné ; quand le tracé est orthogonal avec la direction de vent dominante, il convient d'élargir la terrasse d'accumulation de sable.

2 La déclivité de talus de déblai doit être sélectionnée selon la profondeur de déblai, la force de vent, la direction de vent et la topographie du côté latéral de route ainsi que la situation de protection et d'après le tableau 7.13.3. La déclivité de talus de déblai de l'autoroute et de route de première classe dans la zone de sable semi-humide et semi-aride convient d'être radoucie à 1:3.

Tableau 7.13.3 Déclivité de talus de plate-forme en déblai

Profondeur de déblai (m)	Déclivité de talus ($1:n$)	
	Autoroute et route de première classe	Routes de deuxième et de troisième classe
$h \leqslant 0,5$	1:4 à 1:8	1:3 à 1:8
$0,5 < h \leqslant 2$	1:4 à 1:6	1:3 à 1:5
$2 < h \leqslant 5$	1:4 à 1:5	1:3 à 1:4
$5 < h$	1:4	1:3

7.13.4 La conception de plate-forme de la zone de vent sableux doit procéder à la protection sur l'accotement, la surface de talus et la surface de terrain dans la sphère de 20 à 50 m en dehors de sommet de déblai selon la classe de route, la provenance de matériau et le degré de catastrophe de vent. Pour le matériau de protection, il est possible d'adopter le matériau local ; quand la condition climatique est convenable, il convient d'adopter la protection par les plantes. Les installations de protection de différentes ingénieries doivent être solides et fiables.

7.13.5 La conception de l'emprunt et de dépôt définitif doivent se conformer aux exigences suivantes :

1 La conception d'emprunt et de mise en dépôt définitif doit protéger la couverture végétale et la croûte de la surface de terrain in situ, il ne doit pas faire l'excavation au hasard pour la prise et le rejet de sable. Sur le terrain sablonneux ayant la couverture végétale, il faut concentrer l'emprunt et le dépôt définitif ; pour le terrain sablonneux nu, on peut profiter de dune de sable et d'arrête longitudinale de sable pour se faire champs d'emprunt, le creux de sable et la dépression sont destinés au champs de dépôt définitif ; dans le secteur de route en terrain plat sablonneux, il ne convient pas de faire l'emprunt et il doit être protégé. Pour l'emprunt et le dépôt définitif, il doit tous prendre des mesures de protection.

2　L'emprunt pour la plate-forme convient d'être de provenance de la section de déblai ou de la dune de sable et de l'arête longitudinale de sable, côté du vent sur la direction de vent dominant. Lorsque le transport du mouvement longitudinal est relativement éloigné, l'emprunt du côté latéral de route est pris, la fosse d'emprunt doit être disposée sous le vent en dehors de 5 m du pied de talus.

3　Le dépôt définitif doit être disposé à l'endroit de dépression du côté sous le vent de la direction de vent dominante, la distance au sommet de talus de déblai ne doit pas être inférieure à 10 m.

7.13.6　La conception d'ingénierie de prévention contre le sable du côté latéral de route doit suivre les principes suivants :

1　Pour la conception d'ingénierie de prévention contre le sable, il faut procéder à la conception d'aménagement général, en profitant pleinement des facteurs favorables de la couverture végétale, etc., selon la condition naturelle locale, les conditions d'application des ingénieries de protection de différentes catégories, les expériences locales de traitement de sable, l'adaptation à la condition locale et la mise en protection en raison de dommages, en prenant des mesures synthétiques des ingénieries de prévention contre la sable telles que la rétention, la fixation et le transport des sables, etc. en associant la protection par les plantes afin de mettre en place un système perfectionné et synthétique de prévention contre le sable et en associant la planification locale de traitement de sable.

2　Dans la zone de sable semi-humide et semi-aride, il faut prendre le traitement de sable par plantes pour principal, la prévention contre le sable par les ingénieries ou la fixation de sable par la chimie pour secondaire. Pour le traitement de sable par les plantes, il convient d'adopter la combinaison de l'arborescent, de l'arbuste et de l'herbe.

3　Dans la zone de sable aride et de désert, il convient d'adopter la méthode de prévention contre le sable par les ingénieries ou de combinaison de fixation de sable par la chimie avec le traitement de sable par plantes ou de fixation de sable par ingénierie d'abord et ensuite par les plantes. Pour les plantes de fixation de sable, les arbustes et semi-arbrisseaux sont pris comme principaux.

4　Dans la zone de désert extrêmement aride, sur le secteur de route où le désert mouvant ou le flux de vent sableux de provenance de sable abondant portent préjudice gravement, il faut établir un système de prévention contre le sable perfectionné et synthétique sur la plate-forme et les deux côtés en disposant le système de protection synthétique ayant les ingénieries comme principales en association de rétention, de fixation et de transport de sable ; dans le secteur de route où la dune de sable est prise comme principale ou le transit de flux de vent sableux est pour principal, il convient de prendre des mesures de transport de sable comme principales, et en traitant les dunes sporadiques locales ; tandis que pour les autres zones, il faut mettre en place le système de protection d'après l'intensité de flux de vent sableux et la situation réelle de catastrophe de sable.

5   Dans les zones de sable aride, extrêmement aride et de désert où entre les dunes de sable, le niveau d'eau souterraine est relativement élevé ou il y a la condition d'adduction et d'irrigation d'eau, il est possible de prendre les plantes pour traiter le sable et créer la bande de forêt de brise-vent.

7.13.7   La conception d'ingénierie de prévention contre le sable doit se conformer aux exigences suivantes :

1   Pour la conception de rétention de sable, il convient de disposer 1 à 2 passes de pare-sables verticaux en dehors de 80 à 150 m au côté de vent de la direction de vent dominante de plate-forme, pour la forme de pare-sable, il est possible d'adopter les types de hangar, de mur, de digue et de bande, etc., le pare-sable est affleuré de 1,2 à 1,5 m au sol, pour le matériau de pare-sable, on peut choisir le matériau local. Quand il y a la condition, il est possible d'adopter le pare-sable en haie végétale associée d'arborescent et d'arbuste.

2   Pour la conception de fixation de sable, il convient d'adopter les mesures de fixation de sable par les plantes et par les ingénieries, la largeur de bande de fixation de sable doit être déterminée selon la provenance de sable, l'intensité d'activité de flux de vent sableux et la caractéristique de déplacement de la dune de sable, au côté de vent de la direction de vent dominante, il convient d'être de 60 à 200 m, au côté sous le vent de direction unique, il est possible de ne pas le disposer, au côté sous le vent ayant le vent de direction contraire, la largeur à disposer ne doit pas être inférieure à 50 m. En ce qui concerne la fixation de sable par les ingénieries, il est possible d'adopter le matériau local pour former le pare-sable en treillis ou en bande, ou la fixation de sable est faite par répandage à plat.

3   Dans les secteurs de vents sableux comme le Gobi où la provenance de sable n'est pas abondante, le terrain plat en vase ou le sol salin, il convient d'adopter le profil de transport de sable sur le talus radouci ou prendre des autres mesures de transport de sable, dans la sphère de 20 à 30 m des deux côtés de plate-forme, le sol doit être maintenu plat et lisse, en éliminant les objets saillants ou les arbustes sur le sol, en nivelant le terrain pour former une bande plate.

4   Pour la bande de forêt de protection, il convient d'adopter la plantation en combinaison des

herbes, des arborescents et des arbustes, et en association d'essences d'arbres précoces et tardives, tout en prenant les essences d'arbres indigènes comme principales. La largeur de forêt de protection peut être déterminée selon l'intensité de vent sableux et en se référant à la largeur de bande de fixation de sable.

5   Quand la condition le permet, en dehors de la bande de forêt de protection des deux côtés, il convient de disposer une bande de protection par la couverture végétale. La largeur de bande de protection par la couverture végétale ne doit pas être inférieure à 300 m au côté de vent de la direction de vent dominante de la plate-forme, et elle ne doit pas être inférieure à 100 m, au côté sous le vent de la plate-forme.

6   Lors d'emploi des mesures de prévention contre le sable par les plantes, il faut, en associant la condition de pousse des plantes sur place, choisir les types de plantes convenables, déterminer la structure appropriée de plantes et le mode de plantation et mettre en place les mesures d'irrigation et l'organisation de gestion.

7   Pour le système d'ingénierie de prévention contre le sable, il faut disposer la bande d'isolation contre le feu sur les deux côtés de la route à raison de 2 à 4 passes par kilomètre avec largeur de 2 à 3 m.

7.14 Plate-forme dans la zone de catastrophe de neige

7.14.1 La conception de plate-forme dans la zone de catastrophe de neige doit enquêter sur et collecter les données suivantes, analyser la genèse de catastrophe de neige, déterminer le type de catastrophe de neige et le degré de préjudice et proposer le plan de traitement raisonnable et les mesures :

1   La superficie du bassin de réception de neige et les facteurs relatives à la topographie, aux objets de terrain, à la couverture végétale et au climat, etc. dans le processus de flux de vent neigeux.

2   La force et la direction de vent d'hiver de secteur de la neige balayée par le vent, la valeur de gradient de vitesse de vent et la fréquence, la durée de temps, la quantité de neige de transport par le flux de neige soufflée par le vent et la profondeur d'enneigement ainsi que la densité d'enneigement.

3   L'étendue de répartition, la position de point de fissure et la production de fréquence, etc. de secteur de l'avalanche de neige. En cas de besoin, il faut lever la carte topographique de superficie de bassin de réception de neige et le profil longitudinal d'itinéraire du mouvement de l'avalanche de neige.

7.14.2 Il convient que le tracé contourne et évite le secteur de catastrophes de neige, dans la zone des collines, il faut profiter de versant ensoleillé pour la mise en disposition du tracé. En cas de contournement et d'évitement impossible, il faut que le tracé passe par l'endroit où la catastrophe de neige est relativement légère et sur une distance la plus courte. L'angle inclus entre la direction du tracé et la direction de vent dominante de flux de neige soufflée par le vent convient d'être ne pas supérieure à 30°, et il faut prendre des mesures de prévention.

7.14.3 La conception de prévention et de traitement des catastrophes de neige doit adopter la prévention comme principale et la combinaison de prévention et de traitement en associant la prévention et le traitement par les plantes et le traitement par l'ingénierie pour prendre des mesures synthétiques telles que la prévention, la stabilisation, la rétention, le guidage et l'exclusion de la neige.

7.14.4 Pour la conception de plate-forme dans le secteur de neige soufflée par le vent, il faut adopter, selon la situation de vent et de neige locale et la condition topographique, la forme de profil rationnelle de plate-forme, le remplissage vaut mieux l'excavation. Pour l'autoroute et la route de première classe, il faut sélectionner la plate-forme monobloc favorable au mouvement de flux de neige soufflée par le vent ou la plate-forme de séparation à talus radouci. Sur la plate-forme et l'accotement, il ne convient pas de disposer les différentes installations et il faut éliminer les obstacles et les ouvrages dans le domaine de 20 m des pieds de talus des deux côtés de plate-forme.

7.14.5 La hauteur minimum de remblai dans le secteur de neige soufflée par le vent ne doit pas être inférieure à l'épaisseur maximale de couverture de neige pour un retour local de 50 ans plus la hauteur de sécurité, la valeur de hauteur de sécurité peut être déterminée selon le tableau 7.14.5. La déclivité de talus de remblai au côté de vent convient d'être de 1:3 à 1:4. Quand le vent unidirectionnel est violent, le talus de remblai au côté de vent convient d'être radouci jusqu'à 1:4.

Tableau 7.14.5 Valeur prise de hauteur de sécurité de plate-forme non sujette à former la catastrophe de neige

Degré de catastrophe de neige	Valeur de hauteur de sécurité (m)	
	Autoroute et route de première classe	Routes de deuxième et inférieures à la deuxième classe
Zone sinistrée légère de neige	0,5 à 0,7	0,5 à 0,7
Zone sinistrée moyenne de neige	1,0 à 1,5	0,7 à 1,0
Zone sinistrée grave de neige	1,5 à 2,0	1,0 à 1,5

Note : 1. D'après les précipitations nivales, la quantité de neige soufflée par le vent, l'angle inclus entre la direction de vent dominant et la route et la profondeur maximale de couverture de neige, les catastrophes de neige sont divisées en zone sinistrée grave, moyenne et légère.

2. Pour la valeur prise de hauteur de sécurité, la durée de couverture de neige longue doit prendre la valeur relativement grande, quand la position du tracé se trouve à l'endroit où la configuration de terrain est basse, il convient de prendre la valeur haute, dans le cas contraire, il convient de prendre la valeur basse.

7.14.6 Dans le secteur de neige soufflé par le vent, quand le déblai est obligatoirement adopté, il faut éviter le déblai profond. Pour le secteur de déblai, il convient d'adopter la plate-forme type ouvert à déclivité de talus radoucie, pour la déclivité de talus, il convient d'être de 1:2 à 1:5 ; quand la profondeur de déblai est supérieure à 2,0 m, il convient de disposer, aux pieds de talus des deux côtés, la terrasse de réception de neige, la partie supérieure de la terrasse ne doit pas être inférieure à 1,5 m au dessous de la surface de route. Quand la direction du tracé est perpendiculaire ou en intersection de 45° à 90° avec la direction de vent dominante, il faut adopter la plate-forme type ouvert à déclivité de talus radoucie et en plus, élargir la terrasse de réception de neige.

7.14.7 Dans le secteur de route à profil mixte une partie en remblai et une partie en déblai de neige soufflée par le vent, quand la direction du tracé est parallèle ou en intersection en angle vif avec la direction de vent dominante, il faut ajouter la largeur de plate-forme dans la zone de déblai, la largeur en question ne convient pas d'être inférieure à 2 m. Quand la direction du tracé est perpendiculaire ou en intersection de 45° à 90° avec la direction de vent dominante, dans la zone de déblai, il faut adopter la plate-forme type ouvert à déclivité de talus radoucie.

7.14.8 La conception d'ingénierie de prévention et de traitement de neige soufflée par le vent doit se conformer aux exigences suivantes :

1 La bande de forêt de prévention contre la neige peut être plantée sur un ou deux côtés de plate-forme, la largeur de bande de forêt ne convient pas d'être inférieure à 50 m, pour les essences d'arbre, il convient d'adopter ceux de type de forêt mixte. Pour le forêts de prévention contre la neige, il convient d'adopter de plusieurs bandes de forêts, les intervalles de différentes bandes de forêts conviennent d'être de 20 à 50 m, la largeur d'une bande de forêts convient d'être de 20 m. La distance nette de forêts de prévention contre la neige au pied de talus de plate-forme peut être aménagée selon 10 fois la hauteur de forêts de prévention contre la neige et en plus, elle ne doit pas être inférieure à 25 m.

2 La barrière à neige peut être divisée en barrière à neige fixe et en barrière à neige mobile, leurs conceptions doivent se conformer aux exigences suivantes :

1) Dans le secteur de route où la quantité de neige est relativement faible et la durée de temps est relativement longue, la direction de vent ne change pas beaucoup, il est possible d'adopter la barrière à neige fixe. La hauteur de barrière à neige fixe doit être déterminée selon la grandeur de force de vent et de quantité de neige, en plus, il ne convient pas d'être inférieur à 3 m. La distance du bord de la plate-forme à la barrière à neige doit être déterminée selon la longueur de la banquette d'accumulation de neige derrière la barrière, il convient d'être de 30 à 50 m.

2) Dans le secteur de route où la direction de vent est variable, la force de vent est grande et la quantité de neige est importante, il est possible d'adopter la barrière à neige mobile. La

hauteur de barrière à neige convient d'être de 1 à 2 m. Pour la distance de position d'installation initiale au bord de la plate-forme, il convient d'être de 20 à 50 m.

3) La barrière à neige doit être disposée au côté de vent, et tenue perpendiculairement avec la direction de vent dominante. Quand le terrain est ouvert, la quantité de couverture de neige est excessive, il est possible de disposer deux rangées de barrière à neige avec l'intervalle convenable de 50 à 80 m.

3 La plaque de guidage aérien peut être divisée en plaque de guidage aérien inférieure et en plaque de guidage aérien latérale, leurs conceptions doivent se conformer aux exigences suivantes :

1) La plaque de guidage aérien inférieure peut être utilisée dans le secteur où l'angle d'intersection entre le tracé et la direction de vent dominante est supérieur à 30° et la pente de versant de montagne au côté de vent est inférieure à 40°. Pour les autres secteurs de route, il convient d'adopter la plaque de guidage aérien latérale.

2) La position de la plaque de guidage aérien doit être déterminée selon la direction de vent dominante, la forme de profil transversal de la plate-forme et la condition topographique, etc.. La plaque de guidage aérien inférieure convient d'être disposée à 0,75 m en dehors du bord d'accotement au côté de vent, et en plus, le talus de plate-forme au côté de vent est plat et lisse ; la plaque de guidage aérien latérale convient d'être disposée au moins de 15 m en dehors du bord de la plate-forme au côté de vent.

4 Dans le secteur de route où la couverture de neige est faible et en plus, il ne convient pas d'adopter la barrière à neige, il est possible d'installer le mur de rétention de neige ou la banquette de neige. La hauteur de banquette de neige (paroi de pare-neige) peut être déterminée selon les précipitations nivales.

5 Dans le secteur de route où la vitesse de vent est grande, la visibilité est faible, l'angle d'intersection entre le vent et le tracé est supérieur à 60°, il convient de disposer le tunnel à ciel ouvert et il faut mener à bien la prévention et le traitement de catastrophe soufflée par le vent ainsi que la conception de ventilation et de prévention des incendies à l'intérieur de tunnel.

7.14.9 Dans le secteur de l'avalanche de neige, il convient d'adopter la plate-forme en remblai, la hauteur de remblai convient d'être supérieure à l'épaisseur maximale de l'accumulation de couverture de neige lors de déclenchement d'avalanche de neige. Il faut disposer les installations telles que la terrasse horizontale, la grille de stabilisation de neige, le monticule, la banquette (mur) de guidage de neige, le mur de rétention de neige, la bande de forêt de prévention contre la neige, etc. selon les principes de stabilisation de neige accumulée sur le versant de montagne, de changement de la direction de mouvement de l'avalanche de neige et le radoucissement du mouvement d'avalanche de neige, ainsi que l'élimination de neige accumulée, etc. Dans le secteur où l'avalanche de neige est relativement grave, il est possible d'adopter les ouvrages d'interception tels que le corridor de prévention de la neige, le tunnel à ciel ouvert, le tunnel, etc.

7.14.10 La conception d'ingénierie de prévention et de traitement d'avalanche de neige doit se conformer aux exigences suivantes :

1 Le gradin horizontal peut être utilisé à la prévention et au traitement de l'avalanche de petite dimension qui se déclenche par itinéraire dans le secteur où la pente transversale de terrain est inférieure 45° et qui n'est pas sujet à produire le glissement de terrain ou la coulée de boue et de la pierre. La largeur de gradin doit être déterminée selon l'épaisseur maximale d'accumulation de neige et la pente de versant de montagne.

2 La grille de stabilisation de neige peut être utilisée à la stabilisation de neige accumulée sur le versant de montagne où la pente de la zone de l'itinéraire de déclenchement d'avalanche est relativement raide, et il ne convient pas d'excaver le gradin horizontal. Pour la grille de stabilisation de neige, il convient de disposer plusieurs rangées, la grille de rangée la plus élevée convient d'être disposée à proximité de point de fissure de l'avalanche et en bas de corniche de neige, la hauteur de grille doit être supérieure de 0,5 m à l'épaisseur maximale de neige accumulée stabilisée du versant de montagne.

3 La grille de rétention de neige peut être utilisée à la prévention et au traitement de l'avalanche de neige dans la zone où la pente pour l'itinéraire de mouvement est relativement radoucie. Pour la grille de rétention de neige, il convient de disposer plusieurs rangées, la résistance doit être vérifiée par la force de choc de l'avalanche, la hauteur de grille doit être supérieure de 1,0 m à la hauteur de corps de front dans le mouvement de l'avalanche.

4 Le forêt de prévention contre la neige peut être utilisé à partir de la provenance d'avalanche jusqu'à la zone de mouvement d'avalanche. Du haut en bas, on peut planter par étape les essences convenables d'arbres, durant la période initiale de forêt de prévention contre la neige, on peut s'associer avec des mesures des ingénieries.

5 Le monticule de terre peut être utilisé pour baisser la vitesse d'avalanche dans la rigole d'avalanche dont la couche de sol est relativement épaisse et la pente de talus est inférieure à 30°. Pour la position d'aménagement de monticule, il convient de choisir l'endroit de tournant de la pente longitudinale d'itinéraire de l'avalanche, sa hauteur doit être supérieure au moins de 1,0 m à la hauteur de la surface de front d'avalanche.

6 La banquette de guidage de neige peut être installée dans la rigole d'avalanche large,

l'angle d'intersection entre la banquette de guidage de neige et le flux d'avalanche ne doit pas être supérieur à 30°, la hauteur de la banquette de guidage de neige doit être supérieure de 0.5 à 1.0 m à la hauteur maximale du corps d'avant-front de l'avalanche.

7　Le mur de rétention de neige doit être installé dans la zone de mouvement d'itinéraire ou la zone d'accumulation de l'avalanche, il est possible d'adopter la maçonnerie de moellons à sec (au mortier) ou en béton armé, la résistance doit être passée par la vérification de force de choc de l'avalanche. La hauteur de mur de rétention de neige dans la zone de mouvement doit être supérieure de 0,5 m à la hauteur de corps de front, la hauteur de mur de rétention de neige dans la zone d'accumulation doit être supérieure de 0,5 m à la hauteur maximale de neige accumulée dans la zone d'accumulation d'avalanche.

8　Le corridor de prévention de la neige peut être utilisé dans le secteur de route où l'avalanche est grave. Le sommet de corridor de prévention de la neige doit satisfaire les exigences de la force de choc d'avalanche, la hauteur libre doit satisfaire les règles relatives à la hauteur libre de tunnel stipulées dans la *Norme technique des Travaux routiers* (JTG B01) en vigueur.

7.15　Plate-forme dans le secteur de glace de flux salivaire

7.15.1　La conception de plate-forme dans le secteur de glace de flux salivaire doit suivre les principes suivants :

1　Il faut enquêter sur la topographie, la géologie locale, le climat, la source d'eau de glace de flux salivaire, le type, la grandeur, et la situation de risque ainsi que les expériences locales de prévention et de traitement, etc., tirer au clair le temps de formation de glace de flux salivaire, le type de source d'eau, le débit d'écoulement, la période de gel et de dégel ainsi que la profondeur, déterminer le type, la grandeur de glace de flux salivaire et le degré de préjudice ainsi que la relation avec le plan du tracé.

2　La conception de plate-forme doit suivre le principe consistant à prendre la prévention pour principale, à associer la prévention et le traitement, prendre des mesures de traitement synthétique, éviter la glace de flux salivaire d'endommager la sécurité de l'exploitation routière. Le choix de forme structurale des installations de différentes sortes doit faciliter l'entretien et la gestion.

3　Pour la plate-forme du secteur de glace de flux salivaire dans la région de montagnes hautes et froides, il convient de la disposer sur le versant ensoleillé et aride et il convient d'adopter le remblai ou le déblai peu profond.

4 Dans le secteur de glace de flux salivaire de la vallée de rivière (ravin), il faut élever la hauteur de plate-forme et disposer les ouvrages d'art dont la portée est relativement grande, afin d'éviter la glace de flux salivaire de déborder sur la chaussée.

5 La plate-forme dans le secteur de glace de flux salivaire du versant de montagne doit disposer le système de drainage perfectionné, en cas de besoin, il est possible de l'élargir en approfondissant le fossé latéral ou disposant les installations telles que le mur (banquette) de rétention de glace, la fosse (rigole) d'agrégation de glaces, etc. Aux endroits de la fosse (rigole) d'agrégation de glaces, il faut disposer les ponceaux dont la hauteur libre est relativement élevée pour évacuer les eaux des glaces fondues. Quand les eaux souterraines du versant sont relativement abondantes, il est possible de disposer les installations de drainage d'eau souterraine telles que les rigoles d'infiltration et les drains, etc.

6 Les travaux de plate-forme doivent éviter de déranger l'état de drainage naturel in situ, il ne convient pas de couper les nappes phréatiques. Lorsque les mesures de prévention et de traitement telles que le drainage, la rétention et l'interception, etc. sont prises, il faut garantir le bon fonctionnement de systèmes de drainage naturel.

7.15.2 Pour le secteur de glace de flux salivaire où la quantité d'agrégation des glaces n'est pas grande, il est possible de prendre des mesures de prévention et de traitement par l'élévation de la hauteur de plate-forme, par sélection de matériau de remplissage dont l'insensibilité à l'eau est bonne. La hauteur de plate-forme doit être supérieure à la hauteur maximale de remous de glace de flux salivaire plus la hauteur de sécurité de 0,5 m.

7.15.3 Lors d'emploi de l'ouvrage d'art pour franchir la glace de flux salivaire, les ouvertures et les tirants d'air de l'ouvrage d'art doit satisfaire les exigences de drainage dans la saison de dégel printanier et de décolmatage de glace, le tirant d'air ne doit pas être inférieur au niveau maximal de glace de flux salivaire des années plus l'hauteur de remous et la hauteur de sécurité de 0,5 m. Quand le tirant d'air est limité, il est possible d'adopter la disposition d'un barrage bas de guidage de glace, l'excavation de chenal de rivière ou du bassin d'accumulation des glaces, etc.

7.15.4 Dans le secteur de glace de flux salivaire du secteur circulaire alluvial ou sur le versant radouci, il est possible de disposer la rigole d'agrégation des glaces. En bas de rigole d'agrégation des glaces, il convient de disposer la baquette de rétention des glaces. Le profil transversal de rigole d'agrégation des glaces doit être déterminé selon la topographie, la géologie, la quantité d'eau et la quantité d'agrégation des glaces. La profondeur de rigole et la largeur de fond conviennent d'être de 0,8 à 1,2 m, et il faut mener à bien le traitement de raccordement de rigole d'agrégation des glaces avec les installations de drainage. Pour la hauteur de la banquette de rétention des glaces, il convient d'être de 0.8 à 1.2 m, la largeur du sommet de banquette convient d'être de 0,6 à 1,0 m, la déclivité de talus ne convient pas d'être supérieure à 1:1,5 ; lors d'emploi de maçonnerie en moellons à sec, le talus peut être raide jusqu'à 1:0,5.

7.15.5 Le mur de rétention des glaces doit être disposé à côté extérieur de fossé latéral ; quand la quantité d'agrégation des glaces est grande, il est possible de disposer la fosse d'agrégation des glaces à côté extérieur de mur de rétention des glaces. Le mur de rétention des glaces peut être maçonné en moellons ou en blocs de pierre au mortier, la hauteur convient d'être de 1 à 2 m. La largeur de fond de la fosse d'agrégation des glaces convient d'être de 1,5 à 3,0m. Pour la fosse d'agrégation des glaces dans le secteur de sol, il est possible de disposer la murette en maçonnerie de moellons à sec au pied de talus selon la situation d'infiltration d'eau sur la surface de talus et la nature de sol. Le fossé latéral doit être protégé par la maçonnerie de moellons au mortier.

7.15.6 Quand il y a des eaux souterraines qui affleurent, il est possible d'adopter les installations de drainage souterraines telles que la rigole d'infiltration, le drain, etc. Les installations de drainage souterraines doivent être disposées au dessous de profondeur de congélation, la sortie d'eau sera supérieure au moins de 0,5 m à la surface de terrain, et il faut mener à bien les mesures d'isolation thermique pour la sortie d'eau ou excaver le fossé de drainage dont la pente longitudinale est supérieure à 10%.

7.16 Plate-forme dans la zone de vide d'exploitation

7.16.1 La conception de plate-forme dans la zone de vide d'exploitation doit respecter les principes suivants :

1 Il faut enquêter sur et collecter les données relatives à l'environnement naturel, à la répartition des ressources minérales, à l'exploitation minière et à la déformation et au déplacement de fondation de sol, etc. le long de la ligne. En adoptant les moyens synthétiques de l'enquête, de la cartographie, de la prospection géophysique et de la surveillance de déformation de la surface de terrain, il faut tirer au clair dans la zone de vide d'exploitation, la répartition, la grandeur, la caractéristique de changement, l'hydrogéologie et la géotechnique ainsi que les propriétés physiques et mécaniques des masses de roche et de sol de différentes strates concernées.

2 Le tracé doit éviter la zone de vide d'exploitation dont l'étendue de la répartition est large, la dimension est grande et le traitement est difficile. En cas d'évitement difficile, il convient d'adopter le plan de plate-forme, en plus, pour la partie de raccordement de plate-forme avec le pont, il faut éviter la zone où la déformation due au tassement de vide d'exploitation est relativement grande.

3 La conception de plate-forme de la zone de vide d'exploitation doit procéder à la sélection

par comparaison avec plusieurs variantes selon la répartition et la caractéristique de déformation en associant les caractéristiques de l'environnement locale, la condition géotechnique, la répartition de matériaux de construction routière et la planification d'exploitation des ressources ainsi que l'exigence du délai de la construction de route, etc. et il faut mener à bien la conception synthétique de plate-forme et de la chaussée.

  4 La conception de plate-forme dans la zone de vide d'exploitation doit, selon la charge d'automobile et l'influence de poids propres de la plate-forme et de la chaussée sur l'action de plate-forme sous-jacente ainsi que l'effet de superposition issu de la déformation de terrain superficiel de la zone de vide d'exploitation et du tassement de plate-forme, adopter en adaptation à la condition locale, la structure de la plate-forme telle que celle en matériau léger et celle en terre armée, etc., pour la zone de vide d'exploitation qui ne répond pas aux exigences du site de la construction routière, il faut procéder au traitement afin d'assurer la stabilité en sécurité de plate-forme.

7.16.2 La conception de plate-forme dans la zone de vide d'exploitation doit procéder à l'évaluation de stabilité du terrain superficiel. Lors de l'évaluation, il faut suivre le principe consistant à associer l'évaluation qualitative et le calcul quantitatif, selon le type de la zone de vide d'exploitation, la grandeur, la nature de roche sus-jacente, le rapport entre l'épaisseur d'extraction et la profondeur d'extraction, l'angle d'inclinaison de couche de charbon, le temps d'extraction et les facteurs de condition hydrologique et géologique, etc., adopter la méthode de combinaison avec celle de discrimination des conditions d'extraction, celle de prédiction de déformation de terrain superficiel et celle de surveillance de la déformation de surface, etc., pour prévoir la quantité de déformation résiduelle de la surface et évaluer la stabilité de site de la zone de vide d'exploitation.

7.16.3 Le critère de contrôle de stabilité du site de la zone de vide d'exploitation doit se conformer aux stipulations suivantes :

  1 La déformation de surface de terrain de la zone de vide d'exploitation doit se conformer aux prescriptions du tableau 7.16.3. Lorsque la déformation de surface de terrain ne satisfait pas les exigences, il faut procéder à la conception de traitement sur la zone du vide d'exploitation.

Tableau 7.16.3 Valeur admissible de déformation de surface de terrain de route

Classe de route	Inclinaison de surface de terrain (mm/m)	Déformation horizontale (mm/m)	Courbure de surface de terrain (mm/m^2)
Autoroute et route de première classe	≤3,0	≤2,0	≤0,2
Routes de deuxième et inférieures à la deuxième classe	≤6,0	≤4,0	≤0,3

  2 Pour le secteur où l'inclinaison de surface de la zone de vide d'exploitation est supérieure

à 10 mm/m, la courbure de surface de terrain est supérieure à 0,6 mm/m^2 ou la déformation horizontale de surface de terrain est supérieure à 6 mm/m, il ne convient pas de le prendre pour le site de construction de plate-forme de route.

7.16.4 Quand la route couvre les ressources minérales, il faut procéder à la conception de la zone de couverture de minéral :

1 dans la zone de répartition des couches de charbon non exploités, quand l'autoroute et la route de première classe, le tunnel, le grand pont, le pont moyen et l'exploitation souterraine peuvent avoir les secteurs de route ayant les risques graves de glissement de terrain et en plus, ils sont difficiles à être traités, il faut disposer la protection des colonnes de charbon.

2 À côté extérieur de protection de colonne de charbon, il faut disposer la ceinture de protection dont la largeur doit se conformer aux exigences suivantes :

1) La partie de remblai se limite à 1 m en dehors de pied de talus de remblai des deux côtés de route, la partie de déblai se limite aux bords de sommet de déblai des deux côtés, l'étendue à l'intérieur des limites des deux côtés fait l'objet de protection.

2) En longeant les limites des deux côtés vers l'extérieur, la ceinture de protection est réservée, la largeur de ceinture de protection de l'autoroute est de 20 m, la largeur de ceinture de protection de route de première classe est de 15 m.

3 La limite de colonne de charbon de protection dans la couche de charbon inclinée sera déterminée par la méthode de profil vertical, la méthode de la verticale ou la méthode de projection numérique d'élévation selon l'angle de déplacement dans la direction de montée de la montagne, l'angle de déplacement de descente de montagne et l'angle de déplacement de la couche meuble, etc.

7.16.5 L'étendue de traitement de la zone de vide d'exploitation de la route doit se conformer aux exigences suivantes :

1 La longueur de traitement par l'excavation et le remplissage de la zone de vide d'exploitation doit être celle de la répartition effective de la zone de vide d'exploitation le long de la direction axiale de route, la largeur de traitement doit être celle du fond de la plate-forme ou celle de l'ouvrage, la profondeur de traitement convient d'être de la position de la roche altérée de la planche de fond.

2 L'étendue de traitement de la zone de vide d'exploitation d'autres types doit être

déterminée selon les principes suivants :

1) Lorsque l'épaisseur de la zone de vide d'exploitation est relativement grande, la longueur de traitement doit ajouter la largeur d'influence de l'angle de déplacement de roche de couverture, la longueur de traitement de la zone de vide d'exploitation le long de la direction axiale de route peut être déterminée par calcul selon la formule (7.16.5-1) :

$$L = L_0 + 2h\cot\alpha + H_{haut}\cot\beta + H_{bas}\cot\gamma \qquad (7.16.5\text{-}1)$$

Dans laquelle :

L — Longueur de traitement de la zone de vide d'exploitation le long de la direction axiale de route (m) ;

L_0 — Longueur de la zone de vide d'exploitation le long de la direction de la ligne médiane de route (m) ;

H_{haut} — Épaisseur de la roche sus-jacente de la zone de vide d'exploitation dans la direction de montée de la montagne (m) ;

H_{bas} — Épaisseur de la roche sus-jacente de la zone de vide d'exploitation dans la direction de descente de la montagne (m) ;

α — Angle de déplacement de la couche meuble (°) ;

β — Angle de déplacement de la roche sus-jacente de la zone de vide d'exploitation dans la direction de montée de la montagne (°) ;

γ — Angle de déplacement de la roche sus-jacente de la zone de vide d'exploitation dans la direction de descente de la montagne (°).

2) La largeur de traitement est composée de trois parties : la largeur de surface du fond de la plate-forme, celle de la ceinture de protection et celle d'influence de la roche de couverture, la couche de roche horizontale peut être calculée selon la formule (7.16.5-2) ; pour la couche de roche inclinée et en plus, quand le tracé est perpendiculaire à la direction de roche, la largeur de chaque point sur le tracé peut être calculée selon la couche de roche horizontale ; pour la couche de roche inclinée et en plus, quand le tracé est parallèle à la direction de roche, il est possible de calculer selon la formule (7.16.5-3) ; pour la couche de roche inclinée et en plus, quand le tracé est en intersection oblique avec la direction de roche, il est possible de calculer selon la formule (7.16.5-4) :

$$B = D + 2d + 2(h\cot\alpha + H\cot\delta) \qquad (7.16.5\text{-}2)$$
$$B = D + 2d + 2h\cot\alpha + H_{haut}\cot\beta + H_{bas}\cot\gamma \qquad (7.16.5\text{-}3)$$
$$B = D + 2d + 2h\cot\alpha + H_{haut}\cot\beta' + H_{bas}\cot\gamma' \qquad (7.16.5\text{-}4)$$
$$\cot\beta' = \sqrt{\cot^2\beta\cos^2\theta + \cot^2\delta\sin^2\theta} \qquad (7.16.5\text{-}5)$$
$$\cot\gamma' = \sqrt{\cot^2\gamma\cos^2\theta + \cot^2\delta\sin^2\theta} \qquad (7.16.5\text{-}6)$$

Dans laquelle :

B — Largeur de la direction horizontale perpendiculaire à l'axe de route (m) ;

D — Largeur de surface du fond de la plate-forme de route (m) ;

d — Largeur d'un côté de la ceinture de protection (m), en général, elle est prise de 10 m ;

H — Épaisseur de la couche de roche sus-jacente de la zone de vide d'exploitation (m) ;

h — Épaisseur de couche meuble (m) ;

δ — Angle de déplacement de la couche sus-jacente de la zone de vide d'expoitation dans la direction de la tendance (°) ;

β' — Angle de déplacement de l'intersection oblique de la couche de roche sus-jacente sur la zone de vide d'exploitation dans la direction de montée de la montagne (°) ;

γ' — Angle de déplacement de l'intersection oblique de la couche de roche sus-jacente sur la zone de vide d'exploitation dans la direction de descente de la montagne (°) ;

θ — Angle inclus entre la limite de la ceinture de protection et la ligne d'inclinaison de la couche minérale (°).

3) Quand l'étendue de traitement se trouve à l'intérieur de limite de la zone de vide d'exploitation, sa profondeur de traitement doit être au moins de 3 m de surface de terrain au dessous de la planche de fond ; quand l'étendue de traitement se trouve du côté extérieur de la limite de zone de vide d'exploitation à l'intérieur de la sphère d'influence de déplacement de la couche de roche, sa profondeur de traitement doit être calculée selon la formule (7.16.5-7) :

$$h_t = H - l\tan\delta_{ext} + h' \qquad (7.16.5\text{-}7)$$

Dans laquelle :

h_t — Profondeur de traitement dans la sphère d'influence de déplacement de la couche de roche à côté extérieur de la limite de zone de vide d'exploitation (m) ;

H — Profondeur enterrée de la zone de vide d'exploitation, à savoir l'épaisseur de la couche de roche sus-jacente (m) ;

l — Distance de trou d'injection à la limite de la zone de vide d'exploitation (m) ;

h' — Profondeur de traitement en dessous de la bande de fissure influencée, il convient de prendre 20 m ;

δ_{ext} — Angle d'influence de déplacement de la couche de roche sus-jacente à côté extérieur de la limite de zone de vide d'exploitation (°).

7.16.6 Pour la zone de vide d'exploitation mettant en danger la stabilité de plate-forme de route, il faut déterminer les méthodes de traitement et de confortement de la zone de vide d'exploitation selon la position de répartition, la profondeur enterrée, l'épaisseur de vide d'exploitation, la méthode d'extraction, le temps de formation et la lithologie de toit ainsi que leurs propriétés mécaniques, etc. et d'après les principes suivants :

1 Pour la zone de vide d'exploitation enterrée relativement peu profond et la zone de vide d'exploitation sur le talus en déblai, il convient d'adopter le traitement d'excavation et de remplissage.

2 Pour la zone de vide d'exploitation, après l'extraction de couche de charbon, quand la

planche de toit n'est ps encore effondrée, l'espace est relativement grande, l'aération est bonne, les conditions des opérations manuelles et des transports de matériaux sont disponibles, il est possible d'adopter le traitement de remplissage non par injection de mortier tel que par la maçonnerie de moellons à sec, la maçonnerie de moellons au mortier, le remplissage sous la mine et le remplissage de forage par matériau à sec ou humide, etc. Pour la plate-forme ordinaire, il est possible d'effectuer le remplissage par la maçonnerie de moellons à sec, la résistance à la compression ne doit ps être inférieure à 10 MPa ; pour le secteur ayant les ouvrages, il faut adopter le remplissage par la maçonnerie de moellons au mortier, la résistance à la compression ne doit pas être inférieure à 15 MPa.

3   Dans le secteur où la profondeur enterrée de la zone de vide d'exploitation est inférieure à 10 m, l'intégrité de la masse rocheuse sus-jacente est mauvaise, la résistance est faible, il est possible d'adopter le traitement par la méthode de compaction dynamique.

4   Pour la zone de vide d'exploitation où la profondeur enterrée est relativement importante, la galerie est dégagée, il est possible d'adopter le traitement par le remplissage de moellons, le soutien de toit et l'injection de mortier, etc.

5   Pour la zone de vide d'exploitation où l'étendue est relativement faible et elle est difficile à être traitée, il est possible d'adopter le plan de franchissement par le pont.

6   Pour la zone de vide d'exploitation où la grandeur d'extraction de couche de minerai est relativement importante et la profondeur (enterrée) d'extraction est inférieure à 250 m, il convient d'adopter le traitement de remplissage par l'injection totale de mortier. Pour la zone de vide d'exploitation où la profondeur enterrée d'extraction est supérieure à 250 m, il convient de définir le plan de traitement après la démonstration selon le caractère d'extraction, la condition hydrogéologique et géotechnique ainsi que le degré de préjudice sur l'ingénierie de route, etc.

7.16.7   La conception de traitement de la zone de vide d'exploitation de l'autoroute et de route de première classe doit procéder à la surveillance d'exécution des travaux, la conception de surveillance doit se conformer aux exigences suivantes :

1   Il faut procéder à la conception de la mise en disposition du système de surveillance de déformation de la zone de vide d'exploitation et des points d'observation selon le caractère de la zone de vide d'exploitation et la caractéristique de déplacement de la masse rocheuse sus-jacente en associant le type d'ingénierie de route. Le contenu de surveillance comprend la surveillance de déplacement horizontal, celle de déplacement vertical et celles

de l'inclinaison de l'ouvrage et de fissuration, etc.

2   La période de surveillance doit être comptée à partir de l'époque de prospection jusqu'au moins un an après la mise en exploitation de route.

7.17   Plate-forme côtière

7.17.1   La conception de plate-forme côtière doit suivre les principes suivants :

1   La conception de plate-forme côtière doit déterminer d'une manière rationnelle la hauteur de projet de la plate-forme, sélectionner convenablement le profil de plate-forme et la forme de protection, afin d'assurer la stabilité de plate-forme selon l'environnement géographique où se trouve la plate-forme et les facteurs topographiques, géomorphologiques, géologiques et hydrologiques ainsi que climatiques, etc., en associant la condition d'exécution des travaux et la situation de ravitaillement de matériau.

2   La plate-forme côtière doit être mise en disposition sur le secteur où la mer est la plus étroite, l'eau est peu profonde, la vague est petite, la configuration de plage maritime est relativement plate et la condition géologique est bonne.

3   Quand la différence de chute d'eau est relativement grande sur les deux côtés de remblai, il convient de disposer l'ouvrage submersible. Lorsque sur le corps de remblai ou la plate-forme, il peut produire le renard et l'érosion souterraine, il faut disposer le mur imperméable au centre de remblai, à la partie inférieure de talus côté de niveau d'eau bas, il faut disposer les installations de drainage et tout en radoucissant le talus et disposant la risberme de protection.

4   Pour le matériau de la partie imbibée de remblai, il faut sélectionner le sol à grain gros ou le sol à grain géant dont la perméabilité à l'eu est bonne. Dans le secteur où il y a de l'influence de l'expansion de gel, il fut disposer la banquette de rétention d'eau à côté extérieur de pied de talus côté imbibé.

5   Quand la plate-forme côtière se trouve dans le secteur de sol mou, il faut procéder au confortement de fondation de sol. La conception de traitement de fondation de sol doit se conformer aux stipulations concernées de la section 7.7 de présentes règles.

7.17.2   La hauteur de projet de la plate-forme côtière doit se conformer aux stipulations suivantes :

1　La hauteur de projet de la plate-forme côtière doit être supérieure à la somme de hauteur de marée calculée selon la fréquence de marée haute stipulée par le tableau 7.17.2-1 et plus de la hauteur d'invasion de vague ainsi que de la hauteur de sécurité de 0,5 m. Si elle ne répond pas aux exigences, il faut installer le mur d'eau, etc.

Tableau 7.17.2-1　Fréquence de niveau de marée haute de projet de plate-forme

Classe de route	Autoroute	Route de première classe	Route de deuxième classe	Route de troisième classe	Route de quatrième classe
Fréquence de niveau de marée haute de projet de la plate-forme	1/100	1/100	1/50	1/25	À déterminer selon le cas réel

2　Le critère de vague de projet doit se conformer aux prescriptions suivantes :

1) En ce qui concerne le critère de période de retour de vague de projet, pour l'autoroute et les routes de première et de deuxième classe, il faut adopter un retour en 50 ans, pour les routes de troisième et de quatrième classe, il faut adopter un retour en 25 ans.

2) Lors de calcul de résistance et de stabilité des ingénieries de soutènement de plate-forme et de protection de surface de talus, la fréquence cumulée de train d'ondes de la hauteur d'onde de projet convient d'être déterminée selon le tableau 7.17.2-2.

Tableau 7.17.2-2　Critère de fréquence cumulée de train d'ondes

Forme de remblai côtier	Parties	Contenu de calcul	Fréquence cumulée de train d'ondes F (%)
Type de pente oblique	Mur de parapet, blocs carrés au sommet de digue	Résistance et stabilité	1
	Blocs de pierre de protection de talus, corps de bloc de protection de talus	Stabilité	13
	Blocs de pierre de protection de fond	Stabilité	13
Type de mur vertical	Superstructure, corps de mur, fondation sur pieux	Résistance et stabilité	1
	Blocs de pierre de lit de fond et de protection de base	Stabilité	5

Note : Lors de calcul de stabilité de remblai à pente oblique de protection de talus en pierres (corps de bloc), quand la valeur de rapport entre la hauteur d'onde moyenne et la profondeur de l'eau est inférieure à 0,3, pour la fréquence cumulée de train d'ondes, il convient d'adopter 5%.

7.17.3   La forme structurale de profil de la plate-forme côtière doit être déterminée par analyse synthétique selon la profondeur d'eau, la hauteur de vague, la condition de fondation de sol, la propriété de matériau de remplissage et la condition d'exécution des travaux ainsi que l'exigence d'usage, etc., dans des circonstances normales, il convient d'adopter le type de pente oblique, en cas de limitation de condition due au manque de matériau, etc. ou d'autres exigences sur l'usage, il est possible d'adopter également le type de paroi verticale.

7.17.4   La déclivité de talus de remblai côtier doit être déterminée selon la nature de matériau de remplissage, la hauteur de remblai, la profondeur d'imbibition et la forme de protection ainsi que la condition hydrologiques de la mer, etc., la déclivité de talus ne convient pas d'être supérieure à 1:1,75.

7.17.5   La conception de protection de surface de talus de remblai côtier doit se conformer aux exigences suivantes :

1. La protection de surface de talus doit adopter la maçonnerie en pierre filante à sec ou au mortier, en bloc de pierre à sec ou au mortier et en blocs de béton, etc. pour la protection de talus selon la profondeur d'eau, la hauteur de vague, la pression de vague, la condition d'exécution des travaux et la situation de matériau, etc. et mettant en pose les troncs de pyramide anti-vagues devant la digue, les épis de bordage et le barrage submersible, etc. Les diverses ingénieries de protection doivent résister à l'érosion de l'eau de la mer et à l'attaque biologique, dans la zone froide, il faut avoir encore une résistance au gel et une capacité pour supporter les impacts de glace.

2. Pour la masse de blocs de pierre de la sous-couche de la protection de talus, il est possible de prendre 1/10 à 1/20 de la masse de pierres de la protection de talus, et de satisfaire la stabilité sous l'action de vague durant la période d'exécution des travaux. L'épaisseur de sous-couche ne convient pas d'être inférieure à 400 mm.

3. À côté de la haute mer, au fond de la protection de talus, il faut disposer les prismes d'enrochements dont la hauteur de leur partie supérieure doit être supérieure au niveau d'eau de l'exécution des travaux, la largeur de sommet ne doit pas être inférieure à 1,0 m, l'épaisseur ne convient pas d'être inférieure à 1,0 m.

4. À côté de la mer, pour le pied de talus, il faut prendre des mesures appropriées pour protéger le fond de base selon la profondeur d'affouillement maximale, la topographie et la forme de fondation, etc., l'épaisseur de pierre de protection de fond de base ne doit pas être inférieure à 1,0 m, la largeur ne doit pas être inférieure à 5,0 m. Sous la couche de protection de fond de base en blocs de pierre sur le fond de la mer en sable, il convient de disposer une couche en pierres cassées dont l'épaisseur ne doit pas être inférieure à

0,3 m, la largeur de pierre de protection de fond doit être déterminée selon la situation d'affouillement.

7.18 Plate-forme dans le secteur de réservoir

7.18.1　La conception de plate-forme dans le secteur de réservoir doit suivre les principes suivants :

1　Il faut enquêter sur et collecter les données d'étude de niveau d'eau de réservoir, les données climatiques de la zone de réservoir, tirer au clair la caractéristique topographique et métamorphologique de la rive de réservoir, la lithologie de la formation composant la rive de réservoir, l'attitude de roche, la tectonique géologique et la situation de variation de niveau d'eau souterraine ; tirer au clair la situation de stabilité de la pente oblique de vallée, s'il y a des phénomènes géologiques défavorables tels que le glissement de terrain, l'effondrement, etc., analyser et évaluer l'influence de monte et de descente de niveaux d'eau de réservoir sur la stabilité de la pente oblique.

2　La conception de plate-forme dans le secteur de réservoir doit prendre en compte l'immersion dans l'eau du réservoir, l'infiltration, la monte et la descente de niveaux d'eau, l'invasion de vague, l'affouillement de courant d'eau, l'effondrement de rive, l'envasement et la remonte de remous d'eau souterraine qui provoque le changement de propriétés physiques et mécaniques de roche et de sol de la rive de réservoir, procéder à l'analyse et à l'évaluation de stabilité de plate-forme et de rive de réservoir, prendre des mesures de protection et de confortement afin d'assurer la stabilité de plate-forme et de la rive de réservoir.

7.18.2　La conception de forme de profil de la plate-forme et de matériau de remplissage doit se conformer aux exigences suivantes :

1　Pour le remblai, il faut procéder à la conception selon l'exigence de la plate-forme imbibée, la déclivité de talus sous le niveau d'eau de projet ne convient pas d'être supérieure à 1:1,75. Quand la hauteur de talus est relativement grande, il convient d'adopter le profil en gradin.

2　Pour la plate-forme, il faut prendre le matériau perméable dont la déformation sous la compression est faible, l'insensibilité à l'eau est bonne pour le matériau de remplissage, et contrôler strictement le taux de compactage de remblai. Quand le matériau perméable est relativement manquant, pour le remblai, la partie imbibée à long terme sous le niveau d'eau de réservoir doit adopter le matériau perméable pour le remplissage, pour la partie au dessus de niveau d'eau de réservoir, il est possible d'utiliser le sol à grain fin pour le remplissage.

3 Quand la plate-forme est imbibée à long terme sous l'eau, et il existe une différence de chute d'eau relativement grande sur les deux côtés, pour la partie imbibée de remblai sous l'eau de réservoir, il convient d'utiliser les pierres qui ne sont pas faciles d'être altérées pour effectuer le remplissage ou de radoucir le talus sur le côté de niveau d'eau bas en élargissant la risberme de protection.

4 Quand la vitesse et la pression d'infiltration sont relativement importantes et sujettes à produire l'érosion par l'affouillement, à part le radoucissement de talus, il convient de disposer les installations de drainage sur le côté de niveau bas.

7.18.3 L'analyse de stabilité de plate-forme et de rive de réservoir doit se conformer aux exigences suivantes :

1 L'analyse de stabilité de plate-forme doit prendre en compte la pression d'infiltration et l'action de l'érosion par l'affouillement produites sur les talus de plate-forme par le flux d'infiltration stable provoqué dans la plate-forme par la différence de chutes d'eau en amont et en aval et par le flux d'infiltration instable provoqué dans la plate-forme par la chute soudaine du niveau de l'eau, il faut procéder à la vérification selon la situation la plus défavorable de flux d'infiltration dans la plate-forme, en cas de besoin, il faut procéder au calcul de réseau de flux.

2 Le paramètre de résistance du sol doit prendre respectivement la valeur de cisaillement rapide après le compactage et la valeur de cisaillement rapide saturée après le compactage, selon le dessus et le dessous de la hauteur de niveau d'eau souterraine (au dessus de courbe d'infiltration plus la hauteur par monte de remous d'eau souterraine), pour les paramètres de propriété physique, il faut prendre respectivement les valeurs au dessus de et au dessous de niveau d'eau souterraine.

3 Dans la zone de glace fermée et de glace de dérive, il faut prendre en considération l'action de charge de glace. Dans le secteur en amont de réservoir, quand la vitesse d'écoulement est relativement grande, il faut prendre encore en compte l'action d'affouillement de l'écoulement d'eau.

4 Le coefficient de stabilité ne doit pas être inférieur aux stipulations des tableaux 3.6.11 et 3.7.7. Lorsqu'on prend en considération la variation de monte et de descente de niveau d'eau et en même temps l'influence de l'action sismique, le coefficient de stabilité ne doit pas être inférieur à 1,05.

7.18.4 Le type de protection de talus de plate-forme doit être sélectionné selon les facteurs tels que le type de réservoir, la grandeur de force de vague et la position dans laquelle se trouve la plate-forme, il est possible d'adopter la protection de talus en maçonnerie de moellons à sec (au mortier), en béton et en gabion, etc., et en menant à bien la conception de couche imperméable et antifiltre. Quand la stabilité de plate-forme est affectée par l'immersion de l'eau et l'affouillement, etc., il est possible d'adopter les mesures de mur de soutènement, d'épi de bordage ou d'épi de mer et de la digue secondaire pour prévention des affouillements, etc. Les différentes ingénieries de protection doivent être en harmonie avec le paysage et l'environnement ambiant.

7.18.5 Le traitement de fond de base de la plate-forme doit se conformer aux exigences suivantes :

1 Pour la fondation de sol souple de la plate-forme imbibée, la couche de sol meuble de la fondation de sol produite après l'imbibition due à l'eau de réservoir et/ou à l'eau de remous souterraine, la fondation de sol de lœss collapsible, ainsi que les fondation de sol silteux, en sable farineux, liquéfié saturé produit éventuellement sous l'action de charge dynamique, etc., il faut procéder au confortement de la fondation de sol.

2 Quand il existe le flux d'infiltration qui affecte la stabilité de plate-forme sous le fond de base de la plate-forme, il faut adopter des mesures de traitement telles que par la couche de couverture sur la protection de fond du pied de talus, le mur parafouille de fondation de sol ou le rideau imperméable, etc.

7.18.6 Lorsque l'effondrement de la rive de réservoir met en danger la stabilité de plate-forme, il faut prendre des mesures de protection correspondantes à la rive de réservoir selon les situations de la position du tracé, de la nature de sol de la rive, de la hauteur et de la pente de rive de réservoir et de la profondeur de l'immersion ainsi que d'envasement de réservoir, etc. Le type de protection contre l'effondrement de la rive de réservoir peut être sélectionné rationnellement d'après la vague, l'action de destruction de la pression d'expansion du au gel de l'eau et les situations topographiques et géologiques, etc.

7.18.7 La plage de longueur de protection de la rive d'effondrement de réservoir doit être définie selon le secteur où le talus de la rive de réservoir dans lequel se trouve la plate-forme de route est affecté par l'action de vague, les deux extrémités de l'ingénierie de protection doivent avoir une distance de sécurité adéquate et être encastrées dans la rive de réservoir ou dans le talus de plate-forme, la fondation doit être encastrée dans la rive de réservoir stable ou dans le talus de plate-forme.

7.19 Plate-forme dans la zone de sol gelé saisonnier

7.19.1　La conception de plate-forme dans la zone de sol gelé saisonnier doit respecter les principes suivants :

1　Il faut enquêter sur et collecter la température moyenne annuelle, la température moyenne annuelle du sol, l'indice de gel, la profondeur de gel normative et la situation locale de dommages dus au gel de plate-forme et de chaussée des routes locales ainsi que les expériences de prévention et de traitement, tirer au clair les caractères de répartition des couches de sol gelé saisonnier, les propriétés physiques et mécaniques, le niveau d'eau souterraine et la hauteur montante d'eau gelée, etc., analyser et évaluer la classe d'expansion de gel et le degré de préjudice sur la route.

2　Pour la route de la zone de sol gelé saisonnier, le remplissage vaut mieux que l'excavation, le tracé convient d'être mis en place sur le versant ensoleillé.

3　Il faut, selon la climatologie, la topographie, la méthamorphologie, la circonstance géologique et la situation de drainage ainsi que l'influence de matériau de remplissage pour la plate-forme sur les dommages dus au gel de plate-forme et de la chaussée, déterminer rationnellement la hauteur de remplissage de plate-forme, sélectionner le matériau de remplissage non expansif de gel et mener à bien la conception synthétique de la plate-forme et de la chaussée.

7.19.2　La classification de l'expansibilité de sol gelé saisonnier doit se conformer aux exigences suivantes :

1　La classe de gonflement dû au gel doit être déterminée d'après la grandeur de taux de gonflement dû au gel moyen et selon le tableau 7.19.2-1.

Tableau 7.19.2-1　Classe de gonflement dû au gel de sol gelé saisonnier

Taux de gonflement dû au gel moyen η (%)	Classe de gonflement dû au gel	Type de gonflement dû au gel
$\eta \leqslant 1$	I	Non gonflement dû au gel
$1 < \eta \leqslant 3,5$	II	Gonflement léger dû au gel
$3,5 < \eta \leqslant 6$	III	Gonflement dû au gel
$6 < \eta \leqslant 12$	IV	Gonflement fort dû au gel
$\eta > 12$	V	Gonflement spécialement fort dû au gel

2   Le taux de gonflement dû au gel moyen est calculé selon la formule (7.19.2):

$$\eta = \frac{z}{H_d} \times 100 \ (\%) \qquad (7.19.2)$$

Dans laquelle :

z— Valeur de gonflement dû au gel de sol (mm);

H_d— Profondeur gelée de sol (mm), non comprise la quantité de gonflement dû au gel.

3   La classification de l'expansibilité de sol gelé saisonnier doit se conformer aux stipulations de tableau 7.19.2-2.

Tableau 7.19.2-2   Classification de l'expansibilité de sol gelé saisonnier et de sol de couche de dégel saisonnière

Désignation de sol	Teneur en eau naturelle avant le gel w (%)	Distance minimum du niveau d'eau souterraine à la profondeur gelée de projet h_w (m)	Taux de gonflement dû au gel moyen η (%)	Clsse de gonflrment gelé	Type de gonflement gelé
Pierres cassées (cailloux), gravier, sable grossier, sable moyen (la grosseur de grain <0,075 mm, la teneur en grain ne sera pas >15%), sable fin (la grosseur de grain <0,075 mm, la teneur en grain ne sera pas >10%)	Non saturé	Non prise en compte	$\eta \leq 1$	I	Non gonflé dû au gel
	Saturé contenant de l'eau	Sans couche d'isolation d'eau	$1 < \eta \leq 3,5$	II	Gonflé dû au gel faible
	Saturé contenat de l'eau	Il existe la couche d'isolation d'eau	$3,5 < \eta$	III	Gonflé dû au gel
	$w \leq 12$	>1,0	$\eta \leq 1$	I	Non gonflé dû au gel
	$12 < w \leq 18$	≤1,0	$1 < \eta \leq 3,5$	II	Gonflé dû au gel faible
		>1,0			
	$w > 18$	≤1,0	$3,5 < \eta \leq 6$	III	Gonflé dû au gel
		>0,5			
		≤0,5	$6 < \eta \leq 12$	IV	Gonflé dû au gel fort
Sable silteux	$w \leq 14$	>1,0	$\eta \leq 1$	I	Non gonflé dû au gel
	$14 < w \leq 19$	≤1,0	$1 < \eta \leq 3,5$	II	Gonflé au gel faible
		>1,0			
	$19 < w \leq 23$	≤1,0	$3,5 < \eta \leq 6$	III	Gonflé au gel
		>1,0			
		≤1,0	$6 < \eta \leq 12$	IV	Gonflé dû augel fort
	$w > 23$	Non prise en compte	$\eta > 12$	V	Gonflé dû au gel spécialement fort

suite

Désignation de sol	Teneur en eau naturelle avant le gel w (%)	Distance minimum du niveau d'eau souterraine à la profondeur gelée de projet h_w (m)	Taux de gonflement dû au gel moyen η (%)	Clsse de gonflrment gelé	Type de gonflement gelé
Sol silteux	$w \leqslant 19$	$> 1,5$	$\eta \leqslant 1$	I	Non gonflé dû au gel
		$\leqslant 1,5$	$1 < \eta \leqslant 3,5$	II	Gonflé dû au gel faible
	$19 < w \leqslant 22$	$> 1,5$			
		$\leqslant 1,5$	$3,5 < \eta \leqslant 6$	III	Gonflé dû au gel
	$22 < w \leqslant 26$	$> 1,5$			
		$\leqslant 1,5$	$6 < \eta \leqslant 12$	IV	Gonflé dû au gel fort
	$26 < w \leqslant 30$	$> 1,5$			
		$\leqslant 1,5$	$\eta > 12$	V	Gonflé dû au gel spécialement fort
	$w > 30$	Non prise en compte			
Sol argileux	$w \leqslant w_P + 2$	$> 2,0$	$\eta \leqslant 1$	I	Non gonflé dû au gel
		$\leqslant 2,0$	$1 < \eta \leqslant 3,5$	II	Gonflé dû au gel faible
	$w_P + 2 < w \leqslant w_P + 5$	$> 2,0$			
		$\leqslant 2,0$	$3,5 < \eta \leqslant 6$	III	Gonflé dû au gel
	$w_P + 5 < w \leqslant w_P + 9$	$> 2,0$			
		$\leqslant 2,0$	$6 < \eta \leqslant 12$	IV	Gonflé dû au gel fort
	$w_P + 9 < w \leqslant w_P + 15$	$> 2,0$			
		$\leqslant 2,0$	$\eta > 12$	V	Gonflé dû au gel spécialement fort

Note : 1. w_P désigne la teneur en eau en limite de plasticité de sol (%) ; w désigne la valeur moyenne de teneur en eau naturelle dans la couche gelé avant le gel.

2. Le sol gelé salinisé n'est pas listé dans le tableau.

3. Quand l'indice de plasticité est supérieur à 22, l'expansibilité est baissée d'une classe.

4. Quand la teneur en grain dont la grosseur est inférieure à 0,005 mm, est supérieure à 60%, il s'agit d'un sol non gonflé dû au gel.

5. Quand le sol en pierres cassées, pris en tant que le matériau de remplissage, est supérieur à 40% de la masse totale, son expansibilité est discriminée selon le type de matériau de remplissage.

6. La couche d'isolation d'eau désigne celle au fond de la couche gelée saisonnière et au dessus de cette couche.

7.19.3 Le critère de contrôle de la quantité du gonflement dû au gel doit se conformer aux exigences suivantes :

1 La quantité totale du gonflement dû au gel de la plate-forme doit être calculée selon la formule (7.19.3). La sphère des couches de sol destinées au calcul de la quantité de

gonflement dû au gel de la plate-forme doit être de la profondeur de la congélation de plate-forme.

$$z_j = \sum_{i=1}^{n} h_i \eta_i \qquad (7.19.3)$$

Dans laquelle :

z_j— Quantité de gonflement dû au gel de la plate-forme (mm) ;

h_i— Épaisseurs de différentes couches dans la profondeur gelée de la plate-forme (mm) ;

η_i— Taux de gonflement dû au gel de différentes couches de sol de la plate-forme (%) ;

n— Nombre de différentes couches de sol.

2 La quantité totale de gonflement dû au gel de la plate-forme doit se conformer aux prescriptions de tableau 7.19.3.

Tableau 7.19.3 Quantité totale de gonflement dû au gel admissible de plate-forme dans la zone de sol gelé saisonnier

Classe de route	Quantité totale de gonflement dû au gel admissible de plate-forme (mm)	
	Chaussée en béton de ciment	Chaussée en béton bitumineux
Autoroute et route de première classe	≤20	≤40
Route de deuxième classe	≤30	≤50

Note : Pour les routes de troisième et de quatrième classe, la quantité totale de gonflement dû au gel admissible de la route de deuxième classe est prise pour la base, elles sont déterminées selon le cas concret.

7.19.4 La conception de matériau de remplissage de plate-forme doit être déterminée selon la hauteur de plate-forme, le niveau d'eau superficielle, le niveau d'eau souterraine, la quantité totale de gonflement dû au gel admissible et le type structural de la chaussée, etc. et d'après le tableau 7.19.4. Pour le lit de la route, il convient d'employer les matériaux dont la résistance au gel est bonne tels que le sable grossier moyen, le gravier sableux, la pierre cassée, le laitier de haut fourneau et la scorie d'aciérie, etc., la roche molle très altérée et la roche tendre désintégrée à l'eau ne doivent pas être utilisées comme le matériau de remplissage au lit de la route.

Tableau 7.19.4 Sélection de matériau de remplissage de plate-forme en sol gelé saisonnier

Forme de plate-forme	Zonage de gel	Distance du niveau d'eau souterraine ou superficielle constante à la chaussée (m)	Classe de gonflement dû au gel de sol			
			Lit de route supérieur	Lit de route inférieur	Remblai supérieur	Remblai inférieur
Plate-forme en remblai	Zone de gel grave	$h_w > 3$	I	I, II, III	—	—
		$h_w \leq 3$	I	I, II	I, II, III	—
	Zone de gel moyenne	$h_w > 3$	I, II	I, II, III	—	—
		$h_w \leq 3$	I	I, II	—	—

suite

Forme de plate-forme	Zonage de gel	Distance du niveau d'eau souterraine ou superficielle constante à la chaussée (m)	Classe de gonflement dû au gel de sol			
			Lit de route supérieur	Lit de route inférieur	Remblai supérieur	Remblai inférieur
Remplissage sporadique ou plate-forme en déblai	Zone de gel grave	$h_w > 3$	I	I	—	—
		$h_w \leq 3$	I	I	—	—
	Zone de gelée moyenne	$h_w > 3$	I	I, II	—	—
		$h_w \leq 3$	I	I	—	—

Note : 1. La classe de gonflement dû au gel de sol est à voir dans le tableau 7.19.2-1.

2. Lorsque le lit de la route est employé de sol de catégorie I dans la zone gelée grave et moyenne et pour l'autoroute et la route de première classe, leurs teneurs en grain fin (la grosseur de grain est inférieure à 0,075 mm) conviennent d'être inférieures à 5%.

3. Dans la zone où il manque de matériau de gravier sableux, quand on emploi le liant inorganique, le laitier et l'agent de durcissement pour traiter, le matériau de remplissage peut ne pas être limité par ce tableau.

7.19.5 La hauteur de remblai doit se conformer aux stipulations des articles 3.3.1 et 3.3.2 de présentes règles. La quantité totale de gonflement dû au gel doit être conforme aux stipulations de tableau 7.19.3. En cas de non satisfaction, il est possible de prendre des mesures suivantes :

1 Diriger et drainer les eaux superficielles stagnantes ou baisser le niveau d'eau souterraine.

2 Disposer la sous-couche de résistance au gel, la couche d'isolation de l'eau capillaire et la couche de drainage, etc.

3 Dans la sphère de profondeur de gonflement dû au gel, employer le sol non gonflé dû au gel ou gonflé dû au gel faible pour servir de matériau de remplissage.

4 Employer le panneau en polystyrène expansé pour la couche d'isolation thermique.

7.19.6 La conception de drainage de la plate-forme dans la zone de sol gelé saisonnier doit se conformer aux règles de chapitre 4 de présentes règles. La conception de drainage de plate-forme dans les zones gelées moyennes et graves doit se conformer encore aux exigences suivantes :

1 Lorsqu'il y a des eaux souterraines qui affleurent sur le talus de déblai, dans le talus de sol humide, il est possible d'adopter la rigole d'infiltration de soutien, sur les endroits où les eaux souterraines concentrées sont affleurées, il faut disposer les trous de drainage inclinés vers le haut.

2 Pour la plate-forme de déblai, il convient d'adopter le fossé latéral de type large et peu profond, il ne convient pas d'adopter le caniveau rectangulaire avec dalles de couverture.

Lors d'emploi de rigole enterrée, la rigole souterraine ou le drain doivent être enterrés à l'endroit au moins 0,25 m en dessous de la profondeur de congélation maximale locale.

3. Pour la plate-forme de déblai et le remblai entièrement gelé, il faut disposer la rigole d'infiltration de drainage, la rigole d'infiltration doit être disposée au dessous ou en dehors des fossés latéraux des deux côtés, il ne convient pas d'être disposé à l'intérieur de l'étendue de l'accotement.

4. Les installations de drainage telles que les tuyaux de drainage, les puits de collection d'eau et les rigoles d'infiltration etc. doivent être disposées à l'endroit au moins 0,25 m en dessous de la profondeur de congélation maximale, la fondation pour la sortie d'eau doit être disposée en dessous de la ligne de gonflement dû au gel, pour les sorties de rigole d'infiltration, etc., il faut prendre des mesures d'isolation thermique et antigel.

Annexe A
Méthode d'essai standard de module de résilience dynamique du sol de plate-forme

A.0.1 La présente méthode d'essai est applicable à la détection de module de résilience dynamique de sol de plate-forme et de matériau grenu en utilisant le testeur triaxial dynamique dans les conditions prescrites de chargement.

A.0.2 L'appareil de testeur triaxial dynamique doit se conformer aux prescriptions suivantes :

1. La chambre de pression triaxiale doit être fabriquée par le matériau transparent tel que le polycarbonate, l'acide acrylique ou tout autre matériau convenable, il convient de prendre l'air pour le fluide de mesure de pression.

2. À propos de dispositif de chargement, il faut utiliser la machine d'essai à pression hydraulique électrique ou à pression électrique à circuit fermé de type à chargement par-dessus qui peut produire la charge d'impulsion de semi-vecteur positif avec la circulation répétitive. La fréquence de la mise en charge est de 0,1 à 25 Hz, et en plus, le niveau de contrainte dynamique axiale maximale appliquée ne doit pas être inférieur à 150 kPa.

3. La mesure et l'acquisition de données doivent être contrôlées par l'ordinateur, qui peut mesurer et enregistrer les charges supportée et les déformations axiales produites de l'éprouvette dans chaque circulation de chargement. Pour la pression de la chambre triaxiale, il est possible d'utiliser l'indicateur de pression, le jauge de pression ou le capteur de pression pour effectuer la surveillance, la gamme de mesure ne doit pas être inférieure à 200 kPa, la précision ne doit pas être inférieure à 1,0 kPa ; la gamme de mesure de capteur pour la charge axiale ne doit pas être inférieure à 25 kN, la résolution ne doit pas être inférieure à 5 N ; pour le capteur de déplacement, il est possible d'employer LVDT (Low Voltage Differential Transducer) (transducteur différentiel à basse tension) ou les autres équipements convenables, il doit revêtir la caractéristique de bonne réponse

dynamique, la gamme de mesure doit être supérieure à 6 mm, la résolution ne doit pas être supérieure à 1% de la gamme de mesure.

A.0.3 La préparation de l'essai doit se conformer aux prescriptions suivantes :

1 Le moulage de l'éprouvette doit se conformer aux stipulations suivantes :

1) Pour l'emprunt de sol sur terrain, il faut adopter le tube de prélèvement à paroi mince.

2) Pour le sol de plate-forme et le matériau grenu dont la grosseur de grain maximale est supérieure à 19 mm, il faut éliminer par criblage les grains supérieurs à 26,5 mm, adopter le moulage de compactage par vibration ou de compactage au choc.

3) Pour le sol de plate-forme dont la grosseur de grain maximale ne dépasse pas 9,5 mm, et en plus, le pourcentage de tamisat de 0,075 mm est inférieur à 10%, il faut adopter le moulage de compactage par vibration.

4) Pour le sol de plate-forme dont la grosseur de grain maximale ne dépasse pas 9,5 mm, et en plus, le pourcentage de tamisat de 0,075 mm n'est pas inférieur à 10%, il faut adopter le moulage de compactage au choc ou de compaction statique.

2 La dimension de l'éprouvette doit se conformer aux prescriptions suivantes :

1) La longueur de l'échantillon de sol pris sur place ne doit pas être inférieure à 2 fois le diamètre de l'éprouvette.

2) Pour le sol de plate-forme et la matériau grenu dont la grosseur de grain maximale est supérieure à 19 mm, la dimension de l'éprouvette doit se conformer aux exigences de diamètre de 150 mm ± 2 mm et de hauteur de 300 mm ± 2 mm.

3) Pour le sol de plate-forme et le matériau grenu dont la grosseur de grain maximale ne dépasse pas 19 mm, la dimension de l'éprouvette doit se conformer aux exigences de diamètre de 100 mm ± 2 mm et de hauteur de 200 mm ± 2 mm.

3 La teneur en eau de l'éprouvette en moulage par compactage en laboratoire doit se conformer à la valeur objet de teneur en eau ± 0,5%, le taux de compactage doit être conforme à la valeur objet de taux de compactage ± 1,0%.

4 À propos de l'éprouvette visqueuse relativement dure (la résistance au cisaillement non

drainée est supérieure à 36 kPa, le module est en général supérieur à 70 MPa), il est possible d'adopter la pâte de plâtre pour aplanir les défauts de surface de l'extrémité, l'épaisseur de traitement ne doit pas dépasser 3 mm.

5 Un groupe d'essai ne doit pas être inférieur à 3 éprouvettes en parallèle.

A.0.4 La procédure d'essai doit se conformer aux stipulations suivantes :

1 L'éprouvette est recouverte d'une membrane de caoutchouc pour assurer l'étanchéité à l'air.

2 L'éprouvette est placée sur la pierre perméable poreux humide pré-imprégné et le plateau de pression du fond et sur la partie supérieure sont mises en place la pierre perméable poreux humide pré-imprégné et le plateau de pression de la partie supérieure. Lorsqu'il existe une pierre perméable qui est colmatée, il faut poser le papier à filtre humide pré-imprégné entre l'éprouvette et la pierre perméable.

3 Mettre en pose l'éprouvette déjà assemblée sur la position du centre de la base d'appui de chambre triaxiale et assurer que le centre de l'éprouvette est aligné sur le centre de support de chargement.

4 Assembler le capteur de déplacement. Quand on emploie l'appareil de mesure de type d'extrémité supérieure et inférieure, il faut mettre le LVDT ou le capteur de déplacement sur la barre d'acier ou la tige d'aluminium (entre le couvercle supérieur de l'éprouvette et le plateau de pression de fond) ; quand on emploie l'appareil de mesure de déformation optique, il faut mettre directement 2 indicateurs sur l'éprouvette, on emploie au moins 2 petits épingles sur chaque indicateur pour le positionnement ; quand on emploie le dispositif de mesure de type de serrage, il faut disposer le serre-joint sur l'endroit de 1/4 de hauteur de l'éprouvette. Pour l'éprouvette relativement molle dont la résistance au cisaillement est inférieure à 36 kPa, il ne faut pas utiliser l'appareil de mesure de type de serrage qui est posé sur l'éprouvette.

5 Ouvrir la vanne de tuyau de drainage, communiquer le tuyau d'alimentation en pression de confinement et la chambre triaxiale, exercer des pressions de confinement de 30,0 kPa de précharge, et excercer sur l'éprouvette au moins 1 000 fois, la contrainte axiale maximale est de 66,0 kPa de charge d'impulsion de semi-vecteur positif. Quand la déformation permanente verticale totale de l'éprouvette atteint 5%, la précharge est arrêtée, il faut analyser la cause ou préparer de nouveau l'éprouvette.

6 Régulariser la pression de confinement et la charge d'impulsion de semi-vecteur positif jusqu'à la valeur de consigne objectif, recharger par répétition 100 fois avec la fréquence de 10 Hz. Essayer et collecter les 5 dernières formes d'onde charges et les courbes de déformation, enregistrer et calculer la charge appliquée de l'essai, la déformation récupérable de la direction axiale de l'éprouvette et le module de résilience dynamique. Au cours de chargement, si la déformation permanente verticale totale de l'éprouvette dépasse 5%, il faut arrêter l'essai et enregistrer le résultat.

A.0.5 Le calcul de résultat d'essai doit se conformer aux stipulations suivantes :

1 La valeur d'amplitude de contrainte doit être déterminée par calcul selon la formule (A.0.5-1) :

$$\sigma_0 = \frac{P_i}{A} \qquad (\text{A.0.5-1})$$

Dans laquelle :

σ_0 — Valeur d'amplitude de contrainte axiale (MPa) ;

P_i — Valeur d'amplitude moyenne des charges d'essai axiales dans les 5 dernières circulations de chargement (N) ;

A — Aire de la section transversale radiale de l'éprouvette, il est possible de prendre la valeur moyenne des surfaces d'extrémités supérieures et inférieures de l'éprouvette (mm^2).

2 La valeur d'amplitude de déformation doit être déterminée par calcul selon la formule (A.0.5-2) :

$$\varepsilon_0 = \frac{\Delta_i}{l_0} \qquad (\text{A.0.5-2})$$

Dans laquelle :

ε_0 — Valeur d'amplitude de déformation axiale récupérable (mm/mm) ;

Δ_i — Valeur d'amplitude moyenne axiale récupérable dans les 5 dernières circulations de chargement (mm) ;

l_0 — Espacement de mesure de capteur de déplacement (mm).

3 Le module de résilience dynamique doit être calculé selon la formule (A.0.5-3) :

$$M_R = \frac{\sigma_0}{\varepsilon_0} \qquad (\text{A.0.5-3})$$

Dans laquelle :

M_R — Module de résilience dynamique de sol de plate-forme ou de matériau grenu (MPa).

Annexe B
Plage de prise de valeur de module de résilience dynamique du sol de plate-forme

Tableau B-1 Valeur de référence de module de résilience de sol de plate-forme en état standard

Groupe de sol	Plage de prise de valeur (MPa)
Gravier (G)	110 à 135
Gravier contenant le sol à grain fin (GF)	100 à 130
Gravier silteux (GM)	100 à 125
Gravier argileux (GC)	95 à 120
Sable (S)	95 à 125
Sable contenant le sol à grain fin (SF)	80 à 115
Sable silteux (SM)	65 à 95
Sable argileux (SC)	60 à 90
Sol silteux de limite de liquidité inférieure (ML)	50 à 90
Sol argileux de limite de liquidité inférieure (CL)	50 à 85
Sol silteux de limite de liquidité supérieure (MH)	30 à 70
Sol argileux de limite de liquidité supérieure (CH)	20 à 50

Note : 1. Pour le gravier et le sable, quand D_{60} (grosseur de grain dont le tamisat est de 60%) est grand, la haute valeur de module est prise, quand D_{60} est petit, la faible valeur de module est prise.

2. Pour les autres groupes de sol contenant les grain fin, quand le teneur en grain inférieur à 0,075 mm est grande et l'indice de plasticité est élevé, la valeur faible de module est prise, au cas contraire, la valeur élevée de module est prise.

3. Dans la même condition, lors de charges de trafic légère, moyenne et lourde, la valeur relativement petite de module pour le sol de plate-forme est prise, dans les conditions de trafic spécialement lourd et extrêmement lourd, la valeur relativement grande est prise.

Tableau B-2 Valeur de référence de module de résilience de matériau grenu en état standard

Type de matériau grenu	Plage de prise de valeur (MPa)
Pierre concassée granulométrique	180 à 400
Pierre concassée non tamisée	180 à 220
Gravier granulométrique	150 à 300
Gravier sableux naturel	100 à 140

Annexe C
Méthode de prévision d'humidité d'équilibre de plate-forme

C.0.1 Les états d'humidité d'équilibre de plate-forme peuvent, selon la provenance de l'humidité de plate-forme, être divisés en trois catégories: humide, moyennement humide et sèche, et il est possible de déterminer l'état d'humidité de la plate-forme selon les conditions suivantes :

1 Quand le niveau d'eau souterraine et le niveau d'eau superficielle stagnante à long terme sont élevés, la zone de travail de plate-forme se trouve toute dans la sphère d'influence de l'humidification capillaire des eaux souterraines, l'humidité d'équilibre de plate-forme est contrôlée par la monte et la descente du niveau d'eau souterraine ou du niveau d'eau superficielle stagnante à long terme, l'état d'humidité de plate-forme peut être déterminé comme la plate-forme de catégorie humide.

2 Quand le niveau d'eau souterraine est très bien bas, la zone de travail de plate-forme se trouve au dessus de surface humidifiée capillaire de l'eau souterraine, l'humidité d'équilibre de plate-forme est contrôlée par le facteur climatique, l'état d'humidité de plate-forme peut être déterminé comme la plate-forme de catégorie sèche.

3 L'humidité de plate-forme de catégorie moyennement humide est affectée à la fois par les eaux souterraines et les facteurs climatiques, la zone de travail de plate-forme est divisée par la surface humidifiée capillaire de l'eau souterraine en deux parties supérieures et inférieures, la partie inférieure est affectée par l'humidification capillaire de l'eau souterraine, tandis que la partie supérieure est affectée pa le facteur climatique, comme ceci est indiqué dans la figure C.0.1.

C.0.2 L'humidité d'équilibre de plate-forme de catégorie humide peut être déterminée par les degrés de saturation avec distance aux endroits de différentes hauteurs de niveaux d'eau souterraine selon les groupes de sol et les hauteurs de niveaux d'eau souterraine et d'après le tableau C.0.2.

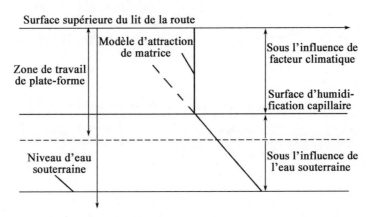

Figure C.0.1 État d'humidité de plate-forme de catégorie moyennement humide

Tableau C.0.2 Degrés de saturation de divers groupes de sol (%) avec distance aux différentes hauteurs de niveaux d'eau souterraine

Groupe de sol	Distance du point de calcul au niveau d'eau souterraine ou au niveau d'eau superficielle stagnante à long terme (m)						
	0,3	1,0	1,5	2,0	2,5	3,0	4,0
Gravier silteux (GM)	69 à 84	55 à 69	50 à 65	49 à 62	45 à 59	43 à 57	—
Gravier argileux (GC)	79 à 96	64 à 83	60 à 79	56 à 75	54 à 73	52 à 71	—
Sable (S)	95 à 80	70 à 50	—	—	—	—	—
Sable silteux (SM)	79 à 93	64 à 77	60 à 72	56 à 68	54 à 66	52 à 64	—
Sable argileux (SC)	90 à 99	77 à 87	72 à 83	68 à 80	66 à 78	64 à 76	—
Sol silteux de limite de liquidité inférieure (ML)	94 à 100	80 à 90	76 à 86	83 à 73	71 à 81	69 à 80	—
Sol argileux de limite de liquidité inférieure (CL)	93 à 100	80 à 93	76 à 90	73 à 88	70 à 86	68 à 85	66 à 83
Sol silteux de limite de liquédité supérieure (MH)	100	90 à 95	86 à 92	83 à 90	81 à 89	80 à 87	—
Sol argileux de limite de liquidité supérieure (CH)	100	93 à 97	90 à 93	88 à 91	86 à 90	85 à 89	83 à 87

Note : 1. Pour les sables (SW, SP), quand D_{60} est grande, est prise la valeur faible de l'humidité d'équilibre, quand D_{60} est petit, est prise la valeur haute de l'humidité d'équilibre.

2. Pour les autres groupes contenant le sol à grain fin, quand la teneur en grain dont la tamisat de 0,075 mm est grande et l'indice de plasticité est élevé, la valeur haute est prise, au cas contraire, la valeur faible est prise.

C.0.3 L'humidité d'équilibre de plate-forme de catégorie sèche peut être déterminée selon l'indice d'humidité *TMI* de la zone naturelle où se trouve la plate-forme et la catégorie de groupe de sol, et doit se conformer aux prescriptions suivantes :

1 Les valeurs *TMI* de différentes zones naturelles peuvent être prises en se référant au tableau C.0.3-1.

Tableau C.0.3-1 Étendue de valeurs *TMI* de différentes zones naturelles

Zonage	Sous-zone		*TMI* Étendue	Zonage	Sous-zone	*TMI* Étendue
I	I_1		−5,0 à −8,1		IV_{6a}	41,2 à 97,4
	I_2		0,5 à −9,7	IV	IV_7	16,0 à 69,3
II	II_1	Heilongjiang	−0,1 à −8,1		IV_{7b}	−5,4 à −23,0
		Liaoning, Jining	8,7 à 35,1		V_1	−25,1 à 6,9
	II_{1a}		−3,6 à −10,8		V_2	0,9 à 30,1
	II_2		−7,2 à −12,1		V_{2a}	39,6 à 43,7
	II_{2a}		−1,2 à −10,6		V_3	12,0 à 88,3
	II_3		−9,3 à −26,9	V	V_{3a}	−7,6 à 47,2
	II_4		−10,7 à −22,6		V_4	−2,6 à 50,9
	II_{4a}		−15,5 à 17,3		V_5	39,8 à 100,6
	II_{4b}		−7,9 à 9,9		V_{5a}	24,4 à 39,2
	II_5		−1,7 à −15,6		—	—
	II_{5a}		−1,0 à −15,6		VI_1	−15,3 à −46,3
III	III_1		−21,2 à −25,7		VI_{1a}	−40,5 à −47,2
	III_{1a}		−12,6 à −29,1		VI_2	−39,5 à −59,2
	III_2		−9,7 à −17,5	VI	VI_3	−41,6
	III_{2a}		−19,6		VI_4	−19,3 à −57,2
	III_3		−19,1 à −26,1		VI_{4a}	−34,5 à −37,1
	III_4		−10,8 à −24,1		VI_{4b}	−2,6 à −37,2
IV	IV_1		21,8 à 25,1		VII_1	−3,1 à −56,3
	IV_{1a}		23,2		VII_2	−49,4 à −58,1
	IV_2		−6,0 à 34,8		VII_3	−22,5 à 82,8
	IV_3		34,3 à 40,4	VII	VII_4	−5,1 à −5,7
	IV_4		32,0 à 67,9		VII_5	−20,3 à 91,4
	IV_5		45,2 à 89,3		VII_{6a}	−10,6 à −25,8
	IV_6		27,0 à 64,7		—	—

2 D'après la valeur *TMI* de la zone où se trouvent la plate-forme et le groupe de sol de plate-forme et selon la valeur d'interpolation de tableau C.0.3-2, chercher et prendre le degré de saturation correspondant à cette zone.

Tableau C.0.3-2 Degrés de saturation de différents groupes de sol de plate-forme dans les diverses valeurs de *TMI* (%)

Groupe de sol	*TMI*					
	-50	-30	-10	10	30	50
Sable (S)	20 à 50	25 à 55	27 à 60	30 à 65	32 à 67	35 à 70
Sable silteux (SM)	45 à 48	62 à 68	73 à 80	80 à 86	84 à 89	87 à 90
Sable argileux (SC)						
Sol silteux de limite de liquidité inférieure (ML)	41 à 46	59 à 64	75 à 77	84 à 86	91 à 92	92 à 93
Sol argileux de limite de liquidité inférieure (CL)	39 à 41	57 à 64	75 à 76	86	91	92 à 94
Sol silteux de limite de liquidité supérieure (MH)	41 à 42	61 à 62	76 à 79	85 à 88	90 à 92	92 à 95
Sol argileux de limite de liquidité supérieure (CH)	39 à 51	58 à 69	85 à 74	86 à 92	91 à 95	94 à 97

Note : 1. La prise de valeur de degré de saturation de sable est en corrélation avec D_{60}, quand D_{60} est grand (à la proche de 2 mm), la valeur faible est prise, quand D_{60} est petit (à l'approche de 0,25 mm), la valeur élevée est prise.

2. La prise de valeur de degré de saturation de sable silteux, de sable argileux ou de sol à grain fin est en corrélation avec la teneur en sol à grain fin et l'indice de plasticité, quand la teneur en sol à grain fin est élevée, l'indice de plasticité est grand, la valeur faible est prise, au cas contraire, la valeur élevée est prise.

C.0.4 L'humidité d'équilibre de plate-forme de catégorie moyennement humide peut se référer à la figure C.0.1, diviser d'abord lazone de travail de plate-forme en partie supérieure et en partie inférieure pour déterminer leur humidité d'équilibre et ensuite, prendre la moyenne pondérée pour calculer l'humidité d'équilibre de la plate-forme. Pour la partie supérieure de la zone de travail de plate-forme au dessus de la surface humidifiée capillaire de l'eau souterraine, son humidité d'équilibre est déterminée selon le groupe de sol de plate-forme et la valeur de *TMI* ; tandis que pour la partie inférieure de la zone de travail de plate-forme au dessous de la surface humidifiée capillaire de l'eau souterraine, son humidité d'équilibre est déterminée selon le groupe de sol de plate-forme et la distance au niveau d'eau souterraine.

Annexe D
Domaine de prise de valeur de coefficient de réglage d'humidité de module de résilience de plate-forme

D.0.1 Le coefficient de réglage d'humidité de module de résilience de plate-forme de catégorie humide peut être cherché et pris selon le tableau D.0.1.

Tableau D.0.1 Coefficient de réglage d'humidité de module de résilience de plate-forme de catégorie humide

Type de sol	Sable	Sable de sol à grain fin	Sol silteux	Sol argileux
Partie supérieure de zone de travail de plate-forme	0,8 à 0,9	0,5 à 0,6	0,5 à 0,7	0,6 à 1,0
Partie inférieure de zone de travail de plate-forme	0,5 à 0,6	0,4 à 0,5	0,4 à 0,6	0,5 à 0,9

Note : 1. Pour le coefficient de réglage de module de résilience de sable, quand D_{60} est grand, la valeur élevée est prise, quand D_{60} est faible, la valeur faible est prise.
2. Pour le coefficient de réglage de module de résilience de sable de sol à grain fin, quand la teneur en grain fin est grande, l'indice de plasticité est élevé, la valeur faible est prise, au cas contraire, la valeur élevée est prise.
3. Pour les coefficients de réglage de module de résilience de sol silteux et de sol argileux, quand la hauteur de plate-forme est faible, la valeur faible est prise, au cas contraire, la valeur élevée est prise.

D.0.2 Le coefficient de réglage d'humidité de module de résilience de plate-forme de catégorie sèche peut être cherché et pris selon le tableau D.0.2.

Tableau D.0.2 Coefficient de réglage d'humidité de module de résilience de plate-forme de catégorie sèche

Groupe de sol	TMI					
	−50	−30	−10	10	30	50
Sable (S)	1,30 à 1,84	1,14 à 1,80	1,02 à 1,77	0,93 à 1,73	0,86 à 1,69	0,8 à 1,64
Sable silteux (SM)	1,59 à 1,65	1,10 à 1,26	0,83 à 0,97	0,73 à 0,83	0,70 à 0,76	0,70 à 0,76
Sable argileux (SC)	1,59 à 1,65	1,10 à 1,26	0,83 à 0,97	0,73 à 0,83	0,70 à 0,76	0,70 à 0,76

suite

Groupe de sol	TMI					
	−50	−30	−10	10	30	50
Sol silteux de limite de liquidité inférieure (ML)	1,35 à 1,55	1,01 à 1,23	0,76 à 0,96	0,58 à 0,77	0,51 à 0,65	0,42 à 0,62
Sol argileux de limite de liquidité inférieure (CL)	1,22 à 1,71	0,73 à 1,52	0,57 à 1,24	0,51 à 1,02	0,49 à 0,88	0,48 à 0,81

Note : 1. Pour le coefficient de réglage de module de résilience de sable, quand D_{60} est grand (à l'approche de 2 mm), la valeur faible est prise, quand D_{60} est faible (à l'approche de 0,25 mm), la valeur élevée est prise.

2. La prise de valeur de degré de saturation de sable silteux, de sable argileux ou de sol à grain fin est en corrélation avec la teneur en sol à grain fin et l'indice de plasticité, quand la teneur en sol à grain fin est grande, l'indice de plasticité est élevé, la valeur faible est prise, au cas contraire, la valeur élevée est prise.

D.0.3 Le coefficient de réglage d'humidité de module de résilience de plate-forme de catégorie moyennement humide peut être déterminé respectivement selon la partie supérieure et la partie inférieure des deux provenances d'humidité dans la zone de travail de la plate-forme et on peut calculer le coefficient de réglage total d'humidité de module de résilience de plate-forme d'après les épaisseurs pondérées de la partie supérieure et de la partie inférieure de zone de travail de la plate-forme.

Annexe E
Classification de masse de roche du talus rocheux

E. 0. 1 Le niveau d'intégrité de la masse rocheuse de talus doit être déterminé selon le degré de développement de la surface structurale, le type de structure de la masse rocheuse et le coefficient de l'intégrité et d'après le tableau E. 0. 1, le coefficient de l'intégrité doit être calculé selon la formule (E. 0. 1):

$$K_v = \left(\frac{v_R}{v_P}\right)^2 \quad (E.\,0.\,1)$$

Dans laquelle :

K_v— Coefficient de l'intégrité de la masse rocheuse de talus ;

v_R— Vitesse de transmission de l'onde longitudinale élastique dans la masse rocheuse (km/s) ;

v_P— Vitesse de transmission de l'onde longitudinale élastique dans le bloc de roche (km/s).

Tableau E. 0. 1 Division de niveaux d'intégrité de la masse rocheuse

Niveau d'intégrité de masse rocheuse	Degré de développement de la surface structurale	Type de structure	Coefficient d'intégrité K_v
Intégral	Surface structurale 1 à 2 groupe, le joint tectonique ou le niveau est prise comme principal, type hermétique	Structure monolithe en forme de bloc géant	>0,75
Relativement intégral	Surface structurale 2 à 3 groupes, le joint tectonique ou le niveau est prise comme principal, les fissures sont présentées en majorité fermées, partie ouvertes légère, avec peu de matière de remplissage	Structure de bloc, structure laminaire, structure enclavée et cataclastique	0,35 à 0,75
Non intégral	Surface structurale, supérieure à 3 groupes, à l'approche de faille, l'influence sous l'action tectonique, relativement grande, le type d'ouverture de fissures est pris comme principal, avec beaucoup de remplissage, l'épaisseur est relativement grande	Structure cataclastique, structure discrète	<0,35

Note : La structure enclavée et cataclastique est une structure dans laquelle les fragments sont relativement grands et s'intercalent les uns dans les autres, la stabilité est relativement bonne.

E.0.2   Pour le talus rocheux, il faut déterminer le type de masse rocheuse de talus selon les conditions du niveau d'intégrité de la masse rocheuse, du degré d'intégration du plan structural, de l'attitude du plan structural et de la capacité d'autostabilité de talus vertical, etc. et d'après le tableau E.0.2.

Tableau E.0.2   Classification de masse de roche de talus rocheuse

Type de masse rocheuse de talus	Condition de détermination			
	Niveau d'intégrité de masse rocheuse	Degré d'intégration du plan structural	Attitude du plan structural	Capacité d'autostabilité de talus vertical
I	Intégral	L'intégration du plan structural est bonne ou ordinaire	Le plan structural incliné vers l'extérieur ou l'angle d'inclinaison de lignes combinées de différents plans structuraux inclinés vers l'extérieur >75° ou <35°	Le talus élevé de 30 m en stabilité à long terme, de temps en temps, il y a quelque morceau qui tombe
II	Intégral	L'intégration du plan structural est bonne ou ordinaire	Le plan structural incliné vers l'extérieur ou l'angle d'inclinaison de lignes combinées de différents plans structuraux inclinés vers l'extérieur 35° à 75°	Le talus élevé de 15 m est stable, le talus élevé de 15 à 30 m est moins stable
II	Intégral	L'intégration du plan structural est mauvaise	Le plan structural incliné vers l'extérieur ou l'angle d'inclinaison de lignes combinées de différents plans structuraux inclinés vers l'extérieur >75° ou <35°	Sur le talus, est apparu quelque effondrement local
II	Relativement intégral	L'intégration du plan structural est bonne ou ordinaire ou mauvaise	Le plan structural incliné vers l'extérieur ou l'angle d'inclinaison de lignes combinées de différents plans structuraux inclinés vers l'extérieur <35°, il y a le plan structural incliné vers l'intérieur	

suite

Type de masse rocheuse de talus	Condition de détermination			
	Niveau d'intégrité de masse rocheuse	Degré d'intégration du plan structural	Attitude du plan structural	Capacité d'autostabilité de talus vertical
III	Intégral	L'intégration de plan structural est mauvaise	Le plan structural incliné vers l'extérieur ou l'angle d'inclinaison de lignes combinées de différents plans structuraux inclinés vers l'extérieur est de 35° à 75°	Le talus élevé de 8 m est stable, le talus élevé de 15 m est moins stable
	Relativement intégral	L'intégration du plan structural est bonne ou ordinaire	Le plan structural incliné vers l'extérieur ou l'angle d'inclinaison de lignes combinées de différents plans structuraux inclinés vers l'extérieur est de 35° à 75°	
	Relativement intégral	L'intégration de plan structural est mauvaise	Le plan structural incliné vers l'extérieur ou l'angle d'inclinaison de lignes combinées de différents plans structuraux inclinés vers l'extérieur > 75° ou < 35°	
	Relativement intégral (enclavé de fragments)	L'intégration du plan structural est bonne ou ordinaire	Aucune régularité significative sur la surface structurelle	
IV	Relativement intégral	L'intégration de plan structural est mauvaise ou très mauvaise	Pour le plan structural incliné vers l'extérieur, le niveau est pris pour principal, les angles d'inclinaison sont en majorité de 35° à 75°	Le talus élevé de 8 m est non stable
	Non intégral (dispersion, fragmentation)	L'intégration entre les fragments est très mauvaise	—	

Note : 1. Dans la classification de masses rocheuses de talus, sont non compris le talus contrôlé par le plan structural faible incliné vers l'extérieur et le talus détruit par le type de déversement et d'effondrement.
2. Quand la masse rocheuse de catégorie I est de roche tendre et relativement tendre, elle doit être baissée en masse rocheuse de catégorie II.
3. Quand l'eau souterraine est développée, les masses rocheuses de catégories II, III peuvent être baissées d'une catégorie.
4. La roche fortement altérée et la roche très tendre peuvent être classée dans la masse rocheuse de catégorie IV.
5. Dans le tableau, le plan structural incline vers l'extérieur désigne celui dans lequel, l'angle inclus entre la direction d'inclinaison et la direction de talus est inférieur à 30°.

Annexe F
Contenus et projets de surveillance de plate-forme

Tableau F-1 Surveillance de talus de déblai ou de glissement de terrain

Contenu de surveillance		Méthode de surveillance	Objet de surveillance
Surveillance de surface de terrain	Surveillace de déplacement horizontal	Station totale, instrument de mesure de distance electro-optique	Surveillance de situations de déplacement et de développement de déformation de la surface de terrain
	Surveillance de déformation verticale	Niveau d'eau	Surveillance de développement de fissure
	Surveillance de fissure	Piquet, règle ou compteur de fissure	
Surveillance de déplacement souterrain		Inclinomètre	Détection de déplacement de masse rocheuse souterrain relative à la formation stable, justification et détermination des caractères structuraux qui se produissent, détermination de profondeur de surface de glissement potentielle, jugement de la direction de glissement principale, analyse quantitative et évaluation de l'état de stabilité de talus (glissement de terrain), jugement des effets d'ingénierie de confortement de talus (glissement de terrain)
Surveillance de niveau d'eau souterrain		Mesure manuelle	Surveillance de variation de niveau d'eau souterraine et de relation avec la précipitation, évaluation et justification d'efficacité des mesures de drainage de talus
Déformation et contrainte de structure de soutènement		Inclinomètre, tassomètre par couche, boîte de pression et jauge de contrainte de l'acier	Surveillance de déformation de masse de roche et de sol de la structure de soutènement, surveillance de pression de contact entre la structure de soutènement et la masse de roche et de sol

Tableau F-2 Surveillance de stabilité et de tassement de remblai élevé

Projet de surveillance	Désignation des instruments de mesure	Objet de surveillance
Quantité de déplacement horizontal de surface de terrain et la quantité de soulèvement du sol	Piquetage de déplacement horizontal de surface de terrain (piquet de talus)	Il est destiné à la surveillance de stabilité afin d'assurer la sécurité et la stabilité de l'exécution des travaux de remblai
Quantité de déplacement horizontal de corps de sol souterrain par couche	Jauge de déplacement horizontal souterrain (inclinomètre)	Il est destiné à la surveillance et à l'étude de stabilité, pour maîtriser la quantité de déplacement par couche et accorder la présomption de la position de rupture par cisaillement su corps de sol. En cas de besoin, il sera adopté
Quantité de tassement du sommet de remblai	Tassomètre type de surface de terrain (plaque ou pieu de tassement)	Il est destiné à la surveillance de tassement après la fin des travaux, à la prévision de tendance de tassement après la fin des travaux et à la définition du temps de l'exécution des travaux de la chaussée.

Tableau F-3 Contenu et projet de la surveillance in situ de l'ingénierie d'ancrage de la précontrainte

Période de surveillance des tiges d'ancrage	Objet de surveillance	Projet de surveillance	Méthode et exigence de surveillance
Période d'exécution des travaux	Tige d'ancrage précontrainte	Force de précontrainte	Projet qu'il faut faire, y compris la force de traction et la perte de la force de précontrainte de tige d'ancrage. Il convient d'adopter la méthode de contre-traction, et il peut employer la méthode d'appareil pré-enterré
	Sécurité et qualité d'éxécution des travaux	Déplacement de tête d'ancrage	Projet qu'il faut faire, il convient d'adopter la méthode conventionnelle de surveillance de déplacement
		Déplacement en profondeur de masse de roche et de sol	Projet qu'il faut faire, il est possible d'utiliser la méthode de l'inclinomètre
		Longueur de tige d'ancrage	Projet qu'il est possible à faire, il convient d'adopter la méthode d'essai non destructif
		Degré de saturation d'injection de mortier	Projet qu'il est possible à faire, il convient d'adopter la méthode d'essai non destructif
Période d'exploitation	Tige d'ancrage précontrainte	Force précontrainte	Projet qu'il faut faire, Il convient d'adopter la méthode de contre-traction, et il est possible d'employer la méthode d'appareil pré-enterré
	État de travail	Déplacement de tête d'ancrage	Projet qu'il convient de faire, il convient d'adopter la méthode conventionnelle de surveillance de déplacement
		Déplacement en profondeur de masse de roche et de sol	Projet qu'il est possible à faire, il est possible d'employer la méthode d'appareil pré-enterré

Annexe G
Exigences sur les résistances de matériaux pour le drainage, la protection et la structure de soutènement

Tableau G-1   Exigence sur la résistance de matériau pour les ouvrages de drainage

Type de matériau	Exigence sur la résistance minimale		Domaine d'application
	Zone non gelé, zone de gel léger	Zone de gel moyen, zone de gel grave	
Moellon	MU30	MU30	Revêtement de fond et de paroi de fossé
Mortier de ciment	M7,5	M10	Maçonnerie au mortier, enduit, jointement
Béton de ciment	C20	C25	Pièce structurale en béton
	C15	C15	Fondation en béton

Note : Zone de gel léger—il s'agit d'une zone où l'indice de congélation est inférieur à 800 ;

Zone de gel moyen—il s'agit d'une zone où l'indice de congélation est de 800 à 2 000 ;

Zone de gel grave—il s'agit d'une zone où l'indice de congélation est supérieur à 2 000.

Tableau G-2   Exigence sur les résistances de matériaux de protection et de la structure de soutènement

Type de matériau	Classe de résistance minimale		Domaine d'application
	Zone non gelé, zone de gel léger	Zone de gel moyen, zone de gel grave	
Moellon	MU30	MU40	Protection de talus, protection de parement, mur de soutènement
Mortier de ciment	M7,5	M10	Protection de talus, protection de parement, mur de soutènement
	M10		Protection par injection de mortier

suite

Type de matériau	Classe de résistance minimale		Domaine d'application
	Zone non gelé, zone de gel léger	Zone de gel moyen, zone de gel grave	
Béton de ciment	C15	C20	Béton injecté, fondation de mur de soutènement, avant-puits et protection de paroi des pieux résistant au glissement
	C20	C25	Protection de talus, murs de soutènement de différentes catégories, panneau de clouage du sol
	C30	C30	Pieux résistant au glissement, coussin d'appui de câble ancré, poutre de cadres cellulaires, longrine, pilier d'ancrage unique

Annexe H
Conception et calcul pour le mur de soutènement

H.0.1 La charge doit se conformer aux prescriptions suivantes :

1 La conception et le calcul de mur de soutènement doivent prendre la méthode de conception consistant à prendre le procédé de coefficient partiel de conception aux états-limites pour principale.

2 Pour la conception aux états-limites de la capacité portante des pièces structurales de mur de soutènement, il est possible d'adopter les formules suivantes :

$$\gamma_0 S \leqslant R \qquad (H.0.1\text{-}1)$$

$$R = R\left(\frac{R_k}{\gamma_f}, \alpha_d\right) \qquad (H.0.1\text{-}2)$$

Dans lesquelles :
- γ_0 — Coefficient de l'importance de structure, il est adopté selon la règle de tableau H.0.1-1 ;
- S — Valeur de conception combinée des effets de l'action (ou charge) ;
- $R(\cdot)$ — Fonction de force de résistance de la structure de mur de soutènement ;
- R_k — Valeur normative de résistance de matériau de force de résistance ;
- γ_f — Coefficients partiels de matériau de structure et de la propriété géotechnique ;
- α_d — Valeur de conception de paramètres géométriques de structure ou de pièce structurale, quand il n'y a pas de données fiables, il est possible d'adopter la valeur normative de paramètres géométriques.

Tableau H.0.1-1 Coefficient de l'importance de structure γ_0

Hauteur de mur (m)	Classe de route	
	Autoroute et route de première classe	Routes de deuxième et inférieures à la deuxième classe
≤5,0	1,0	0,95
>5,0	1,05	1,0

3 Pour les actions (ou charges) appliquées sur le mur de soutènement, il est possible de les diviser, selon leur nature, en action (ou charge) permanent, en en action (ou charge) variable, et en action (ou charge) aléatoire, les désignations de différentes actions ou charges sont à voir dans le tableau H. 0. 1-2.

Tableau H. 0. 1-2   Classification de charges

Classification de l'action (ou charge)		Désignation de l'action (ou charge)
Action (ou charge) permanente		Gravité de structure de mur de soutènement
		Gravité de remblaiement (y compris le sol au dessus de bords de revers de fondation)
		Pression latérale de remblaiement
		Charge permanente efficace au couronnement de mur
		Charge efficace entre le couronnement de mur et la deuxième surface de fracture
		Flottabilité du niveau d'eau de calcul et la pression hydrostatique
		Prétention
		Retrait et fluage de béton
		Influence de déplacement de la fondation
Action (ou charge) variable	Action (ou charge) variable de base	Pression latérale du sol due à la charge de véhicule
		Charge de la foule, la pression latérale du sol due à la charge de la foule
	Autre action (ou charge) variable	Pression hydrodynamique, lorsque le niveau de l'eau retombe
		Pression d'écoulement d'eau
		Pression de la vague
		Pression de gonflement dû au gel et la pression de glace
		Influence de la température
	Charge d'exécution des travaux	Charge provisoire relative à l'exécution des travaux de mur de soutènement de différentes sortes
Action (ou charge) aléatoire		Action séismique
		Action de glissement de terrain et de coulée de boue et de pierre
		Force de choc de véhicule agissant à la garde-corps du couronnement de mur

4 La combinaison des effets de charge doit se conformer aux stipulations suivantes :

1) Pour les forces appliquées sur le mur de soutènement dans la zone ordinaire, il est possible de ne calculer que l'action (ou charge) permanente et l'action (ou charge) variable de base.

2) Dans la zone immergée, dans la zone dont la valeur de l'accélération maximale du sol est égale ou supérieure à $0,2g$, et dans la zone où il produit la force de gonflement dû au gel, etc., il faut calculer encore les autres actions (ou charges) variables et les actions (ou charges) aléatoires.

3) La combinaison des actions (ou charges) peut être déterminée selon le tableau H.0.1-3.

Tableau H.0.1-3 Combinaison des actions (ou charges) **courantes**

Combinaison	Désignation des actions (ou charges)
I	Combinaison de gravité de la structure de mur de soutènement, de charge permanente efficace du couronnement de mur, de gravité de remblaiement, de la pression latérale de remblaiement et d'autre charge permanente
II	Combinaison de combinaison I et de charge variable de base
III	Combinaison de combinaison II et d'autre charge variable, de charge aléatoire

Note : 1. la crue et la force séismique ne sont pas prises en même temps en compte.
2. La force de gonflement dû au gel, la pression de glace et la pression d'écoulement d'eau ou la pression de vague ne sont pas prises en même temps en compte.
3. La charge de véhicule et la force séismique ne sont pas prises en même temps en compte.

5 Quand la force séismique agit sur le mur de soutènement, il faut se conformer aux stipulations concernées des *Règles parasismique pour les Travaux routiers* (JTG B02) en vigueur.

6 Le calcul de charge de mur de soutènement résistant au glissement, revêtant évidemment la surface glissante doit se conformer aux règlements concernés des sections 5.7 et 7.2 de présentes règles. Pour le mur de soutènement dans le secteur de coulée de boue et de pierre, il faut être conforme aux prescriptions de la section 7.5 de présentes règles.

7 Lorsque le dos de mur de soutènement est rempli de blocs de roche et de sol à grain grossier, il peut ne pas compter la pression hydrostatique sur les deux côtés du corps de mur et ni la pression hydrodynamique du dos de mur.

8 La flottabilité subie par le corps de mur, doit être déterminée selon la situation de l'immersion de la strate de fondation et d'après les principes suivants :

1) Pour la fondation en sol sableux, en sol de pierres cassées et en roche dont le joint est bien développé, elle est calculée 100% selon le niveau d'eau de calcul.

2) La fondation en roche est calculée selon 50% de niveau d'eau de calcul.

9 La pression de la terre active agissant sur le dos de mur peut être calculée selon la théorie Coulomb. Il faut procéder au test de sol pour le matériau de remplissage derrière le mur pour déterminer les indices physiques et mécaniques de matériau de remplissage. Quand il manque des données d'essai fiables, l'angle de frottement interne φ de matériau de remplissage peut être sélectionné selon le tableau H.0.1-4.

Tableau H.0.1-4 Angle de frottement interne de matériau de remplissage ou l'angle de frottement interne synthétique

Type de matériau de remplissage		Angle de frottement interne synthétique β (°)	Angle de frottement interne φ (°)	Poids unitaire (kN/m³)
Sol cohérent	Hauteur de mur $H \leq 6$ m	35 à 40	—	17 à 18
	Hauteur de mur $H > 6$ m	30 à 35	—	
Pierre cassée, bloc de pierre pas facilement altéré		—	45 à 50	18 à 19
Gros caillou, sol en pierres cassées, fragments de roche pas facilement altérés		—	40 à 45	18 à 19
Petit caillou, gravier, sable grossier, débris		—	35 à 40	18 à 19
Sable moyen, sable fin, sol sableux		—	30 à 35	17 à 18

Note : Le poids unitaire de matériau de remplissage peut être révisé adéquatement selon les données réelles, pour le poids unitaire de matériau de remplissage au dessous de niveau d'eau de calcul, le poids unitaire efficace est adopté.

10 La pression de terre passive devant le mur de soutènement peut être négligée ; quand la fondation est enterrée d'une façon relativement profonde et en plus, la strate est stable, elle ne subit pas l'affouillement, ni le dérangement et ni la destruction de l'écoulement d'eau, il est possible de la compter dans la pression de terre passive, mais il faut la compter dans le coefficient partiel de l'action selon les stipulations de tableau H.0.1-5.

11 Lorsque l'action de charge de véhicule agissant sur le remblaiement au dos de mur provoque la pression latérale additionnelle de masse du sol, on peut la convertir en épaisseur de couche de sol uniforme équivalent selon la formule (H.0.1-3) pour calcul :

$$h_0 = \frac{q}{\gamma} \qquad (\text{H.0.1-3})$$

Dans laquelle :

h_0 — Épaisseur de couche de sol équivalente (m).

q — Pour la résistance de charge additionnelle de la charge de véhicule, quand la hauteur de mur est inférieure à 2 m, elle est prise de 20 kN/m² ; quand la hauteur de mur est supérieure à 10 m, elle est prise de 10 kN/m² ; quand la hauteur de mur se trouve entre 2 à 10 m, la résistance de charge additionnelle est calculée avec la méthode d'interpolation linéaire. La résistance de charge de la foule agissant sur le remblaiement du couronnement de mur ou derrière le mur est stipulée à 3kN/m² ; la poussée horizontale agissant sur le sommet de garde-corps de mur de soutènement est adoptée de 0,75 kN/m, la force verticale agissant sur la main courante du garde-corps est prise de 1 kN/m.

γ — Poids unitaire de remblaiement au dos de mur (kN/m^3).

12 Quand le mur de soutènement est conçu selon les états-limites de la capacité portante, sauf dispositions contraires, le coefficient partiel de l'action (ou charge) couramment utilisé peut être adopté selon les stipulations de tableau H.0.1-5.

Tableau H.0.1-5 Coefficient partiel de l'action (ou charge) **aux états-limites de la capacité portante**

Dans le cas où	Quand la charge en croissance, joue un rôle favorable à la structure de mur de soutènement		Quand la charge en croissance, joue un rôle défavorable à la structure de mur de soutènement	
Combinaison	I, II	III	I, II	III
Charge permanente verticale γ_G	0,90		1,20	
Pressions de terre active pour la charge permanente ou la charge de véhicule, la charge de la foule γ_{Q1}	1,00	0,95	1,40	1,30
Pression de terre passive γ_{Q2}	0,30		0,50	
Flottabilité de l'eau γ_{Q3}	0,95		1,10	
Pression hydrostatique γ_{Q4}	0,95		1,05	
Pression hydrodynamique γ_{Q5}	0,95		1,20	

H.0.2 La conception de fondation et le calcul de stabilité doivent se conformer aux exigences suivantes :

1 L'excentricité de force résultante de fond de la base e_0 peut être calculée selon la formule suivante :

$$e_0 = \frac{M_d}{N_d} \quad (H.0.2-1)$$

Dans laquelle :
   M_d — Valeur de conception combinée de moments fléchissants agissant sur la centroïde du fond de la base (MPa) ;
   N_d — Valeur de conception combinée de forces verticales agissant sur la base (kN/m).

2 Lors de calcul de fondation de sol du mur de soutènement, sous la combinaison de différentes

actions (ou charges), pour le coefficient partiel de l'action dans la formule de calcul des valeurs de conception combinées des effets des actions, à l'exception d'un coefficient de la pression de terre passive $\gamma_{Q2} = 0,3$, les autres coefficients des actions (ou charges) sont tous stipulés à 1.

3 La contrainte de compression du fond de base σ doit être calculée selon la formule (H.0.2-2), le mur de soutènement sur la fondation en roche peut être calculé selon les formules (H.0.2-3) et (H.0.2-4). L'excentricité de force résultante du fond de la base e_0, pour la fondation en sol, ne doit pas être supérieure à $B/6$; pour la fondation en roche, ne doit pas être supérieure à $B/4$. La contrainte de compression du fond de base ne doit pas être supérieure à la force portante admissible du fond de base $[\sigma_0]$; la valeur de force portante admissible du fond de base peut être adoptée selon les prescriptions des *Règles de Conception pour la Fondation de sol et la Base d'Appui des Ouvrages d'Art de Route* (JTG D63) en vigueur, quand il s'agit de la combinaison des actions (ou charges) Ⅲ et de la charge d'exécution des travaux et en plus, $[\sigma_0] > 150$ kPa, il est possible d'élever 25%.

Quand $\quad |e_0| \leq \dfrac{B}{6}, \quad \sigma_{1,2} = \dfrac{N_d}{A}\left(1 \pm \dfrac{6e_0}{B}\right)$ \hfill (H.0.2-2)

Quand $\quad e_0 > \dfrac{B}{6}, \quad \sigma_1 = \dfrac{2N_d}{3\alpha_1}, \quad \sigma_2 = 0$ \hfill (H.0.2-3)

$$\alpha_1 = \frac{B}{2} - e_0 \quad (\text{H.0.2-4})$$

Dans lesquelles :
- σ_1 — Contrainte de compression à la partie d'orteil de mur de soutènement (kPa) ;
- σ_2 — Contrainte de compression à la partie de talon de mur de soutènement (kPa) ;
- B — Largeur du fond de base (m), le fond de base inclinée est de sa largeur oblique ;
- A — Pour l'aire par mètre linéaire de la surface de fondation, la fondation rectangulaire est de largeur de fondation $B \times 1$ (m²).

4 L'équation de stabilité au glissement du mur de soutènement doit satisfaire les exigences de la formule (H.0.2-5), le coefficient de stabilité anti-glissement doit être calculé selon la formule (H.0.2-6) :

$$[1,1G + \gamma_{Q1}(E_y + E_x\tan\alpha_0) - \gamma_{Q2}E_p\tan\alpha_0]\mu + (1,1G + \gamma_{Q1}E_y)\tan\alpha_0 - \gamma_{Q1}E_x + \gamma_{Q2}E_p > 0$$
(H.0.2-5)

$$K_c = \frac{[N + (E_x - E'_p)\tan\alpha_0]\mu + E'_p}{E_x - N\tan\alpha_0} \quad (\text{H.0.2-6})$$

Dans lesquelles :
- G — Gravité agissant sur le fond de base (kN), pour la partie immergée de mur de soutènement, il faut compter la flottabilité de l'eau ;
- E_y — Composante verticale de la pression de terre active derrière le mur (kN) ;

E_x— Composante horizontale de la pression de terre active derrière le mur (kN);

E_p— Composante horizontale de la pression de terre passive avant le mur (kN), quand il s'agit de mur de soutènement immergé, $E_p = 0$;

E'_p— 0,3 fois la composante horizontale de la pression de terre passive avant le mur (kN);

N— Composante verticale de force résultante agissant sur la base (kN), pour le mur de soutènement immergé, il faut compter la flottabilité de l'eau de la partie immergée;

α_0— Angle d'inclinaison (°) du fond de base, quand le fond de base est horizontale, $\alpha_0 = 0$;

γ_{Q1}, γ_{Q2}— Coefficient partiel de la pression de terre active, le coefficient partiel de la pression de terre passive devant le mur peuvent être adoptés selon les stipulations de tableau H. 0. 1-5 ;

μ— Coefficient de frottement entre le fond de base et la fondation de sol, quand il manque des données d'essai fiables, il est possible d'être adopté selon les stipulations de tableau H. 0. 2-1.

Tableau H. 0. 2-1 Coefficient de frottement entre la le fond de base et la fondation de sol μ

Classification de sols de fondation de sol	Coefficient de frottement μ
Argile plastique molle	0,25
Argile plastique dure	0,30
Sol sableux, sol sableux collant, argile semi-dure	0,30 à 0,40
Sol sableux	0,40
Sol de pierres cassées	0,50
Roche tendre	0,40 à 0,60
Roche dure	0,60 à 0,70

5 L'équation de stabilité au renversement de mur de soutènement doit satisfaire les exigences de la formule (H. 0. 2-7), le coefficient de stabilité anti-renversement doit être calculé selon la formule (H. 0. 2-8) :

$$0,8GZ_G + \gamma_{Q1}(E_y Z_x - E_x Z_y) + \gamma_{Q2} E_p Z_p > 0 \quad \quad (\text{H. 0. 2-7})$$

$$K_0 = \frac{GZ_G + E_y Z_x + E'_p Z_p}{E_x Z_y} \quad \quad (\text{H. 0. 2-8})$$

Dans lesquelles :

Z_G— Distance de la gravité du corps de mur, de la gravité de fondation, de la gravité de remblaiement sur la fondation et du centre de gravité de force résultante verticale des autres charges agissant sur le couronnement de mur à l'orteil de mur (m);

Z_x— Distance de la composante verticale de pression de terre active derrière le mur à l'orteil de mur (m);

Z_y— Distance de la composante horizontale de pression de terre active derrière le mur à l'orteil de mur (m);

Z_p — Distance de la composante horizontale de pression de terre passive avant le mur à l'orteil de mur (m).

6 Dans le domaine de hauteur de mur stipulé, lors de la vérification des stabilités anti-glissements et anti-renversements de mur de soutènement, le coefficient de stabilité ne doit pas être inférieur aux prescriptions de tableau H.0.2-2.

Tableau H.0.2-2 Coefficients de stabilité anti-glissement et anti-renversement

Situation de charges	Projet de vérification	Coefficient de stabilité
Combinaison des charges I, II	Anti-glissement K_c	1,3
	Anti-renversement K_0	1,5
Combinaison des charges III	Anti-glissement K_c	1,3
	Anti-renversement K_0	1,3
Vérification durant la période d'exécution des travaux	Anti-glissement K_c	1,2
	Anti-renversement K_0	1,2

7 Pour le mur de soutènement disposé sur la fondation de sol défavorable, la fondation de sol sur la roche de base inclinée et sur la pente en dessous de couverture de sol, il faut procéder à la vérification de stabilité globale de la fondation de sol de mur de soutènement et de remblaiement, leur coefficient de stabilité ne doit pas être inférieur à 1,25.

H.0.3 Le calcul de murs de soutènement poids et semi-poids doit se conformer aux exigences suivantes :

1 Le calcul de l'action (ou charge) doit se conformer aux prescriptions de l'article H.0.1 de présentes règles.

2 Les murs de soutènement poids et semi-poids doivent satisfaire les règles de conception de fondation et de calcul de stabilité de l'article H.0.2 de présentes règles.

3 La résistance de matériau pour les corps de mur de soutènement de type poids et de type semi-poids peut être adoptée selon les règles des *Règles de Conception pour les Ouvrages d'art en Maçonnerie de Route* (JTG D61) en vigueur. En cas de besoin, il faut faire la vérification de la contrainte de cisaillement du corps de mur.

4 Lorsque le mur de soutènement poids est pris pour la conception aux états-limites de la capacité portante, sous la combinaison des effets de certaine catégorie d'actions (ou charges), la valeur de conception des effets combinés d'actions (ou charges) peut être

calculé selon la formule (H.0.3-1). Pour le coefficient partiel de la force résistante de la pièce structurale ou de matériau de maçonnerie γ_f, il peut être adopté selon le tableau H.0.3-1.

$$S = \psi_{ZL}(\gamma_G \sum S_{Gik} + \sum \gamma_{Qi} S_{Qik}) \qquad (\text{H.0.3-1})$$

Dans laquelle :

S— Valeur de conception des effets combinés des actions (ou charges);

γ_G, γ_{Qi}— Coefficient partiel de l'action (ou charge), adopté selon la tableau H.0.1-5;

S_{Gik}— Effet de valeur normative de la i ième charge permanente verticale;

S_{Qik}— Effets de valeurs normatives de la pression latérale de sol, de flottabilité de l'eau, de la pression hydrostatique, et d'autres actions (ou charge) variables;

ψ_{ZL}— Coefficient de combinaison des effets de charges, adopté selon le tableau H.0.3-2.

Tableau H.0.3-1 Coefficients partiels de la force de résistance de pièce structurale ou de matériau de maçonnerie γ_f

Type de maçonnerie	État de contrainte	
	Sous la compression	Sous la flexion, le cisaillement, la traction
Matériau pierreux	1,85	2,31
Maçonnerie de moellons, maçonnerie bétonnée de moellons	2,31	2,31
Bloc de roche, pierre brute, bloc de béton préfabriqué, maçonnerie de brique	1,92	2,31
Béton	1,54	2,31

Tableau H.0.3-2 Valeur de coefficient de combinaison des effets de charges ψ_{ZL}

Combinaison des charge	ψ_{ZL}
I, II	1,0
III	0,8
Charge d'exécution des travaux	0,7

5 Lorsque l'axe ou l'excentricité de pièce structurale de mur de soutènement est comprimé, la résistance et la stabilité de la section normale sont calculées selon les formules (H.0.3-2) et (H.0.3-3). Pour la pièce structurale comprimée et excentrique, à part la vérification de stabilité longitudinale dans le plan courbé, il faut vérifier encore la stabilité dans le plan non courbé selon la pièce structurale comprimée de l'axe.

Lors de calcul de résistance :

$$\gamma_0 N_d \leq \frac{\alpha_k A R_a}{\gamma_f} \qquad (\text{H.0.3-2})$$

Lors de calcul de stabilité :

$$\gamma_0 N_d \leqslant \frac{\psi_k \alpha_k A R_a}{\gamma_f} \qquad (\text{H.0.3-3})$$

Dans lesquelles :

N_d— Valeur de conception de combinaison des forces axiales sur la section vérifiée (kN) ;

γ_0— Coefficient de l'importance, adopté selon l'article H.0.1 ;

γ_f— Coefficient partiel de la force de résistance de pièce structurale de maçonnerie ou de matériau, adopté selon le tableau H.0.3-1 ;

R_a— Résistance ultime à la compression de matériau (kN) ;

A— Aire de section de calcul de la pièce structurale de mur de soutènement (m^2) ;

α_k— Coefficient d'influence de l'excentricité de la force axiale, il est calculé selon la formule (H.0.3-4) ;

$$\alpha_k = \frac{1 - 256\left(\frac{e_0}{B}\right)^8}{1 + 12\left(\frac{e_0}{B}\right)^2} \qquad (\text{H.0.3-4})$$

e_0— Distance excentrique de la force axiale (m), adoptée selon la formule (H.0.3-5) ; quand le corps de mur de soutènement ou la fondation est en coupe de maçonnerie, leur distance excentrique de la force axiale doit se conformer aux prescriptions de tableau H.0.3-5 ;

B— Largeur de section de calcul de mur de soutènement (m) ;

$$e_0 = \left|\frac{M_0}{N_0}\right| \qquad (\text{H.0.3-5})$$

M_0— Moment de flexion général de la centroïde de section de calcul correspondant à l'action (ou charge) sous la combinaison d'une certaine catégorie d'actions (ou charges) (kN·m) ;

N_0— Force résultante de force axiale agissant sur la section de calcul sous la combinaison d'une certaine catégorie d'actions (ou charges) (kN) ;

ψ_k— Coefficient de flexion longitudinale le la pièce structurale comprimée excentrique dans le plan courbé, adopté selon la formule (H.0.3-6) ; le coefficient de flexion longitudinale de la pièce structurale comprimée axiale peut adopter la règle de tableau H.0.3-3 ;

$$\psi_k = \frac{1}{1 + a_s \beta_s (\beta_s - 3)\left[1 + 16\left(\frac{e_0}{B}\right)^2\right]} \qquad (\text{H.0.3-6})$$

$$\beta_s = \frac{2H}{B} \qquad (\text{H.0.3-7})$$

H— Hauteur de mur (m) ;

a_s— Coefficient relatif au matériau, adoptée selon le tableau H.0.3-4.

Tableau H. 0. 3-3   Coefficient de flexion longitudinal de la pièce structurale comprimée axiale Ψ_K

2H/B	Pièce structurale en béton	Classe de résistance de mortier de maçonnerie	
		M10, M7,5, M5	M2,5
≤3	1,00	1,00	1,00
4	0,99	0,99	0,99
6	0,96	0,96	0,96
8	0,93	0,93	0,91
10	0,88	0,88	0,85
12	0,82	0,82	0,79
14	0,76	0,76	0,72
16	0,71	0,71	0,66
18	0,65	0,65	0,60
20	0,60	0,60	0,54
22	0,54	0,54	0,49
24	0,50	0,50	0,44
26	0,46	0,46	0,40
28	0,42	0,42	0,36
30	0,38	0,38	0,33

Tableau H. 0. 3-4   Prise de valeur α_s

Désignation de maçonnerie	Classe de résistance de mortier suivant adopté par la maçonnerie au mortier			Béton
	M10, M7,5, M5	M2,5	M1	
Valeur α_s	0,002	0,002 5	0,004	0,002

6   La distance excentrique de la force axiale de mur de soutènement poids e_0 doit se conformer aux stipulations de tableau H. 0. 3-5.

Tableau H. 0. 3-5   Distance excentrique admissible de la force résultante de force axiale de la structure de maçonnerie e_0

Combinaison des charges	Distance excentrique admissible
I, II	0,25B
III	0,3B
Charge de l'exécution des travaux	0,33B

Note : B désigne la largeur de la section rectangulaire de calcul le long de la direction de rotation de moment de flexion.

7 Quand la section de béton sur le côté de traction est configurée d'armature longitudinale qui n'est pas inférieure à 0,05% de l'aire de section, la valeur prescrite admissible dans le tableau H.0.3-5 peut être majorée de 0,05B ; lorsque le rapport de ferraillage de section est supérieur à la stipulation de tableau H.0.3-6, il est calculé selon la pièce structurale de béton armé, la distance excentrique n'est pas limitée.

Tableau H.0.3-6　Rapport de ferraillage minimal des armatures tendues calculé selon la pièce structurale de béton armé (%)

Marque d'armature (espèce)	Rapport de ferraillage minimum d'armature	
	Armature d'un côté de section	Armature sur toute section
Armature Q235 (Classe I)	0,20	0,50
Armature HRB400 (Classe II, III)	0,20	0,50

Note : Le rapport de ferraillage minimum est calculé selon toute la section de la pièce structurale.

H.0.4　Pour les calculs aux états-limites de la capacité portante des pièces structurales en béton armé de murs de soutènement cantilever et à contreforts, la vérification aux états-limites d'usage normal et les exigences de la structure, etc., à part qu'ils doivent être appliqués selon les stipulations de présentes règles, les autres contenus non listés doivent être appliqués selon les prescriptions concernées des *Règles de Conception pour les Ouvrages d'Art en Béton armé et en Béton précontraint de Route* (JTG D62) en vigueur.

1 Les murs de soutènement cantilever et à contreforts doivent satisfaire les stipulations de conception de fondation et de calcul de la stabilité de l'article H.0.2 de présentes règles.

2 Le calcul de l'action (ou charge) doit satisfaire les exigences de l'article H.0.1 de présentes règles, lorsqu'on calcule les pressions de terre effectives du dos et de plaque du talon de mur de soutènement, il est possible de ne pas compter la force de frottement entre la matériau de remplissage et la plaque.

3 Lors de calcul de la stabilité globale de mur de soutènement et de panneau avant murale, il est possible de ne pas compter l'action de sol avant le mur ; lors de calcul de force interne de plaque d'orteil de mur, il faut compter la gravité de remblaiement au dessus de plaque de fond de base.

4 Pour les différentes parties de mur de soutènement de type cantilever, il faut les calculer toutes selon la poutre en porte-à-faux, le coefficient partiel de l'action (ou charge) doit être adopté selon la stipulation de l'article H.0.1 de présentes règles, quand la contrainte du fond de base est prise pour la charge verticale, il est possible d'adopter le coefficient partiel

de charge permanente verticale.

5   La plaque d'orteil de mur de soutènement à contreforts peut être calculée selon la poutre en porte-à-faux, la plaque de talon peut être calculée selon la plaque continue supportée sur le contrefort, mais l'action de restriction de paroi verticale sur la plaque de fond n'est pas comptée ; le contrefort peut être calculé selon la poutre T de porte-à-faux ; le moment de flexion de paroi verticale le long de la direction du tracé peut être calculé selon la poutre continue du contrefort pris comme le point de support.

6   L'action (ou charge) agissant sur la paroi verticale de mur de soutènement à contreforts peut être répartie le long de la hauteur de mur en forme trapézoïdale [Figure H.0.4 a)], le moment fléchissant vertical de la paroi verticale est réparti le long de la hauteur de mur [Figure H.0.4 b)], le moment de flexion vertical est réparti le long de la direction du tracé en forme de gradin [Figure H.0.4c)]. Le moment de flexion le long du tracé de panneau avant peut être calculé selon la poutre continue de contreforts pris comme le point de support.

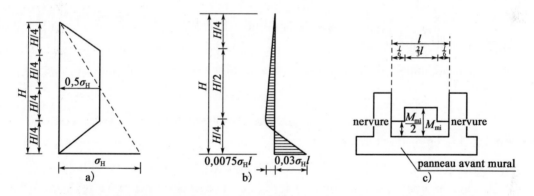

Figure H.0.4   Répartition de charge et de moment fléchissant

M_{mi}-moment de flexion de mi-travée de dalles ; H-hauteur de panneauavantmural ;

σ_H-pression de terre normale provoquée parle matériau de remplissage dans l'extrémité du fond de panneau avant ; l-distance nette entre les contreforts

H.0.5   Pour le calcul aux états-limites de capacité portante de la pièce structurale en béton armé de mur de soutènement à tige d'ancrage, la vérification aux états-limites de service normal et les exigences de la structure, etc., à part qu'ils doivent être appliqués selon les stipulations de présentes règles, les autres contenus non listés doivent être appliqués selon les prescriptions concernées des *Règles de Conception pour les Ouvrages d'Art en Béton armé et Béton précontraint de Route* (JTG D62) en vigueur.

1   L'action (ou charge) agissant sur le mur de soutènement à tige d'ancrage doit se conformer aux prescriptions de l'article H.0.1 de présentes règles.

2 Quand il s'agit de murs multi-niveaux, il est possible de calculer respectivement les pressions de terre actives derrière les murs multi-niveaux selon la méthode de prolongement de dos de mur.

3 La conception et le calcul de la colonne nervurée doit se conformer aux prescriptions suivantes :

1) L'action (ou charge) agissant sur la colonne nervurée doit prendre celle (ou charge) sur la longueur entre les mi-portées des deux panneaux avant adjacents.

2) En portant la vue sur la tectonique géologique du fond de base de colonne nervurée, la grandeur de force portante de fondation de sol et la profondeur enterrée, la connexion de colonne nervurée et du fond de base peut être conçue comme l'extrémité libre ou l'extrémité fixée par articulation, pour la colonne nervurée, il faut calculer sa valeur de force interne et la valeur de contre-force de support à l'endroit de tige d'ancrage.

3) Lors de vérification de résistance de la section de colonne nervurée et de configuration des armatures, il faut adopter la valeur de conception de combinaison des forces internes, leur coefficient partiel d'action (ou charge) doit être conforme aux prescriptions de l'article H.0.1.

4) En cas d'emploi de colonne nervurée préfabriquée, il faut effectuer encore la vérification de résistance de la colonne nervurée sous les charges comprimées irrégulières des tiges d'ancrage au cours de transport, de levage et d'exécution des travaux.

5) La plaque de retenue préfabriqués peut être calculée selon la plaque sur appuis simples en prenant la colonne nervurée pour le point de support, la portée de calcul est la distance nette entre les colonnes nervurées plus la longueur de chevauchement des deux extrémités de plaques.

4 Pour le mur de soutènement à tige d'ancrage dont les plaques sont coulées sur place, le calcul de la force interne de leur panneau avant mural peut prendre la largeur unitaire respectivement le long de la direction verticale et de la direction horizontale pour calculer d'après la poutre continue. La charge de calcul de la poutre de largeur simple verticale est la pression de terre agissant sur la panneau avant mural ; la charge de calcul de la poutre de largeur simple horizontale est la valeur maximale de la pression de terre du site où se trouve le panneau avant mural de ce secteur.

H. 0. 6 Pour le calcul aux états-limites de la capacité portante des pièces structurales en béton armé de mur de soutènement à plaques d'ancrage, la vérification aux états-limites de service normal, et les exigences de la structure, etc., à part ce qu'ils doivent être appliqués selon les stipulations de présentes règles, les autres contenus non listés doivent être appliqués selon les stipulations concernées des *Règles de Conception pour les Ouvrages d'Art en Béton armé et Béton précontraint de Route* (JTG D62) en vigueur.

1 Lors de conception et de calcul de pièce structurale en béton armé de mur de soutènement à plaque d'ancrage, dans la combinaison des effets d'actions (ou charges), il faut compter le coefficient de l'importance de la structure γ_0 selon les stipulations de l'article H. 0. 1 de présentes règles.

2 La pression de terre de la charge permanente agissant sur la plaque de retenue de mur de soutènement à plaque d'ancrage ou sur la panneau avant mural est répartie selon la figure H. 0. 6, sa contrainte de pression de terre horizontale est calculée selon la formule (H. 0. 6-1) :

$$\sigma_H = \frac{1,33E_x}{H}\beta \qquad (H.0.6\text{-}1)$$

Dans laquelle :

σ_H— Contrainte de la pression de terre horizontale au fond de mur sous l'action de charge permanente (kPa) ;

E_x— Composante horizontale de la pression de terre active derrière le mur, calculée sur la longueur unitaire de mur selon la théorie Coulomb (kN/m) ;

H— Hauteur de mur, quand il s'agit d'un mur à deux niveaux, elle est la somme des hauteurs de mur à niveau supérieur et à niveau inférieur (m) ;

β— Coefficient d'agrandissement de la pression de terre, il est adopté de 1,2 à 1,4 ; mais, la pression de terre produite par la charge de véhicule ne compte pas le coefficient d'agrandissement.

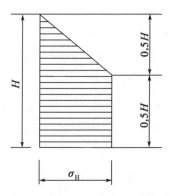

Figure H. 0. 6 Répartition de pression de terre de la charge permanente

3 La vérification de la stabilité globale au glissement de mur de soutènement à plaque

d'ancrage peut adopter le "procédé d'analyse de la surface de glissement par la ligne de pliage" ou la "méthode de mur en terre intégrante" pour calcul, le coefficient de stabilité au glissement ne doit être inférieur à 1,8. Lors de calcul de stabilité, et il faut prendre la combinaison la plus défavorable dans laquelle, s'il y a la charge additionnelle sur le couronnement de mur, et si la pression de terre est comptée dans le coefficient d'agrandissement, pour la valeur adoptée de calcul.

4 La conception de la colonne nervuré doit se conformer aux prescriptions suivantes :

1) L'action (ou charge) agissant sur la colonne nervurée doit prendre celle (ou charge) sur la longueur entre les mi-portées de la plaque de retenue des deux côtés.

2) La colonne nervurée subissant la pression de terre transmise par la plaque de retenue peut être calculée selon la poutre sur les appuis simples ou la poutre continue selon le nombre de couches de tiges sur la colonne nervurée et le mode de connexion entre la colonne nervurée et la fondation de colonne nervurée.

5 La conception et le calcul de tiges de traction doit être conforme aux stipulations suivantes :

1) La distance de tiges de traction de la rangée la plus élevée à la partie supérieure de matériau de remplissage ne doit pas être inférieure à 1 m. Quand la profondeur enterrée de plaque d'ancrage n'est pas suffisante, il est possible d'adopter la tige inclinée vers le bas, son angle d'inclinaison β convient d'être de 10° à 15°.

2) La longueur de tige de traction doit satisfaire l'exigence de stabilité globale au glissement de mur de soutènement et en plus, la longueur de la de tige de traction du niveau le plus bas après la surface de rupture calculée de la pression de terre active, ne doit pas être inférieure à 3,5 fois la hauteur de plaque d'ancrage ; la longueur de tige de traction du niveau le plus élevé ne doit pas être inférieure à 5m.

3) Le diamètre de calcul d'une pièce simple de tige de traction en acier dont la quantité réservée de corrosion n'est prise en compte doit être calculé selon la formule (H. 0. 6-2).

$$d \geqslant 20\sqrt{\frac{10\gamma_0\gamma_{Q1}N_p}{\pi f_{sd}}} \qquad (\text{H. 0. 6-2})$$

Dans laquelle :
 d— Diamètre de tige de traction d'acier d'une pièce simple (mm) ;
 N_p— Force de traction axiale de tige de traction (kN) ;

f_{sd} — Valeur de conception de résistance d'armature (MPa) ; elle peut être adoptée selon les stipulations des *Règles de Conception pour les Ouvrages d'Art en Béton armé et Béton précontraint de Route* (JTG D62) en vigueur ;

γ_0 — Coefficient de l'importance de la structure, il doit se conformer aux prescriptions de tableau H.0.1-1 ;

γ_{Q1} — Coefficient partiel de la charge de pression de terre active, il doit être conforme aux stipulations de tableau H.0.1-5.

6   La surface de plaque d'ancrage doit être calculée selon la force de traction de projet de tige et la force résistante à l'arrachement et d'après la formule (H.0.6-3) :

$$A = \frac{N_p}{[p]} \qquad (H.0.6-3)$$

Dans laquelle :

A — Surface de conception de plaque d'ancrage (m^2) ;

$[p]$ — Force de résistance à l'arrachement admissible de la surface unitaire de plaque d'ancrage (kPa) ; elle doit être définie selon l'essai de l'arrachement sur place. S'il n'y a pas de condition pour effectuer l'essai de l'arrachement sur place, il est possible de la déterminer selon la condition réelle du site de chantier en se référant aux données expérimentales.

7   La conception et le calcul de plaque de retenue peuvent être appliqués selon la conception de la plaque de retenue dans l'article H.0.5 de présentes règles.

8   Le panneau avant mural est calculé selon la pièce structurale en flexion supportée sur la tige de traction, si un morceau de panneau avant mural est connectée avec une tige de traction, il est possible de calculer selon la plaque de porte-à-faux bidirectionnelle d'un point simple d'appui et de configurer les armatures.

H.0.7   Le mur de soutènement en terre armée peut être divisé en mur de terre armée ayant les panneaux avant et en mur sans panneaux avant. Quand l'angle inclus entre la surface de talus renforcée de géogrille à type de contre-bordage sans panneaux avant et le plan horizontal est inférieur à 70°, il faut procéder à la conception et au calcul selon les règles concernées de la *Spécification Technique d'Application pour les Matériaux géosynthétiques de Route* (JTG/T D32) en vigueur. Pour le mur de soutènement en terre armée sans panneaux avant dont l'angle inclus entre la surface de talus de renfort et le plan horizontal est supérieur ou égal à 70°, et le mur en terre armée ayant les panneaux avant doivent procéder à la conception et au calcul selon les règlements suivants :

1 La conception de mur de soutènement en terre armée doit effectuer le calcul de la stabilité intérieure et celui de la stabilité extérieure. La vérification de la stabilité extérieure doit se conformer aux stipulations de l'article H. 0. 2 de la présente spécification. Le corps renforcé établi sur la fondation de sol mou doit fait l'objet d'un calcul de tassement de fondation de sol. Quand il existe probablement un glissement profond, il faut effectuer la vérification de stabilité au glissement global du corps de renfort et de la fondation de sol.

2 La conception de mur de soutènement en terre armé immergé doit prendre en compte la flottabilité de l'eau selon les règles suivantes :

1) La conception de la section de barre de traction adopte la flottabilité du niveau d'eau bas.

2) La vérification de contrainte de fondation de sol adopte la flottabilité de niveau d'eau bas ou non prise en compte de la flottabilité ; la vérification de stabilité au glissement et au renversement du corps renforcé adopte la flottabilité de niveau d'eau de projet.

3) Pour les autres circonstances, on applique la flottabilité de niveau d'eau le plus défavorable.

3 Lors de calcul de section de la bande de renforcement, il faut prendre en compte la force de traction provoquée par les charges additionnelles des véhicules et de la foule. Lors de calcul de longueur d'ancrage de bande de renforcement, la force de résistance à l'arrachement provoquée par les charges additionnelles ne sera pas prise en compte.

4 Lors de vérification de stabilité intérieure du corps renforcé, le coefficient de pression de terre est calculé selon la formule suivante :
Quand $z_i \leqslant 6$ m,

$$K_i = K_j\left(1 - \frac{z_i}{6}\right) + K_a \frac{z_i}{6} \qquad (\text{H. 0. 7-1})$$

Quand $z_i > 6$ m,

$$K_i = K_a \qquad (\text{H. 0. 7-2})$$

$$K_j = 1 - \sin\varphi \qquad (\text{H. 0. 7-3})$$

$$K_a = \tan^2\left(45° - \frac{\varphi}{2}\right) \qquad (\text{H. 0. 7-4})$$

Dans lesquelles :
    K_i— Coefficient de la pression de terre à l'endroit de profondeur intérieure de corps renforcé z_i ;
    K_j— Coefficient de pression de terre statique repos ;

K_a — Coefficient de pression de terre active ;

z_i — Distance verticale du point de jonction de la bande de renforcement de la i ième unité à la partie supérieure du corps renforcé (m) ;

φ — Angle de frottement interne de matériau de remplissage (°).

5 La contrainte de la pression de terre horizontale agissant sur la plaque de panneau avant mural $\sum \sigma_{Ei}$ est calculée selon la formule suivante :

$$\sum \sigma_{Ei} = \sigma_{zi} + \sigma_{ai} + \sigma_{bi} \qquad (\text{H.0.7-5})$$

Dans laquelle :

σ_{zi} — Contrainte de la pression de terre horizontale de matériau de remplissage de terre armée agissant à l'endroit de profondeur z_i de panneau avant mural (kPa) ;

σ_{ai} — Contrainte de la pression de terre horizontale de charge additionnelle de véhicule (ou foule) agissant à l'endroit de profondeur z_i de panneau avant mural (kPa) ;

σ_{bi} — Contrainte de la pression de terre horizontale provoquée à l'endroit de profondeur z_i de panneau avant mural par l'épaisseur de sol uniformément réparti converti par la gravité de remblaiement au dessus de la partie supérieure du corps renfoncé (kPa).

6 Pour l'interface de la zone d'activité et de la zone de stabilité du corps renforcé, il est possible d'adopter la surface de rupture simplifiée, la distance de la partie verticale de la surface de rupture simplifiée au dos de panneau avant mural b_H est de $0,3H$, l'angle inclus β entre la partie inclinée et le plan horizontal est de $45° + \frac{\varphi}{2}$, indiqué dans la figure H.0.7.

7 Sous l'action de charge additionnelle, il est possible de calculer la largeur de dispersion selon la déclivité de talus de dispersion en $1:0,5$ le long de la profondeur. En ce qui concerne la contrainte de la pression verticale additionnelle σ_{fi} à l'endroit de profondeur z_i, quand les points du bord intérieur de la ligne de dispersion ne sont pas pas entrés dans la zone d'activité, $\sigma_{fi} = 0$; quand les points du bord intérieurde la ligne de dispersion sont entrés dans la zone d'activité, elle est calculée selon la formule (H.0.7-6) :

$$\sigma_{fi} = \gamma h_0 \frac{L_c}{L_{ci}} \qquad (\text{H.0.7-6})$$

Dans laquelle :

γ — Poids unitaire de corps renforcé (kN/m³), lorsqu'il s'agit de mur de soutènement immergé, il faut les compter respectivement selon la différence du haut et du bas de niveau d'eau le plus défavorable ;

h_0 — Épaisseur de couche de sol uniformément répartie équivalente convertie par la charge additionnelle du véhicule ou de la foule (m) ;

L_c — Largeur disposée de charge adoptée lors de calcul du corps renforcé (m), on a pris toute la largeur de plate-forme ;

L_{ci} — Largeur de dispersion de charge à l'endroit de Profondeur z_i du corps renforcé (m).

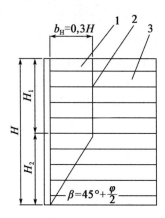

Figure H.0.7 Schéma de surface de rupture simplifiée

8 Sous l'action de gravité de charge permanente la pression verticale de la position où se trouve la barre de traction est calculée selon la formule (H.0.7-7) :

$$\sigma_i = \gamma z_i + \gamma h_1 \qquad (\text{H.0.7-7})$$

Dans laquelle :

σ_i — Contrainte de compression verticale agissant sur la bande de renforcement à l'endroit de profondeur z_i (kPa) ;

h_1 — Épaisseur de sol uniformément répartie équivalente convertie par le remblaiement sur la surface de talus (m).

9 La stabilité résistant à l'arrachement d'un point de jonction de la bande de renforcement est vérifiée selon la formule (H.0.7-8) :

$$\begin{cases} \gamma_0 T_{i0} \leqslant \dfrac{T_{pi}}{\gamma_{R1}} \\ T_{i0} = \gamma_{Q1} T_i \\ T_{pi} = 2f' \sigma_i b_i L_{\alpha i} \\ T_i = (\sum \sigma_{Ei}) s_x s_y \end{cases} \qquad (\text{H.0.7-8})$$

Lors de calcul de force d'arrachement de la bande de renforcement, l'effet de l'action des charges variables de base n'est pas pris en compte.

Dans laquelle :

γ_0 — Coefficient de l'importance de la structure, il est pris selon le tableau H.0.1-1 ;

T_{i0} — Valeur de conception de la force de traction horizontale supportée par la bande de renforcement à l'endroit de profondeur z_i (kN) ;

T_i — Force de traction horizontale supportée par la bande de renforcement à l'endroit de profondeur z_i (kN) ;

$\sum \sigma_{Ei}$ — Contrainte de la pression de terre de compression horizontale sur le panneau avant à l'endroit de profondeur z_i (kPa) ;

γ_{Q1} — Coefficient partiel de pressions de terre actives du corps renforcé et du remblaiement de couronnement de mur ou de pression de terre de charge additionnelle, il est adopté selon le tableau H.0.1-5 ;

T_{pi} — Force de résistance à l'arrachement offerte par la longueur efficace de la bande de renforcement à l'endroit de profondeur z_i sous l'action de gravité de charge permanente (kN) ;

γ_{R1} — Coefficient de réglage de calcul de la force de résistance à l'arrachement de la bande de renforcement, il est adopté selon le tableau H.0.7-1 ;

s_x — Intervalle horizontal des points de jonction des bandes de renforcement (m) ;

s_y — Intervalle vertical des points de jonction de la bande de renforcement (m) ;

f' — Coefficient de frottement apparent entre le matériau de remplissage et la bande de renforcement, il est déterminé par l'essai, en cas de manque des données d'essai fiable, il est possible de se référer au tableau H.0.7-2 pour emploi ;

b_i — Largeur totale de bandes de renforcement sur les points de jonction (m) ;

L_{ai} — Longueur d'ancrage efficace de bande de renforcement dans la zone de stabilité (m).

Tableau H.0.7-1 Coefficient de réglage de calcul de la force résistant à l'arrachement de la bande de renforcement γ_{R1}

Combinaison des charges	I , II	III	Charge d'exécution des travaux
γ_{R1}	1,4	1,3	1,2

Tableau H.0.7-2 Coefficient de frottement apparent entre le matériau de remplissage et la bande de renforcement

Type de matériau de remplissage	Sol cohérent	Sol sableux	Sol en gravier et pierres cassées
Coefficient de frottement apparent	0,25 à 0,40	0,35 à 0,45	0,40 à 0,50

Note : 1. Le coefficient de frottement apparent de bande d'acier nervurée peut être majoré de 0,1.

2. Pour le mur de soutènement élevé dont la hauteur est supérieure à 12 m, le coefficient de frottement apparent est pris de valeur faible.

10 La vérification de résistance à la traction de la section de bande de renforcement doit se conformer aux prescriptions de la formule (H.0.7-9) :

$$\gamma_0 T_{i0} \leqslant \frac{A f_k}{1\,000 \gamma_f \gamma_{R2}} \quad (\text{H.0.7-9})$$

Dans laquelle :

A — Aire nette efficace de la section de bande de renforcement (mm²) ;

f_k — Valeur normative de résistance de matériau de bande de renforcement (MPa), elle est adoptée selon le tableau H.0.7-3 ;

γ_f — Coefficient partiel de propriété de résistance à la traction de matériau de la bande de renforcement, pour les bandes de renforcement de toute catégorie, ils sont tous prises de 1,25 ;

γ_{R2} — Coefficient de réglage de calcul de la résistance à la traction de matériau de renforcement, il peut être adopté selon le tableau H.0.7-3.

Tableau H.0.7-3 Valeur normative de résistance de matériau de bande de renforcement f_k et le coefficient de réglage de calcul de résistance à la traction γ_{R2}

Type de matériau	f_k (MPa)	γ_{R2}
Bande en acier plat Q235	240	1,0
Plaque et bande en béton armé de classe I	240	1,05
Bande composite acier-plastique	Force de traction de rupture d'essai	1,55 à 2,0
Géogrille	Force de traction de rupture d'essai	1,8 à 2,5

Noe : 1. Pour γ_{R2} de la bande de renforcement en géosynthétiques, quand la condition d'exécution destravaux est mauvaise, le fluage de matériau est grand, est prise la grande valeur; quand le fluage de matériau est faible, ou lors de vérification de charge d'exécution des travaux, la valeur faible peut être prise.

2. Quand il s'agit d'une bande en béton armé, le rapport d'armature de traction doit être inférieur à 2,0%.

3. Le taux d'allongement correspondant à la force de traction de rupture d'essai ne doit pas être supérieur à 10%.

11 L'aire de section nette efficace de la section de bande de renforcement A doit être calculée selon les prescriptions suivantes :

1) Pour la bande en acier plat, l'épaisseur de conception est l'aire de la section nette de calcul après déduction de l'épaisseur de corrosion réservée et des trous de boulon.

2) Pour la bande en béton armé, on ne compte pas la résistance à la traction de béton, l'aire nette efficace d'armature est la somme de l'aire de section d'armature principale après déduction de diamètre d'armature et de l'épaisseur de corrosion réservée.

3) Pour la bande composite acier-plastique, la géogrille plastique et la bande de géotextile en polypropylène, les dimensions sont fournies par le fournisseur usine, après l'inspection stricte de taux de prolongement et de contrainte de la rupture, l'aire de section de projet et la résistance ultime sont déterminées selon le principe de statistique, le taux de garantie est de 98%.

12 Le panneau avant mural doit être conçu et calculé selon les règles suivantes :

1) La pression de terre agissant sur la plaque simple est considérée comme une répartition uniforme.

2) Pour le panneau avant pris pour la plaque sur les appuis simples qui prolonge sur les deux extrémités vers l'extérieur, les forces internes sont calculées respectivement le long de la direction verticale et de la direction horizontale.

3) À la partie de connexion de panneau avant mural et de bande de renforcement, il convient de renforcer adéquatement.

13 Lors de vérification de stabilité résistant à l'arrachement sur tout le mur, les coefficients partiels sont tous pris de 1,0 et doivent se conformer aux stipulations de la formule (H.0.7-10) :

$$K_b = \frac{\sum T_{pi}}{\sum T_i} \geqslant 2 \qquad (\text{H.0.7-10})$$

Dans laquelle :

K_b — Coefficient de stabilité résistant à l'arrachement sur tout le mur ;

$\sum T_{pi}$ — Somme totale de forces de frottement produites par les barres de traction de différentes couches ;

$\sum T_i$ — Somme totale de forces de traction horizontales supportées par les barres de traction de différentes couches.

H.0.8 Pour le calcul aux états-limites de la capacité portante de pièce structurale en béton armé de mur de soutènement de type de pieu-planche, la vérification aux états-limites de service normal et les exigences de structure, etc., à part qu'ils doivent être appliqués selon les stipulations de présentes règles, les autres contenus non listés doivent être appliqués selon les stipulations corrélatives des *Règles de Conception pour les Ouvrages d'Art en Béton armé et en Béton précontraint de Route* (JTG D62), et des *Règles de Conception pour les Fondations de Sol et les Bases d'Appuis des Ouvrages d'Art routier* (JTG D63) en vigueur.

1 Lors de conception et de calcul de la pièce structurale en béton armé de mur de soutènement de type de pieu-planche, dans la combinaison des effets de charges, il faut compter le coefficient de l'importance γ_0 selon les prescriptions de l'article H.0.1.

2 Pour le mur de soutènement de type de pieu-planche sur la plate-forme de glissement de terrain, ce qui est le plus défavorable est pris pour la charge de calcul parmi la poussée de glissement de terrain et la pression de terre, et alors, la gravité de pieu peut être non incluse.

3 Pour la largeur de charge agissant sur le pieu, il est possible de calculer la moitié de la distance entre ses deux pieux adjacents de gauche et de droite, la largeur de charge agissant sur la plaque de retenue peut être calculée selon la portée de calcul de la plaque.

4 Pour la force interne de pieu, il faut adopter la méthode de coefficient de fondation de sol pour calcul selon les prescriptions de l'article 5.7.5 de présentes règles.

5 Quand l'attitude de plan structurel de strate rocheuse de la fondation de sol avant le pieu est inclinée vers l'extérieur de la pente, il faut vérifier la stabilité de la fondation de sol et la stabilité globale selon le glissement de terrain de la couche conséquente.

6 La plaque de retenue en béton armé préfabriquée peut être calculée selon la plaque sur les appuis simples soutenue sur le pieu, sa portée de calcul L est de :

Pour le pieu circulaire $\qquad L = L_c - 1,5t \qquad$ (H.0.8-1)

Pour le pieu rectangulaire $\qquad L = L_0 + 1,5t \qquad$ (H.0.8-2)

Dans lesquelles :
   L_c— Entraxe de pieux circulaires (m) ;
   L_0— Distance nette entre les pieux rectangulaires (m) ;
   t— Épaisseur de plaque de retenue (m).

7 Pour le mur de soutènement de pieu-planche à tige d'ancrage dans le remblai, il faut éviter la contrainte secondaire de la tige d'ancrage produite par le tassement de matériau de remplissage. La conception de tige d'ancrage doit se conformer aux prescriptions de la section 5.5 de présentes règles.

Annexe J
Classification des travaux routiers sur le sol gelé permanent

J.0.1 Le sol gelé permanent doit être classifié selon le teneur en glace volumétrique et d'après le tableau J.0.1. Le sol gelé permanent est divisé en sol gelé avec peu de glace, avec beaucoup de glace, riche de glace, saturé de glace et en couche de glace contenant le sol, parmi lesquels le sol gelé riche de glace, le sol gelé saturé de glace et la couche de glace contenant le sol sont appelés généralement le sol gelé en haute teneur de glace.

Tableau J.0.1 Classification de sol gelé permanent et classement de tassement dû au dégel

Type de sol gelé permanent	Type de sol		Teneur en eau totale w_n (%)	Teneur en glace volumétrique i	Coefficient de tassement moyen dû au dégel δ_0 (%)	Classe de tassement dû au dégel	Type de tassement dû au dégel
Sol gelé avec peu de glace	Sol à grain gros	Teneur en particule argilo-silteuse ≤15%	<10	<0,1	≤1	I	Pas de tassement dû au dégel
		Teneur en particule argilo-silteuse >15%	<12				
	Sable fin, sable silteux		<14				
	Sol silteux		<17				
	Sol argileux		<ω_p				
Sol gelé avec beaucoup de glace	Sol à grain gros	Teneur en particule argilo-silteuse ≤15%	10 à 15	0,1 à 0,2	$1<\delta_0\leq3$	II	Tassement dû au dégel léger
		Teneur en particule argilo-silteuse >15%	12 à 15				
	Sable fin, sable silteux		14 à 18				
	Sol silteux		17 à 21				
	Sol argileux		$\omega_p<\omega_n<\omega_p+4$				

suite

Type de sol gelé permanent	Type de sol		Teneur en eau totale w_n (%)	Teneur en glace volumétrique i	Coefficient de tassement moyen dû au dégel δ_0 (%)	Classe de tassement dû au dégel	Type de tassement dû au dégel
Sol gelé riche de glace	Sol à grain gros	Teneur en particule argilo-silteuse $\leqslant 15\%$	15 à 25	0,2 à 0,3	$3 < \delta_0 \leqslant 10$	III	Tassement dû au dégel
		Teneur en particule argilo-silteuse $> 15\%$	15 à 25				
	Sable fin, sable silteux		18 à 28				
	Sol silteux		21 à 32				
	Sol argileux		$\omega_p + 4 < \omega_n < \omega_p + 15$				
Sol gelé saturé de glace	Sol à grain gros	Teneur en particule argilo-silteuse $\leqslant 15\%$	25 à 44	0,3 à 0,5	$10 < \delta_0 \leqslant 25$	IV	Tassement dû au dégel fort
		Teneur en particule argilo-silteuse $> 15\%$	25 à 44				
	Sable fin, sable silteux		28 à 44				
	Sol silteux		32 à 44				
	Sol argileux		$\omega_p + 15 < \omega_n < \omega_p + 35$				
Couche de glace contenant le sol	Sol à grain gros	Teneur en particule argilo-silteuse $\leqslant 15\%$	> 44	$> 0,5$	> 25	V	Tassement dû au dégel
		Teneur en particule argilo-silteuse $> 15\%$					
	Sable fin, sable silteux		$> \omega_p + 35$				
	Sol silteux						
	Sol argileux						

Note : 1. Le sol à grain gros comprend le sol en pierre cassée (gravier), le sable graveleux, le sable gros et le sable moyen.

2. La teneur en eau totale comprend la glace et l'eau non gelée.

3. ω_p désigne la teneur en eau à la limite de plasticité.

4. Le sol gelé salinisé, le sol gelé de l'humification, le sol humifère et l'argile à haute limite de plasticité n'y sont pas compris.

J.0.2　D'après la température moyenne de sol gelé permanent, le pergélisol est divisé en sol gelé de basse température (la température moyenne du sol annuelle $\leqslant -1,5$ ℃) et en sol gelé de haute température (la température moyenne du sol annuelle $> -1,5$ ℃). Le type de stabilité de la zone de sol gelé peut être classifié selon les tableaux J.0.2-1 et J.0.2-2.

Tableau J. 0. 2-1 Classification de types de stabilité de la zone de sol gelé

Température moyenne du sol annuelle (°C)	⩾ −0,5	−0,5 à ⩽ −1,0	−1,0 à ⩽ −2,0	< −2,0
Type de stabilité de la zone de sol gelé	Zone de sol gelé de haute température extrêmement instable	Zone de sol gelé de haute température non stable	Zone de sol gelé de basse température essentiellement stable	Zone de sol gelé de basse température stable

Tableau J. 0. 2-2 Classement de catégories de stabilité de différentes zones de sol gelé

Type de pergélisol	Sol gelé avec peu de glace	Sol gelé avec beaucoup de glace		Sol gelé riche de glace		Sol gelé saturé de glace			Couche de glace contenant le sol		
Température moyenne du sol annuelle (°C)	Non prise en compte	0 à −1,0	< −1,0	0 à −1,5	< −1,5	0 à −1,0	−1,0 à −2,0	< −2,0	0 à −1,0	−1,0 à −2,0	< −2,0
Type de stabilité	Type stabilisé	Type essentiel. stable	Type stable	Type essentiel. stable	Type stable	Type non stable	Type essentiel. stable	Type stable	Type non stable	Type essentiel. stable	Type stable

Explication sur les mots utilisés dans les présentes règles

Le degré de rigueur pour l'application des présentes règles est exprimé par les expressions suivantes :

1) Pour exprimer ce qui est très strict et auquel on ne peut pas déroger, les expressions « il faut obligatoirement », « il est nécessaire de » sont employées dans les tournures positives, ainsi que les expressions « interdire », « il est interdit de » dans les tournures négatives ;

2) Pour exprimer ce qui est strict, où l'on doit tout faire ainsi dans le cas normal, les expressions comme « il faut » et inversement « il ne faut pas », « il ne doit pas » sont employées ;

3) Pour exprimer ce qui est strict où il faut tout d'abord faire ainsi, mais avec un peu de latitude de choix lorsque la situation le permet, les expressions « il convient de » et inversement « il ne convient pas de » sont employées ;

4) Pour exprimer ce qui est laissé au choix dans une situation donnée, les expressions « il peut », « il est possible de » sont employées.